Análise de Dados com Excel Para Leigos

Por definição, a análise de dados requer dados. Porém, depois de importar ou inserir esses dados, limpando-os da melhor forma possível, qual é o próximo passo? Ah, é a parte na qual os "analistas" levantam as mãos e dizem: "Me escolhe, me escolhe!" O Excel é o método digital escolhido com ferramentas para analisar dados, com algumas sendo usadas com mais frequência. Aqui você encontrará guias rápidos para obter ferramentas estatísticas descritivas do Excel, criando expressões de comparação e utilizando funções avançadas do banco de dados.

FUNÇÕES ESTATÍSTICAS DESCRITIVAS DO EXCEL

Quando chegar a hora de analisar seus dados, um bom lugar para começar é com a estatística básica, como contar itens, calcular somas e médias, encontrar os maiores e menores valores, calcular o desvio--padrão etc. Essas medidas recebem o título geral de *estatística descritiva* e o Excel oferece algumas funções que ajudam nessa tarefa. Veja um resumo:

Função	O que Faz
CONT.NÚM(*valor1; [valor2]; ...*)	Conta os números
CONT.VALORES(*valor1; [valor2]; ...*)	Conta as células não vazias
CONTAR.VAZIO(*intervalo*)	Conta as células vazias
CONT.SE(*intervalo; critérios*)	Conta as células em um intervalo que correspondem ao critério
CONT.SES(*intervalo_critérios1; critérios1; ...*)	Conta as células em vários intervalos que correspondem a vários critérios
PERMUT(*núm; núm_escolhido*)	Conta as permutações
COMBIN(*núm; núm_escolhido*)	Conta as combinações
SOMA(*núm1; [núm2]; ...*)	Calcula a soma
SOMASE(*intervalo; critérios;[intervalo_soma]*)	Calcula a soma das células que correspondem ao critério
SOMASES(*intervalo_soma; intervalo_critérios1; critérios1; [intervalo_critérios2; critérios2]; ...*)	Calcula a soma das células em vários intervalos que correspondem a vários critérios
MÉDIA(*núm1; [núm2]; ...*)	Calcula a média aritmética
MÉDIASE(*intervalo; critérios;[intervalo_média]*)	Calcula a média das células que correspondem ao critério
MÉDIASES(*intervalo_média; intervalo_critérios1; critérios1; [intervalo_critérios2; critérios2]; ...*)	Calcula a média das células em vários intervalos que correspondem a vários critérios
MED(*núm1; [núm2]; ...*)	Calcula o valor mediano (central)
MODO(*núm1; [núm2]; ...*)	Calcula o valor do modo (mais comum)

(continua)

Análise de Dados com Excel Para leigos

(continuação)

Função	O que Faz
ORDEM.EQ(*núm; ref; [ordem]*)	Retorna a ordem do item relativa aos outros itens em um conjunto de dados
MAIOR(*matriz; k*)	Retorna o k-ésimo item maior em um conjunto de dados
MENOR(*matriz; k*)	Retorna o k-ésimo item menor em um conjunto de dados
FREQUÊNCIA(*matriz_dados; matriz_bin*)	Cria uma distribuição de frequência agrupada
VAR.A(*núm1; [núm2]; ...*)	Calcula a variância de uma amostra
VAR.P(*núm1; [núm2]; ...*)	Calcula a variância de uma população
DESVPAD.A(*núm1; [núm2]; ...*)	Calcula o desvio-padrão de uma amostra
DESVPAD.P(*núm1; [núm2]; ...*)	Calcula o desvio-padrão de uma população
CORREL(*matriz1; matriz2*)	Calcula a correlação entre dois conjuntos de dados

COMO CRIAR EXPRESSÕES DE COMPARAÇÃO NO EXCEL

Uma *expressão de comparação*, também conhecida como *expressão lógica* ou *expressão booleana*, é aquela que compara os itens em um intervalo ou coluna da tabela com um valor especificado. No Excel, você usa as expressões de comparação para criar filtros avançados para uma tabela, assim como funções que requerem critérios, como DESVPAD, SOMASE e MÉDIASE.

Para construir uma expressão de comparação, insere-se um operador de comparação da lista a seguir e um valor usado na comparação.

Operador	Nome	Exemplo	Correspondência
=	Igual	= 100	Células que contêm o valor 100
<>	Diferente de	<> 0	Células com um valor diferente de 0
>	Maior que	> 1000	Células com um valor maior que 1.000
>=	Maior ou igual a	>= 25	Células com um valor igual ou maior que 25
<	Menor que	< 0	Células com um valor negativo
<=	Menor ou igual a	<= 927	Células com um valor igual ou menor que 927

Análise de Dados com Excel®

para leigos

Análise de Dados com Excel para leigos

Tradução da 4ª Edição

Paul McFedries

ALTA BOOKS
EDITORA
Rio de Janeiro, 2020

Análise de Dados com Excel Para Leigos®
Copyright © 2019 da Starlin Alta Editora e Consultoria Eireli. ISBN: 978-85-508-0841-3

Translated from original Excel ® Data Analysis For Dummies®, 2nd Edition. Copyright © 2019 by John Wiley & Sons, Inc. ISBN 978-1-119-51816-7. This translation is published and sold by permission of John Wiley & Sons, Inc., the owner of all rights to publish and sell the same. PORTUGUESE language edition published by Starlin Alta Editora e Consultoria Eireli, Copyright © 2019 by Starlin Alta Editora e Consultoria Eireli.

Todos os direitos estão reservados e protegidos por Lei. Nenhuma parte deste livro, sem autorização prévia por escrito da editora, poderá ser reproduzida ou transmitida. A violação dos Direitos Autorais é crime estabelecido na Lei nº 9.610/98 e com punição de acordo com o artigo 184 do Código Penal.

A editora não se responsabiliza pelo conteúdo da obra, formulada exclusivamente pelo(s) autor(es).

Marcas Registradas: Todos os termos mencionados e reconhecidos como Marca Registrada e/ou Comercial são de responsabilidade de seus proprietários. A editora informa não estar associada a nenhum produto e/ou fornecedor apresentado no livro.

Impresso no Brasil — 1ª Edição, 2019 — Edição revisada conforme o Acordo Ortográfico da Língua Portuguesa de 2009.

Publique seu livro com a Alta Books. Para mais informações envie um e-mail para autoria@altabooks.com.br

Obra disponível para venda corporativa e/ou personalizada. Para mais informações, fale com projetos@altabooks.com.br

Produção Editorial Editora Alta Books	**Produtor Editorial** Thiê Alves	**Marketing Editorial** marketing@altabooks.com.br	**Vendas Atacado e Varejo** Daniele Fonseca Viviane Paiva	**Ouvidoria** ouvidoria@altabooks.com.br
Gerência Editorial Anderson Vieira		**Editor de Aquisição** José Rugeri j.rugeri@altabooks.com.br	comercial@altabooks.com.br	

Equipe Editorial	Adriano Barros Carolinne Oliveira Ian Verçosa Illysabelle Trajano	Juliana de Oliveira Keyciane Botelho Larissa Lima Laryssa Gomes	Leandro Lacerda Livia Carvalho Maria de Lourdes Borges Paulo Gomes	Raquel Porto Thales Silva Thauan Gomes

Tradução Eveline Vieira Machado	**Copidesque** Maíra Meyer	**Revisão Gramatical** Jana Araujo Thamiris Leiroza	**Revisão Técnica** Kleber Kilhian	**Diagramação** Joyce Matos

Erratas e arquivos de apoio: No site da editora relatamos, com a devida correção, qualquer erro encontrado em nossos livros, bem como disponibilizamos arquivos de apoio se aplicáveis à obra em questão.

Acesse o site www.altabooks.com.br e procure pelo título do livro desejado para ter acesso às erratas, aos arquivos de apoio e/ou a outros conteúdos aplicáveis à obra.

Suporte Técnico: A obra é comercializada na forma em que está, sem direito a suporte técnico ou orientação pessoal/exclusiva ao leitor.

A editora não se responsabiliza pela manutenção, atualização e idioma dos sites referidos pelos autores nesta obra.

Dados Internacionais de Catalogação na Publicação (CIP) de acordo com ISBD

M478a   McFedries, Paul
         Análise de Dados com Excel Para Leigos / Paul McFedries. - Rio de Janeiro : Alta Books, 2019.
         352 p. : il. ; 17cm x 24cm.

         Inclui índice e apêndice.
         ISBN: 978-85-508-0841-3

         1. Dados. 2. Análise de dados. I. Título.

                                           CDD 005.13
2019-2307   CDU 004.62

Elaborado por Vagner Rodolfo da Silva - CRB-8/9410

Rua Viúva Cláudio, 291 — Bairro Industrial do Jacaré
CEP: 20.970-031 — Rio de Janeiro (RJ)
Tels.: (21) 3278-8069 / 3278-8419
www.altabooks.com.br — altabooks@altabooks.com.br
www.facebook.com/altabooks — www.instagram.com/altabooks

Sobre o Autor

Paul McFedries é presidente da Logophilia Limited, uma empresa de redação especializada, e trabalha com computadores de pequeno e grande portes desde 1975. Apesar de agora ser escritor por essência, Paul trabalhou como programador, consultor, desenvolvedor de banco de dados e sites. Ele escreveu mais de 90 livros que venderam acima de quatro milhões de cópias no mundo inteiro. Também é proprietário do Word Spy (wordspy.com) [conteúdo em inglês], um site que rastreia palavras e frases criadas recentemente, desde 1995. Paul convida a todos a visitarem seu site pessoal em mcfedries.com [conteúdo em inglês] ou segui-lo no Twitter (@paulmcf e @wordspy).

Dedicatória

À Karen e Chase, que tornam a vida divertida.

Agradecimentos do Autor

Se estivermos na mesma festa e, por acaso, você me ouvir dizendo algo como "escrevi um livro", tem minha permissão para apontar o dedo e me reprovar. Por que a bronca? Embora eu tenha escrito o texto deste livro e feito as capturas de tela, isso representa apenas parte do que constitui um livro. O resto vem em forma de dedicação e profissionalismo das equipes de edição, gráficos e produção da editora Wiley, que trabalharam junto e com afinco para transformar meu texto e imagens em um livro real.

Agradeço, com sinceridade, a todos na Wiley que tornaram este livro possível, mas gostaria de estender agradecimentos especiais às pessoas com quem trabalhei diretamente: o editor executivo Steve Hayes, a gerente de projetos e copidesque Susan Christophersen e o editor técnico Guy Hart-Davies. Também gostaria de dar um grande olá à minha agente, Carole Jelen, por ajudar a tornar esse projeto possível.

Sumário Resumido

Introdução 1

Parte 1: Introdução à Análise de Dados......................5

CAPÍTULO 1: Aprendendo Técnicas Básicas da Análise de Dados 7

CAPÍTULO 2: Trabalhando com Ferramentas de Análise de Dados 31

CAPÍTULO 3: Introdução às Tabelas do Excel............................. 53

CAPÍTULO 4: Obtendo Dados de Fontes Externas 75

CAPÍTULO 5: Faxina: Limpeza dos Dados 99

CAPÍTULO 6: Analisando os Dados da Tabela com Funções 121

Parte 2: Analisando Dados com Tabelas e Gráficos Dinâmicos 133

CAPÍTULO 7: Criando e Usando Tabelas Dinâmicas....................... 135

CAPÍTULO 8: Fazendo Cálculos na Tabela Dinâmica 157

CAPÍTULO 9: Criando Gráficos Dinâmicos 181

Parte 3: Descobrindo as Ferramentas Avançadas da Análise de Dados 203

CAPÍTULO 10: Controlando Tendências e Fazendo Previsões 205

CAPÍTULO 11: Analisando Dados com a Estatística....................... 227

CAPÍTULO 12: Analisando Dados com Estatística Descritiva................. 245

CAPÍTULO 13: Analisando Dados com a Estatística Inferencial................. 261

Parte 4: A Parte dos Dez.................................... 279

CAPÍTULO 14: Dez Coisas que Você Deve Saber sobre Estatística 281

CAPÍTULO 15: Dez Formas de Analisar os Dados Financeiros 293

CAPÍTULO 16: Dez Formas de Melhorar o Nível da Tabela Dinâmica 303

APÊNDICE: Glossário dos Termos da Análise de Dados e do Excel 317

Índice... 327

Sumário

INTRODUÇÃO 1
   Sobre Este Livro 1
   Só de Passagem 2
   Penso que... 3
   Ícones Usados Neste Livro 3
   Além Deste Livro 4
   De Lá para Cá, Daqui para Lá 4

PARTE 1: INTRODUÇÃO À ANÁLISE DE DADOS 5

CAPÍTULO 1: Aprendendo Técnicas Básicas da Análise de Dados 7
   Afinal, O que É Análise de Dados? 8
      Preparando os dados brutos 8
      Lidando com os dados 8
      Criando modelos de dados 9
      Fazendo uma análise hipotética 9
   Analisando Dados com Formatação Condicional 9
      Destacando as células que atendem a um critério 10
      Mostrando valores duplicados irritantes 12
      Destacando os primeiros ou os últimos valores
        em um intervalo 13
      Analisando os valores das células com barras de dados 14
      Analisando valores da célula com cores 16
      Analisando valores da célula com conjuntos de ícones 16
      Criando uma regra personalizada de formatação condicional . . 17
      Editando uma regra de formatação condicional 20
      Removendo as regras de formatação condicional 22
   Resumindo Dados com Subtotais 23
   Agrupando Dados Relacionados 24
   Consolidando Dados de Várias Planilhas 26
      Consolidação por posição 27
      Consolidando por categoria 28

CAPÍTULO 2: Trabalhando com Ferramentas de Análise de Dados 31
   Trabalhando com Tabelas de Dados 32
      Criando uma tabela de dados básica 32
      Criando uma tabela de dados com duas entradas 34
      Omitindo tabelas de dados ao calcular pastas de trabalho . . . 36
   Analisando Dados com Atingir Meta 37

Sumário   xiii

Analisando Dados com Cenários 39

Crie um cenário. 40

Aplique um cenário. 41

Edite um cenário 42

Exclua um cenário. 42

Otimizando Dados com o Solver 43

Entendendo o Solver 43

Vantagens do Solver. 43

Quando usar o Solver?. 44

Carregando o suplemento Solver 45

Otimizando um resultado com o Solver 46

Adicionando restrições ao Solver. 49

Salve uma solução do Solver como um cenário 51

capítulo 3: Introdução às Tabelas do Excel. 53

O que É uma Tabela e Por que Ela É Importante?. 54

Criando uma Tabela 56

Obtendo dados de uma fonte externa. 56

Convertendo um intervalo em tabela 56

Manutenção básica da tabela. 58

Analisando as Informações da Tabela. 59

Exibindo uma estatística simples 59

Adicionando um subtotal da coluna 61

Classificando os registros da tabela 62

Filtrando os registros da tabela 65

Limpando um filtro 66

Desativando o AutoFiltro 66

Aplicando um AutoFiltro predefinido 67

Aplicando vários filtros. 69

Aplicando filtros avançados. 69

capítulo 4: Obtendo Dados de Fontes Externas. 75

O que São Dados Externos? 76

Exportando Dados de Outros Programas 77

Importando Dados Externos para o Excel 78

Importando dados de uma tabela do Access 78

Importando dados de uma tabela do Word 80

Introdução à importação de arquivos de texto. 81

Importando um arquivo de texto delimitado. 81

Importando um arquivo de texto com largura fixa. 83

Importando dados de uma página web 84

Importando um arquivo XML 87

Consultando Bancos de Dados Externos 89

Definindo uma fonte de dados. 89

Consultando uma fonte de dados 92

Às Vezes É Injusto 97

CAPÍTULO 5: Faxina: Limpeza dos Dados. 99

Editando a Pasta de Trabalho Importada 99
　Excluindo colunas desnecessárias. 100
　Excluindo as linhas desnecessárias. 101
　Redimensionando colunas 101
　Redimensionando linhas. 101
　Apagando o conteúdo desnecessário em uma
　　célula ou intervalo 102
　Formatando valores numéricos. 102
　Copiando os dados da planilha 103
　Movendo os dados da planilha. 103
　Substituindo dados nos campos 104
Limpando os Dados com as Funções de Texto 105
　Função TIRAR. 105
　Função CONCAT 106
　Função EXATO 107
　Função PROCURAR. 107
　Função ESQUERDA. 108
　Função NÚM.CARACT. 109
　Função MINÚSCULA. 109
　Função EXT.TEXTO 109
　Função VALORNUMÉRICO. 110
　Função PRI.MAIÚSCULA. 111
　Função MUDAR 111
　Função DIREITA 112
　Função LOCALIZAR 113
　Função SUBSTITUIR 113
　Função TEXTO 114
　Função UNIRTEXTO. 114
　Função ARRUMAR. 114
　Função MAIÚSCULA 115
　Função VALOR. 115
　Convertendo as fórmulas da função de texto em texto 116
Usando a Validação para Manter os Dados Limpos. 116

CAPÍTULO 6: Analisando os Dados da Tabela com Funções . 121

Funções do Banco de Dados: Observações Gerais 122
Recuperando um Valor na Tabela 123
Somando os Valores de uma Coluna. 124
Contando os Valores de uma Coluna 125
Calculando a Média dos Valores de uma Coluna 127
Determinando os Valores Máximo e Mínimo de uma Coluna 128
Multiplicando os Valores de uma Coluna .129
Derivando o Desvio-padrão de uma Coluna 130
Calculando a Variância de uma Coluna. .131

PARTE 2: ANALISANDO DADOS COM TABELAS E GRÁFICOS DINÂMICOS 133

CAPÍTULO 7: Criando e Usando Tabelas Dinâmicas 135

Entendendo as Tabelas Dinâmicas 136
Explorando os Recursos da Tabela Dinâmica 137
Criando uma Tabela Dinâmica a partir de uma Tabela do Excel ..138
Criando uma Tabela Dinâmica com Dados Externos 141
Atualizando os Dados da Tabela Dinâmica.....................144
    Atualizando manualmente os dados da Tabela Dinâmica.....144
    Atualizando automaticamente os dados da Tabela Dinâmica .144
Adicionando Vários Campos a uma Área da Tabela Dinâmica 146
Transpondo um Campo para uma Área Diferente 147
Agrupando Valores da Tabela Dinâmica......................147
    Agrupando valores numéricos 148
    Agrupando valores de data e hora 149
    Agrupando valores de texto 149
Filtrando os Valores da Tabela Dinâmicas 150
    Aplicando um filtro do relatório 150
    Filtrando itens da linha ou da coluna 151
    Filtrando os valores da Tabela Dinâmica 152
    Filtrando uma Tabela Dinâmica com uma
      segmentação de dados................................153

CAPÍTULO 8: Fazendo Cálculos na Tabela Dinâmica...........157

Lidando com os Cálculos de Resumo da Tabela Dinâmica 158
    Mudando o cálculo de resumo da Tabela Dinâmica 158
    Experimentando o cálculo de resumo da diferença.........160
    Aplicando um cálculo de resumo da porcentagem 162
    Adicionando um cálculo de resumo do total acumulado 164
    Criando um cálculo de resumo do índice...................166
Trabalhando com os Subtotais da Tabela Dinâmica...........168
    Desativando os subtotais de um campo 168
    Exibindo vários subtotais de um campo...................169
Introdução aos Cálculos Personalizados.....................170
    Fórmulas para cálculos personalizados 171
    Verificando os tipos de cálculo personalizado.............171
    Entendendo os limites do cálculo personalizado 172
Inserindo um Campo Calculado Personalizado................173
Inserindo um Item Calculado Personalizado 175
Editando um Cálculo Personalizado 177
Excluindo um Cálculo Personalizado........................179

CAPÍTULO 9: Criando Gráficos Dinâmicos.....................181

Apresentando o Gráfico Dinâmico..........................182
    Entendendo os prós e os contras do Gráfico Dinâmico 183
    Fazendo um tour no Gráfico Dinâmico....................183
    Entendendo os limites do Gráfico Dinâmico 185

Criando um Gráfico Dinâmico. 185
    Criando um Gráfico Dinâmico a partir de uma
    Tabela Dinâmica 185
    Incorporando um Gráfico Dinâmico na planilha de
    uma Tabela Dinâmica 186
    Criando um Gráfico Dinâmico a partir de uma
    tabela do Excel 187
Trabalhando com Gráficos Dinâmicos. 190
    Movendo um Gráfico Dinâmico para outra folha 190
    Filtrando um Gráfico Dinâmico. 191
    Mudando o tipo de Gráfico Dinâmico. 193
    Adicionando rótulos de dados ao Gráfico Dinâmico 194
    Classificando o Gráfico Dinâmico. 195
    Adicionando títulos do Gráfico Dinâmico 196
    Movendo a legenda do Gráfico Dinâmico 199
    Exibindo uma tabela de dados com o Gráfico Dinâmico. 200

PARTE 3: DESCOBRINDO AS FERRAMENTAS AVANÇADAS DA ANÁLISE DE DADOS 203

CAPÍTULO 10: Controlando Tendências e Fazendo Previsões. 205

Plotando uma Linha de Tendência de Melhor Ajuste. 206
Calculando os Valores de Melhor Ajuste. 208
Plotando os Valores Previstos. 210
Estendendo uma Tendência Linear 212
    Estendendo uma tendência linear com a alça
    de preenchimento 212
    Estendendo uma tendência linear com o comando Série 213
Calculando os Valores Lineares Previstos. 214
Plotando uma Linha de Tendência Exponencial 216
Calculando os Valores da Tendência Exponencial 218
Plotando uma Linha de Tendência Logarítmica. 220
Plotando uma Linha de Tendência de Potência 222
Plotando uma Linha de Tendência Polinomial. 223

CAPÍTULO 11: Analisando Dados com a Estatística. 227

Contando Coisas 228
    Contando números. 228
    Contando células não vazias. 229
    Contando células vazias. 229
    Contando células que correspondem ao critério 229
    Contando células que correspondem a vários critérios 230
    Contando permutações. 231
    Contando combinações. 232
Calculando a Média das Coisas. 233
    Calculando uma média 233
    Calculando uma média condicional. 233
    Calculando uma média com base em várias condições 234

Sumário   xvii

Calculando a mediana 235
Calculando o modo. 235
Descobrindo a Ordem 236
Determinando o Enésimo Maior ou Menor Valor 238
Calculando o enésimo maior valor 238
Calculando o enésimo menor valor. 239
Criando uma Distribuição de Frequência Agrupada. 240
Calculando a Variância 241
Calculando o Desvio-padrão 242
Encontrando a Correlação. 243

CAPÍTULO 12: Analisando Dados com Estatística Descritiva . 245

Carregando Ferramentas de Análise. .246
Gerando Estatística Descritiva. 248
Calculando uma Média Móvel. 251
Determinando a Ordem e o Percentil .253
Gerando Números Aleatórios. 255
Criando uma Distribuição de Frequência 258

CAPÍTULO 13: Analisando Dados com a Estatística Inferencial 261

Amostragem dos Dados. 262
Usando Ferramentas de Teste-t. 264
Fazendo um Teste-z 267
Determinando a Regressão. 269
Calculando a Correlação 272
Calculando a Covariância. 273
Usando as Ferramentas Anova. 275
Fazendo um teste-f 276

PARTE 4: A PARTE DOS DEZ. 279

CAPÍTULO 14: Dez Coisas que Você Deve Saber sobre Estatística. 281

A Estatística Descritiva É Fácil 282
Às Vezes, as Médias Não São Tão Simples 282
Os Desvios-padrão Descrevem a Dispersão 283
Uma Observação É uma Observação .284
Uma Amostra É um Subconjunto de Valores. 284
As Estatísticas Inferenciais São Legais, mas Complicadas 285
As Distribuições de Probabilidade Não São Sempre Confusas. . . .286
Distribuição uniforme. 287
Distribuição normal 288
Os Parâmetros Não São Tão Complicados. 289
Simetria e Curtose Descrevem a Forma de uma
Distribuição de Probabilidade 289

xviii   **Análise de Dados com Excel Para Leigos**

Os Intervalos de Confiança Parecem Complicados no Início,
Mas São Úteis 290

**CAPÍTULO 15: Dez Formas de Analisar os
Dados Financeiros** 293

Calculando o Valor Futuro 294
Calculando o Valor Presente 295
Determinando os Pagamentos do Empréstimo 296
Calculando o Montante e os Juros do Pagamento
do Empréstimo 297
Calculando o Montante e os Juros do Empréstimo Cumulativo . . .297
Encontrando a Taxa de Juros Requerida 298
Determinando a Taxa Interna de Retorno .299
Calculando a Depreciação Linear 300
Retornando a Depreciação do Balanço de Declínio Fixo 301
Determinando a Depreciação do Balanço de Declínio Duplo 302

**CAPÍTULO 16: Dez Formas de Melhorar o Nível da Tabela
Dinâmica** 303

Ative e Desative o Painel de Tarefas Campos da
Tabela Dinâmica 304
Mude o Layout do Painel de Tarefas Campos da
Tabela Dinâmica 304
Exiba os Detalhes por Trás dos Dados da Tabela Dinâmica 306
Aplique um Estilo de Tabela Dinâmica 308
Crie um Estilo de Tabela Dinâmica Personalizado 309
Preserve a Formatação da Tabela Dinâmica 311
Renomeie a Tabela Dinâmica 312
Desative os Totais Gerais 313
Reduza o Tamanho das Pastas de Trabalho da
Tabela Dinâmica 314
Use um Valor da Tabela Dinâmica em uma Fórmula 315

**APÊNDICE: Glossário dos Termos da Análise de
Dados e do Excel** 317

ÍNDICE 327

Introdução

O mundo está abarrotado de dados. Eles estão em nossos computadores, em nossas redes, na web. Às vezes, parecem estar no próprio ar, ao vento. Mas é o seguinte: na verdade, ninguém se importa com os dados. Uma coleção de dados, quer esteja no PC ou em um servidor gigante em algum lugar, é realmente apenas um monte de números e texto, datas e horas. Ninguém se importa com os dados porque eles não *significam* nada. Os dados não são legais. Sabe o que é legal? *Conhecimento* é legal. *Informações* são legais.

Então, como transformar dados em conhecimento? Como ajustar os dados para gerar informações? É necessário organizar os dados, depois limpá-los, classificá-los, filtrá-los, fazer cálculos e resumi-los. Em suma, você precisa *analisar* os dados.

Agora, a boa notícia: se tiver (ou conseguir) esses dados no Excel, você terá uma cesta gigante de ferramentas de análise de dados à disposição. O Excel realmente parece ter sido projetado com essa análise em mente, pois oferece uma grande variedade de recursos e técnicas para organizar, manipular e resumir praticamente qualquer coisa em uma planilha. Se você conseguir colocar seus dados no Excel, ele o ajudará a transformá-los em conhecimento e informações.

Este livro passeia pelas ferramentas de análise de dados do Excel. Você aprenderá tudo o que precisa saber para fazer os dados revelarem seus segredos e descobrir a sabedoria oculta neles. Melhor ainda, se já souber como realizar as tarefas básicas do Excel, não precisará aprender nenhuma outra técnica sofisticada para iniciar a análise de dados. Maravilhoso? Pode apostar.

Sobre Este Livro

Este livro tem 16 capítulos (e um apêndice de bônus), mas isso não significa que você precisa fazer como disse o Rei de Copas em *Alice no País das Maravilhas*: "Comece pelo começo, vá até o fim e, então, pare." Se já trabalhou antes com análise de dados, sinta-se à vontade para começar o livro de onde quiser. Todos os capítulos apresentam a análise de dados e técnicas em partes pequenas e fáceis de entender, portanto, você pode seguir seu caminho neste livro.

Introdução   1

Porém, se for novato na análise de dados, particularmente se nem tem certeza sobre o que *é* análise de dados, tudo bem: estou aqui para ajudar. Para ter uma boa introdução para a educação em análise de dados, recomendo ler os três primeiros capítulos do livro para dominar os fundamentos. Desse ponto, pode ir para um território mais avançado, seguro de que conseguiu algumas habilidades de sobrevivência às quais recorrer.

Só de Passagem

Este livro consiste em centenas de páginas. Espero que você leia cada palavra em cada página? Sim, espero. Brincadeirinha! É claro que não. Seções inteiras, muitas, talvez até *capítulos* inteiros, podem ter informações irrelevantes para o que você faz. Sem problemas, e não ficarei magoado se você só passar os olhos (ou ignorar; quem está enganando quem?) nessas partes do livro.

Se o tempo for curto (ou houver pouca atenção), o que mais você deseja ignorar? Tudo bem, em muitos lugares no livro dou instruções passo a passo para concluir uma tarefa. Cada etapa inclui uma parte em negrito que dá instruções básicas. Contudo, em muitos casos, abaixo desse texto em negrito dou informações complementares para detalhar, estender ou explicar as instruções. Estou apenas mostrando o quanto sei sobre algo? Sim, às vezes. Você precisa ler as instruções estendidas? Não. Leia o negrito, com certeza, mas sinta-se à vontade para pular os detalhes se eles parecerem desnecessários ou sem importância.

Este livro também contém algumas seções separadas marcadas com o ícone Papo de Especialista. Elas contêm informações extras que são um pouco avançadas ou entram em detalhes heroicos, geralmente obscuros, sobre o assunto em mãos. Você precisa ler isso? Não mesmo. É uma perda de espaço nas páginas? Não penso assim, porque são úteis para as pessoas interessadas em entrar nos detalhes da análise de dados. Se não lhe interessa, ignore.

Se seu tempo é muito limitado (ou se está morrendo para maratonar sua série hoje à noite), também pode ignorar as informações contidas nas seções Dica deste livro. Sim, essas dicas são modos mais fáceis e rápidos de fazer as coisas, portanto pulá-las para economizar tempo agora pode custar mais tempo em longo prazo, mas a decisão é sua.

Penso que...

Este livro é para as pessoas novas (ou relativamente novas) na análise de dados do Excel. Isso não significa que seja adequado para quem nunca usou um PC, o Microsoft Windows ou mesmo o Excel. Portanto, a princípio, penso não apenas que você tem um PC com o Microsoft Windows, mas também que tem experiência com os dois. (Para este livro, significa que você sabe como iniciar e alternar entre os programas.) Também penso que seu PC tenha uma versão recente do Excel instalada. O que significa "recente"? Bem, o livro está baseado no Excel 2019, mas você não deverá ter problemas se executar a versão 2016 ou 2013.

Como informei antes, *não* penso que você seja um especialista em Excel, mas que sabe, pelo menos, o básico a seguir:

» Criar, salvar, abrir e trocar entre as pastas de trabalho.

» Criar e trocar entre as planilhas.

» Encontrar e executar comandos na Faixa de Opções.

» Inserir números, texto, datas, horas e fórmulas nas células da planilha.

» Trabalhar com as funções básicas da planilha do Excel.

Ícones Usados Neste Livro

Como outros livros da série *Para Leigos*, este aqui usa ícones, ou pequenas imagens na margem, para marcar as coisas que não se encaixam no fluxo de análise do capítulo. Veja os ícones usados:

LEMBRE-SE

Este ícone marca o texto que contém coisas úteis ou bem importantes que você deve guardar em um lugar seguro na memória para lembrar mais tarde.

PAPO DE ESPECIALISTA

Este ícone marca o texto que contém detalhes técnicos apenas para nerds ou explicações que podem ser puladas.

DICA

Este ícone marca o texto que contém um atalho ou modo mais fácil de fazer as coisas, o que espero que torne sua vida mais eficiente ou, pelo menos, a parte da análise de dados de sua vida.

CUIDADO

Este ícone marca o texto que contém um lembrete amistoso, mas bem insistente, para evitar fazer algo. Você foi avisado.

Além Deste Livro

» **Exemplos:** As planilhas de exemplo deste livro podem ser encontradas no site da editora (www.altabooks.com.br — procure pelo nome do livro ou ISBN) ou no site do autor: https://www.mcfedries.com/ (conteúdo em inglês).

» **Folha de Cola:** Para encontrar a Folha de Cola deste livro, basta ir ao site da editora (www.altabooks.com.br — procure pelo nome do livro ou ISBN) para obter informações sobre as funções do banco de dados do Excel, expressões booleanas e termos estatísticos importantes.

De Lá para Cá, Daqui para Lá

Se estiver começando com a análise de dados com Excel, vire a página e leia com atenção o primeiro capítulo.

Se tem experiência com a análise de dados com Excel ou tem um problema ou pergunta em especial, use o Sumário ou o Índice para encontrar onde trato do assunto, depois vá para tal página.

De qualquer forma, divirta-se com a análise!

1
Introdução à Análise de Dados

NESTA PARTE...

Entenda a análise de dados e conheça os recursos básicos de análise, como formatação condicional e subtotais.

Descubra as ferramentas predefinidas do Excel para a análise de dados.

Saiba como criar tabelas do Excel que mantêm e armazenam os dados necessários para a análise.

Descubra modos rápidos e fáceis de começar sua análise usando estatística, classificação e filtragem simples.

Tenha estratagemas e táticas práticos para reunir dados de fontes externas.

Explore técnicas para limpar e organizar os dados brutos que você deseja analisar.

NESTE CAPÍTULO

» Aprendendo sobre análise de dados

» Analisando dados aplicando uma formatação condicional

» Adicionando subtotais para resumir dados

» Agrupando dados relacionados

» Combinando dados de várias planilhas

Capítulo **1**

Aprendendo Técnicas Básicas da Análise de Dados

Você está nadando em dados. A informação se multiplica com tanta rapidez à sua volta que se pergunta como entender tudo isso. Eu sei, você diz, posso colar os dados no Excel. Assim, pelo menos tem os dados bem organizados nas células da planilha e pode adicionar um pouco de formatação para deixar as coisas um pouco agradáveis. É um bom começo, mas geralmente é preciso fazer mais com seus dados do que apenas apresentá-los. Seu chefe, seu cliente ou apenas sua curiosidade requer que descubra o significado secreto a partir de uma confusão de números e texto que se espalham por suas pastas de trabalho. Em outras palavras, é preciso *analisar* seus dados para ver quais unidades de compreensão você pode descobrir.

Este capítulo apresenta o caminho da análise de dados explorando algumas técnicas analíticas simples, porém muito úteis. Depois de descobrir o que envolve a análise de dados, você investigará várias técnicas com Excel, inclusive formatação condicional, barras de dados, escalas de cores e conjuntos de ícones. A partir desse ponto, verá alguns métodos úteis para resumir os dados, inclusive subtotais, agrupamento e consolidação. Antes que perceba, esse território indomado da planilha será tratado e planejado.

Afinal, O que É Análise de Dados?

É uma excelente pergunta! Veja uma resposta pronta que tenho para você conforme avançamos: *análise de dados* é a aplicação de ferramentas e técnicas para organizar, estudar, chegar a conclusões e, às vezes, também fazer previsões sobre uma coleção específica de informações.

Por exemplo, um gerente de vendas poderia usar a análise de dados para estudar o histórico de vendas de um produto, determinar a tendência geral e produzir uma previsão das futuras vendas. Um cientista poderia usá-la para estudar as descobertas experimentais e determinar a significância estatística dos resultados. Uma família a usaria para achar o financiamento máximo que pode pagar ou quanto deve poupar todo mês para financiar a aposentadoria ou a educação dos filhos.

Preparando os dados brutos

O motivo da análise de dados é entender as informações em um nível mais profundo e significativo. Por definição, *dados brutos* são uma simples coleção de fatos que, por si só, informam pouco ou não têm nenhuma importância. Para entender os dados, é preciso manipulá-los de algum modo significativo. A finalidade de sua manipulação pode ser algo tão simples quanto encontrar a soma ou a média de uma coluna de números ou tão complexo quanto utilizar uma análise de regressão completa para determinar a tendência subjacente de um intervalo de valores. Ambos são exemplos de análise de dados e o Excel oferece várias ferramentas, simples e sofisticadas, para atender até as necessidades mais exigentes.

Lidando com os dados

A parte "dados" na análise de dados é uma coleção de números, datas e texto que representa as informações brutas com as quais trabalhar. No Excel, esses dados estão em uma planilha, que os disponibiliza para você aplicar o grande conjunto de ferramentas da análise de dados do Excel.

A maioria dos projetos de análise de dados envolve grandes quantidades de dados, e o modo mais rápido e preciso de colocá-los em uma planilha é importá-los de uma fonte de dados que não seja do Excel. No cenário mais simples, você pode copiá-los de um arquivo de texto, tabela do Word ou ficha de trabalho do Access e colá-los em uma planilha. Porém, a maioria dos dados comerciais e científicos é armazenada em grandes bancos de dados, e o Excel possui ferramentas para importar aqueles necessários para sua planilha. Mais adiante no livro, analiso tudo isso com detalhes.

8   PARTE 1 **Introdução à Análise de Dados**

Depois de os dados estarem na planilha, você pode deixá-los como um intervalo normal e aplicar muitas técnicas da análise neles. Contudo, se converter o intervalo em uma *tabela*, o Excel tratará os dados como um simples banco de dados e permitirá aplicar várias técnicas de análise específicas de bancos de dados nessa tabela.

Criando modelos de dados

Em muitos casos, você faz a análise de dados dos valores na planilha organizando-os em um *modelo de dados*, uma coleção de células elaborada como uma versão em planilha de algum conceito ou cenário real. O modelo inclui não apenas dados brutos, mas também uma ou mais células que representam uma análise dos dados. Por exemplo, um modelo de amortização de financiamento teria dados do financiamento, ou seja, taxa de juros, montante e prazo, e as células que calculam pagamento, montante e juros relacionados ao prazo. Para tais cálculos, use as fórmulas e as funções da planilha predefinidas do Excel.

Fazendo uma análise hipotética

Uma das técnicas de análise de dados mais comuns é a *análise hipotética*, segundo a qual você configura modelos da planilha para analisar situações de hipótese. A parte "hipotética" significa que essas situações geralmente acontecem na forma de uma pergunta: "O que acontece com o pagamento mensal se a taxa de juros sobe 2%?" ou "Como ficarão as vendas se você aumentar o orçamento da publicidade em 10%?". O Excel oferece quatro ferramentas de análise hipotética: Tabelas de Dados, Atingir Meta, Solver e Cenários, todos descritos neste livro.

Analisando Dados com Formatação Condicional

Muitas planilhas do Excel contêm centenas de valores de dados. Você pode tentar entender grandes conjuntos deles criando fórmulas complexas e utilizando ferramentas avançadas de análise de dados do Excel. Contudo, assim como não usaria um rolo compressor para esmagar uma lata, às vezes essas técnicas sofisticadas são um exagero para o trabalho. Por exemplo, e se tudo que você deseja são respostas para perguntas simples como as seguintes:

» Quais valores da célula são menores que 0?

» Quais são os 10 primeiros valores?

» Quais valores da célula estão acima da média e quais estão abaixo?

CAPÍTULO 1 **Aprendendo Técnicas Básicas da Análise de Dados** 9

Essas perguntas simples não são fáceis de responder apenas vendo planilha e, quanto mais números você tem, mais difícil fica. Para ajudá-lo a "examinar" as planilhas e responder a essas perguntas e outras parecidas, o Excel permite aplicar uma *formatação condicional* nas células. É um formato especial que ele aplica somente nas células que atendem a uma condição, chamada de *regra*. Por exemplo, você poderia aplicar uma formatação para mostrar todos os valores negativos em uma fonte vermelha ou aplicar um filtro para mostrar apenas os 10 primeiros valores.

Destacando as células que atendem a um critério

Um *formato condicional* é uma formatação que o Excel aplica apenas nas células que atendem ao critério especificado. Por exemplo, é possível informar ao programa para aplicar a formatação apenas se o valor de uma célula for maior ou menor que uma quantia específica, entre dois valores especificados ou igual a algum valor. Também é possível procurar células que contenham um texto específico, datas que ocorrem durante um dado período de tempo e mais.

Quando um formato condicional é configurado, você pode especificar fonte, borda e padrão de fundo. Essa formatação ajuda a assegurar que as células que atendem ao critério se destacarão das outras no intervalo. Veja as etapas a seguir:

1. **Selecione o intervalo com o qual deseja trabalhar.**

Basta selecionar os valores de dados que deseja formatar. Não é preciso (na verdade, você não deve) selecionar nenhum dado próximo.

2. **Escolha Página Inicial ⇨ Formatação Condicional.**

3. **Escolha Realçar Regras das Células e selecione a regra que deseja usar para a condição.**

Há seis regras para escolher:

- **É maior do que:** Aplica o formato condicional nas células com um valor maior do que o especificado.

- **É menor do que:** Aplica o formato condicional nas células com um valor menor do que o especificado.

- **Está entre:** Aplica o formato condicional nas células com um valor que é maior ou igual a um valor mínimo especificado e menor ou igual a um valor máximo especificado.

- **É igual a:** Aplica o formato condicional nas células com um valor igual ao especificado.

- **Texto que contém:** Aplica o formato condicional nas células que incluem o texto especificado.

- **Uma data que ocorre:** Aplica o formato condicional nas células com um valor de data que atende à condição especificada (como ontem, semana passada ou próximo mês).

(Há uma sétima regra, Valores duplicados, que explico mais adiante neste capítulo.) Aparecerá uma caixa de diálogo e seu nome depende da regra clicada na Etapa 3. Por exemplo, a Figura 1-1 mostra a caixa de diálogo para a regra É maior do que. [Todos os conteúdos das imagens presentes neste livro, salvo indicação contrária, estão em português.]

FIGURA 1-1: Caixa de diálogo É maior do que com os valores realçados.

4. **Digite o valor a usar para a condição.**

   Você também pode clicar no botão que aparece à direita da caixa de texto e selecionar uma célula da planilha que contém o valor. E mais, dependendo do operador, pode ser necessário especificar dois valores.

5. **Use a lista suspensa para selecionar a formatação a aplicar nas células que correspondem à condição.**

   Se você for criativo, pode criar seu próprio formato selecionando o comando Formato Personalizado.

6. **Clique em OK.**

   O Excel aplicará a formatação nas células que atendem à condição especificada.

DICA

O Excel permite especificar vários formatos condicionais. Por exemplo, você pode configurar uma condição para as células maiores que algum valor e uma condição separada para as células menores que outro valor ou pode aplicar formatos únicos em cada condição. Siga as mesmas etapas para configurar a nova condição.

Mostrando valores duplicados irritantes

Você usa a formatação condicional sobretudo para realçar números maiores ou menores que algum valor, ou datas que ocorrem dentro de determinado intervalo. Contudo, também é possível usar a formatação condicional para procurar valores duplicados em um intervalo. Por que fazer isso? O principal motivo é que muitas colunas do intervalo ou da tabela requerem valores únicos. Por exemplo, uma coluna de IDs do aluno ou números de peças não devem ter duplicatas.

Infelizmente, é difícil percorrer tais números e selecionar os valores repetidos. Não se preocupe! Com a formatação condicional, você pode especificar uma fonte, borda e padrão de fundo para assegurar que qualquer célula duplicada em um intervalo ou tabela se destaque em relação às outras. Veja como fazer:

1. **Selecione o intervalo que você deseja verificar quanto às duplicatas.**

2. **Escolha Página Inicial ⇨ Formatação Condicional.**

3. **Escolha Realçar Regras das Células ⇨ Valores Duplicados.**

   Aparecerá a caixa de diálogo Valores Duplicados. A lista suspensa à esquerda tem a opção Duplicados selecionada por padrão, como mostrado na Figura 1-2. Porém, se você quiser realçar todos os valores únicos, em vez dos duplicados, selecione Exclusivos na lista.

4. **Use a lista suspensa à direita para selecionar a formatação a aplicar nas células com valores duplicados.**

   É possível criar seu próprio formato escolhendo o comando Formato Personalizado.

5. **Clique em OK.**

   O Excel aplicará a formatação em qualquer célula com valores duplicados no intervalo.

FIGURA 1-2: Use a regra Valores Duplicados para realçar as duplicatas na planilha.

12   PARTE 1 **Introdução à Análise de Dados**

Destacando os primeiros ou os últimos valores em um intervalo

Ao analisar os dados da planilha, geralmente é útil procurar itens que se destaquem da norma. Por exemplo, você pode querer saber quais representantes de vendas venderam mais no último ano ou quais departamentos tiveram as menores margens brutas. Para ver com rapidez e facilidade os valores extremos em um intervalo, é possível aplicar um formato condicional nos primeiros ou nos últimos valores desse intervalo.

Você pode aplicar um formato desses configurando uma *regra de primeiros/últimos,* na qual o Excel aplica um formato condicional nos itens que estão acima ou abaixo em um intervalo de valores. Para os primeiros ou os últimos valores, pode-se especificar um número, como 5 ou 10 primeiros, ou porcentagem, como últimos 20%. Veja como funciona:

1. **Selecione o intervalo com o qual deseja trabalhar.**

2. **Escolha Página Inicial ⇨ Formatação Condicional.**

3. **Escolha Regras de Primeiros/Últimos e selecione o tipo de regra que deseja criar.**

   Há seis regras para escolher:

   - **10 primeiros itens:** Aplica o formato condicional nas células nos primeiros X, em que X é um número especificado (o padrão é 10).

   - **Primeiros 10%:** Aplica o formato condicional nas células nos primeiros X%, em que X é um número especificado (o padrão é 10).

   - **10 últimos itens:** Aplica o formato condicional nas células nos últimos X, em que X é um número especificado (o padrão é 10).

   - **Últimos 10%:** Aplica o formato condicional nas células nos últimos X%, em que X é um número especificado (o padrão é 10).

   - **Acima da média:** Aplica o formato condicional nas células acima do valor médio do intervalo.

   - **Abaixo da média:** Aplica o formato condicional nas células abaixo do valor médio do intervalo.

   Aparecerá uma caixa de diálogo, com o nome dependendo da regra selecionada na Etapa 3. Por exemplo, a Figura 1-3 mostra a caixa de diálogo para a regra 10 primeiros itens.

4. **Digite o valor a usar para a condição.**

   Você também pode clicar no botão que aparece à direita da caixa de texto e selecionar uma célula da planilha que contém o valor. Note que não é preciso inserir um valor para as regras Acima da média e Abaixo da média.

5. **Use a lista suspensa para selecionar a formatação a aplicar nas células que correspondem à sua condição.**

6. **Clique em OK.**

   O Excel aplicará a formatação nas células que atendem à condição especificada.

FIGURA 1-3:
Caixa de diálogo 10 Primeiros Itens com os 5 primeiros valores realçados.

Quando configurar a regra de primeiros/últimos, selecione um formato para garantir que as células atendam ao critério de se destacar das outras no intervalo. Se nenhum formato predefinido servir, sempre será possível escolher Formato Personalizado e usar a caixa de diálogos Formatar Células para criar uma combinação de formatação adequada. Use as guias Fonte, Borda e Preenchimento para especificar a formatação que deseja aplicar, depois clique em OK.

Analisando os valores das células com barras de dados

Em alguns cenários da análise de dados, você pode se interessar mais pelos valores relativos em um intervalo do que pelos valores absolutos. Por exemplo, se tiver uma tabela de produtos que inclua uma coluna mostrando as vendas unitárias, poderá querer comparar as vendas relativas de todos os produtos.

Comparar valores relativos geralmente é mais fácil se você os visualiza, e um dos modos mais fáceis de visualizar dados no Excel é usar *barras de dados*, um recurso de visualização que aplica barras coloridas horizontais em cada célula em um intervalo de valores; essas barras aparecem "atrás" (ou seja, no fundo) dos valores no intervalo. O comprimento da barra de dados em cada célula depende do valor dentro dela: quanto maior o valor, mais longa é a barra.

Siga estas etapas para aplicar barras de dados em um intervalo:

1. **Selecione o intervalo com o qual deseja trabalhar.**

2. **Escolha Página Inicial ➪ Formatação Condicional.**

3. **Escolha Barras de Dados e selecione o tipo de preenchimento das barras que deseja criar.**

   É possível aplicar dois tipos de barras de dados:

   - **Preenchimento gradual:** As barras de dados começam com uma cor sólida e esmaecem gradualmente para uma cor mais clara.

   - **Preenchimento sólido:** As barras de dados têm uma cor sólida.

   O Excel aplica barras de dados em cada célula no intervalo. A Figura 1-4 mostra um exemplo na coluna Unidades.

	A	B	C	D
1	Nome do Produto	Unidades	Valor Total	
2	Ventos do Norte Amêndoas	20	R$ 200,00	
3	Ventos do Norte Cerveja	487	R$ 6.818,00	
4	Ventos do Norte Geleia de Amora	100	R$ 2.500,00	
5	Ventos do Norte Tempero de Cajun	40	R$ 880,00	
6	Ventos do Norte Chai	40	R$ 720,00	
7	Ventos do Norte Chocolate	200	R$ 2.550,00	
8	Ventos do Norte Biscoito de Chocolate	85	R$ 782,00	
9	Ventos do Norte Sopa de Amêijoas	290	R$ 2.798,50	
10	Ventos do Norte Café	650	R$ 29.900,00	
11	Ventos do Norte Carne de Caranguejo	120	R$ 2.208,00	
12	Ventos do Norte Tempero Curry	65	R$ 2.600,00	
13	Ventos do Norte Maçã Seca	40	R$ 2.120,00	
14	Ventos do Norte Pera Seca	40	R$ 1.200,00	
15	Ventos do Norte Ameixa seca	75	R$ 262,50	
16	Ventos do Norte Coquetel de Frutas	40	R$ 1.560,00	
17	Ventos do Norte Nhoque	10	R$ 380,00	
18	Ventos do Norte Chá Verde	275	R$ 822,25	
19	Ventos do Norte Arroz de Grão Longo	40	R$ 280,00	
20	Ventos do Norte Marmelada	40	R$ 3.240,00	

FIGURA 1-4: Quanto maior o valor, mais longa é a barra de dados.

DICA

Se o intervalo incluir os valores alinhados à direita, as barras de dados com preenchimento gradual serão melhores do que as com preenchimento sólido, porque até as barras mais longas com preenchimento gradual ficam brancas perto da borda direita da célula, portanto, a maioria dos valores do intervalo deverá aparecer em um fundo branco, facilitando a leitura.

Analisando valores da célula com cores

Normalmente, é útil ter uma ideia da distribuição geral dos valores em um intervalo. Por exemplo, você pode querer saber se um intervalo tem muitos valores baixos e apenas alguns valores altos. As *escalas de cor* podem ajudar a analisar os dados desse modo. Tal escala compara os valores relativos em um intervalo aplicando um sombreamento em cada célula, com a cor refletindo seu valor.

As escalas de cor também informam se seus dados incluem valores *atípicos*: valores muito mais altos ou baixos do que os outros. Do mesmo modo, as escalas de cor podem ajudá-lo a fazer um juízo de valor dos seus dados. Por exemplo, vendas altas e números baixos de defeitos de produto são bons, ao passo que margens pequenas e altas taxas de rotatividade dos funcionários são ruins.

1. Selecione o intervalo que você deseja formatar.
2. Escolha Página Inicial ⇨ Formatação Condicional.
3. Escolha Escalas de Cor e selecione a escala com o esquema de cores que deseja aplicar.

   Há duas variedades de escalas de cor: escalas com três e duas cores. Se seu objetivo for procurar valores atípicos, use a escala com três cores porque ajuda a destacar mais esses valores. Uma escala com três cores também será útil se você quiser fazer juízo de valor sobre seus dados, porque é possível atribuir seus próprios valores às cores (como positivos, neutros e negativos). Use uma escala com duas cores quando quiser procurar padrões nos dados, pois ela tem menos contraste.

   O Excel aplica a escala de cor em cada célula no intervalo selecionado.

Analisando valores da célula com conjuntos de ícones

Os símbolos com associações comuns ou muito conhecidas normalmente são úteis para analisar grandes quantidades de dados. Por exemplo, em geral uma marca de verificação significa que algo é bom, está terminado ou é aceitável, ao passo que um *X* significa que algo é ruim, está inacabado ou é inaceitável. Do mesmo modo, um círculo verde é positivo e um vermelho é negativo (pense nos semáforos). O Excel coloca essas e outras associações simbólicas em uso com o recurso de *conjuntos de ícones*. Use esses conjuntos para visualizar os valores relativos das células em um intervalo.

LEMBRE-SE

Com esses conjuntos, o Excel adiciona um ícone em particular a cada célula no intervalo e o ícone informa algo sobre o valor dela em relação ao restante do intervalo. Por exemplo, os valores mais altos podem ser atribuídos a uma seta para cima, os valores mais baixos a uma seta para baixo e os valores intermediários a uma seta horizontal.

Veja como aplicar um conjunto de ícones em um intervalo:

1. **Selecione o intervalo que você deseja formatar com um conjunto de ícones.**
2. **Escolha Página Inicial ➪ Formatação Condicional.**
3. **Escolha Conjuntos de Ícones e selecione o tipo que deseja aplicar.**

   Os conjuntos têm quatro categorias:

   - **Direcional:** Indica tendências e o movimento dos dados
   - **Formas:** Aponta os valores altos (verdes) e baixos (vermelhos) no intervalo
   - **Indicadores:** Adiciona juízos de valor
   - **Classificações:** Mostra onde está cada célula no intervalo geral dos valores de dados

   O Excel aplica os ícones a cada célula no intervalo, como mostrado na Figura 1-5.

	A	B	
1	ID do Estudante		Notas
2	64947	✔	82
3	69630	!	66
4	18324	✖	52
5	89826	✔	94
6	63600	✖	40
7	25089	!	62
8	89923	✔	88
9	13000	!	75
10	16895	!	66
11	24918	!	62
12	45107	!	71
13	64090	✖	53
14	94395	!	74

FIGURA 1-5: O Excel aplica um ícone com base no valor de cada célula.

Criando uma regra personalizada de formatação condicional

As regras de formatação condicional no Excel, ou seja, realçar as regras das células, regras de primeiros/últimos, barras de dados, escalas de cor e conjuntos de ícones, oferecem um modo fácil de analisar os dados por meio da visualização. Contudo, também é possível ajustar sua análise de dados baseada em formatação criando uma regra personalizada de formatação condicional que se adapta a como deseja analisar e apresentar os dados.

LEMBRE-SE

Essas regras são ideais para as situações em que os juízos de valor normais, isto é, os valores mais altos são bons e os mais baixos são ruins, não se aplicam. Por exemplo, embora os conjuntos de ícones suponham que os valores mais altos são mais positivos que os mais baixos, nem sempre isso é verdade. Em um banco de dados de defeitos de produto, por exemplo, os valores mais baixos são melhores que os mais altos. De forma parecida, as barras de dados são baseadas nos valores numéricos relativos em um intervalo, mas você pode preferir baseá-los em porcentagens relativas ou classificações de percentis.

Para ter o tipo de análise de dados preferido, siga estas etapas a fim de criar uma regra personalizada de formatação condicional e aplique-a em seu intervalo:

1. **Selecione o intervalo que você deseja analisar com uma regra personalizada de formatação condicional.**

2. **Escolha Página Inicial ⇨ Formatação Condicional ⇨ Nova Regra.**

   Aparecerá a caixa de diálogo Nova Regra de Formatação.

3. **Na caixa Selecione um Tipo de Regra, selecione o tipo que deseja criar.**

4. **Use os controles na caixa Edite a Descrição da Regra para editar o estilo e a formatação.**

   Os controles vistos dependem do tipo de regra selecionado na Etapa 3. Por exemplo, se você selecionar Conjuntos de Ícones, verá os controles mostrados na Figura 1-6.

DICA

Com os Conjuntos de Ícones, selecione Ordem Inversa de Ícones se quiser mudar suas atribuições normais, como mostrado na Figura 1-6.

5. **Clique em OK.**

   O Excel aplicará a formatação condicional em cada célula no intervalo.

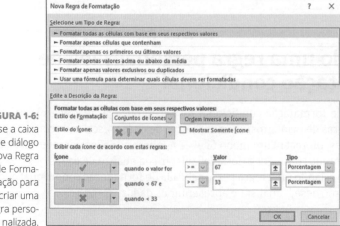

FIGURA 1-6: Use a caixa de diálogo Nova Regra de Formatação para criar uma regra personalizada.

PAPO DE ESPECIALISTA

DESTAQUE AS CÉLULAS COM BASE EM UMA FÓRMULA

Você pode aplicar a formatação condicional com base nos resultados de uma fórmula. Isto é, configurar uma fórmula lógica como o critério da formatação condicional. Para cada célula na qual a fórmula retorna VERDADEIRO, o Excel aplica a formatação especificada; para todas as outras células, ele não aplica nada.

Na maioria dos casos, você usa uma fórmula de comparação ou uma função SE, normalmente combinada com outra função lógica, como E ou OU. Em cada caso, o valor de comparação da fórmula deve referenciar apenas o primeiro valor no intervalo. Por exemplo, se o intervalo com qual está trabalhando fosse um conjunto de datas em A2:A100, a fórmula de comparação =DIA.DA.SEMANA(A2)=6 aplicaria a formatação condicional a toda célula no intervalo que ocorre em uma sexta-feira.

As etapas a seguir mostram como aplicar a formatação condicional com base nos resultados de uma fórmula:

1. **Selecione o intervalo com o qual deseja trabalhar.**
2. **Escolha Página Inicial ⇨ Formatação Condicional ⇨ Nova Regra.**

    Aparecerá a caixa de diálogo Nova Regra de Formatação.

3. **Selecione Usar uma fórmula para determinar quais células devem ser formatadas.**
4. **Na caixa de texto Formatar valores em que esta fórmula é verdadeira, digite a fórmula lógica.**

    A figura a seguir mostra um exemplo do uso de uma fórmula para aplicar a formatação condicional.

(continua)

CAPÍTULO 1 **Aprendendo Técnicas Básicas da Análise de Dados**

(continuação)

5. **Escolha Formatar, use a caixa de diálogo Formatar Células para definir o estilo e a formatação da regra e depois clique em OK.**

6. **Clique em OK.**

   O Excel aplicará a formatação condicional em cada célula no intervalo em que a fórmula lógica retorna VERDADEIRO.

   Quando você trabalha com regras baseadas em fórmulas, uma técnica útil é aplicar um formato condicional baseado em uma fórmula que compara todas as células em um intervalo com um valor nesse intervalo. O caso mais simples é uma fórmula que aplica uma formatação condicional nas células do intervalo iguais a um valor de uma célula no intervalo. Veja a fórmula lógica para usar em tal comparação:

   =intervalo=célula

   Aqui, *intervalo* é uma referência absoluta para o intervalo de células com o qual deseja trabalhar e *célula* é uma referência relativa para a célula de comparação. Por exemplo, para aplicar um formato condicional a essas células no intervalo A1:A50 que são iguais ao valor na célula A1, você usaria a seguinte fórmula:

   =$A$1:$A$50=A1

Editando uma regra de formatação condicional

As regras de formatação condicional são excelentes ferramentas de visualização de dados que podem tornar a análise dos dados mais fácil e rápida. Se você realça as células com base em um critério, mostra aquelas no início ou final do intervalo, ou usa recursos como barras de dados, escalas de cores e conjuntos de ícones, a formatação condicional permite interpretar seus dados rapidamente.

Mas não quer dizer que todos os experimentos de formatação condicional serão bem-sucedidos. Por exemplo, você pode achar que a formatação condicional usada não funciona porque não permite visualizar os dados como esperava. Do mesmo modo, uma mudança nos dados pode exigir uma mudança na condição usada. Seja qual for o motivo, é possível editar as regras de formatação condicional e assegurar que terá a melhor visualização para seus dados. Veja como:

1. Selecione uma célula no intervalo que inclua a regra de formatação condicional que deseja editar.

Você pode selecionar uma célula, várias ou o intervalo inteiro.

2. Escolha Página Inicial ⇨ Formatação Condicional ⇨ Gerenciar Regras.

Aparecerá a caixa de diálogo Gerenciador de Regras de Formatação Condicional, como mostrado na Figura 1-7.

20   PARTE 1 **Introdução à Análise de Dados**

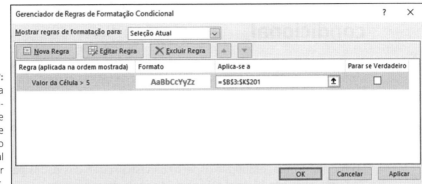

FIGURA 1-7: Use a caixa Gerenciador de Regras de Formatação Condicional para editar suas regras.

3. **Selecione a regra que deseja modificar.**

   Se não encontrar a regra, clique na lista suspensa Mostrar regras de formatação para e selecione Esta planilha. A lista que aparece mostrará todas as regras de formação condicional aplicadas na planilha atual.

4. **Escolha Editar Regra.**

   Aparecerá a caixa de diálogo Editar Regra de Formatação.

5. **Modifique a regra.**

6. **Clique em OK.**

   O Excel voltará para a caixa de diálogo Gerenciador de Regras de Formatação Condicional.

7. **Selecione OK.**

   O Excel atualizará a formatação condicional.

CUIDADO

Se houver várias regras de formatação condicional aplicadas em um intervalo, a visualização será afetada pela ordem em que o Excel as aplica. Especificamente, se uma célula já tiver um formato condicional aplicado, o programa não substituirá esse formato pelo novo. Por exemplo, suponha que você tenha duas regras de formatação condicionais aplicadas em uma lista de notas de alunos: uma para notas acima de 9,0 e outra para acima de 8,0. Se você aplicar primeiro o formato condicional acima de 8,0, o Excel nunca aplicará o formato acima de 9,0, porque esses valores já foram cobertos pelo formato acima de 8,0. A solução é mudar a ordem da regra. Na caixa de diálogo Gerenciador de Regras de Formatação Condicional, selecione a regra que deseja modificar, então clique no botão Mover para cima e Mover para baixo para definir a ordem desejada. Se quiser que o Excel pare de processar o resto das regras depois de ter aplicado alguma determinada, marque a caixa de seleção Parar se verdadeiro.

CAPÍTULO 1 **Aprendendo Técnicas Básicas da Análise de Dados** 21

Removendo as regras de formatação condicional

As regras de formatação condicional são criaturas úteis, mas não funcionam em todas as situações. Por exemplo, se seus dados são essencialmente aleatórios, as regras de formatação condicional não produzirão padrões por mágica. Você também pode achar que a formatação condicional não é útil para certas coleções ou tipos de dados. Ou pode considerar a formatação útil para entender seu conjunto de dados, mas preferir removê-la.

Da mesma forma, embora o aspecto da visualização dos dados para as regras de formatação condicional seja parte do apelo do recurso do Excel, como todas as coisas visuais, você pode exagerar. Ou seja, pode acabar com uma planilha com várias regras de formatação condicional e algumas combinações confusas e pouco atraentes de células destacadas, barras de dados, escalas de cor e conjuntos de ícones.

Se por qualquer motivo você achar que a formatação condicional de um intervalo não é útil ou não é mais necessária, poderá removê-la do intervalo seguindo estas etapas:

1. **Selecione uma célula no intervalo que inclua a regra de formatação condicional que deseja descartar.**

   Você pode selecionar uma célula, várias ou o intervalo inteiro.

2. **Escolha Página Inicial ⇨ Formatação Condicional ⇨ Gerenciar Regras.**

   Aparecerá a caixa de diálogo Gerenciador de Regras de Formatação Condicional.

3. **Selecione a regra que você quer remover.**

   Se não encontrar a regra, use a lista Mostrar regras de formatação para e selecione Esta planilha, que diz ao Excel para exibir todas as regras de formatação condicional aplicadas na planilha atual.

4. **Escolha Excluir Regra.**

   O Excel removerá a regra do intervalo.

5. **Clique em OK.**

DICA

Se houver várias regras definidas e você quiser remover todas, clique na guia Página Inicial, escolha Formatação Condicional, Limpar Regras e selecione Limpar Regras das Células Selecionadas ou Limpar Regras da Planilha Inteira.

Resumindo Dados com Subtotais

Embora você possa usar fórmulas e funções da planilha para resumir os dados de várias maneiras, inclusive somas, médias, contagens, máximos e mínimos, se estiver com pressa ou só precisar de um resumo rápido dos dados, poderá deixar o Excel fazer o trabalho. O segredo aqui é um recurso chamado *subtotais automáticos*, que são fórmulas que o Excel adiciona automaticamente a uma planilha.

LEMBRE-SE

O Excel configura os subtotais automáticos com base em grupos de dados em um campo selecionado. Por exemplo, se você pedir os subtotais baseados no campo Cliente, o Excel percorrerá a coluna Cliente e criará um novo subtotal sempre que o nome mudar. Para ter resumos úteis, você deve classificar o intervalo no campo que contém os grupos de dados nos quais está interessado.

Siga estas etapas para resumir seus dados com subtotais:

1. **Selecione uma célula no intervalo para qual deseja o subtotal.**

2. **Escolha Dados ➪ Subtotal.**

   Se você não encontrar o comando Subtotal, escolha Resumo ➪ Subtotal. Aparecerá a caixa de diálogo Subtotal.

3. **Use a lista A cada alteração em para selecionar a coluna que deseja usar para agrupar os subtotais.**

4. **Na lista Usar Função, selecione Soma.**

5. **Na lista Adicionar subtotal a, marque a caixa de seleção para a coluna que deseja resumir.**

   A Figura 1-8 mostra um exemplo em que é exibida a soma das células Total do cliente a cada alteração nesse campo.

6. **Clique em OK.**

   O Excel calculará os subtotais e vai adicioná-los no intervalo. Observe também que o programa adiciona símbolos de resumo ao intervalo. Explico o resumo com mais detalhes na próxima seção.

A Figura 1-9 mostra alguns subtotais aplicados a um intervalo.

LEMBRE-SE

Note que em *subtotais automáticos,* a palavra *subtotais* engana porque implica que você pode resumir apenas os dados com totais. Nem chega perto! Usando "subtotais", você também pode contar os valores (todos os valores ou apenas os numéricos), calcular sua média, determinar o valor máximo ou mínimo e calcular o produto dos valores. Para uma análise estatística, também é possível calcular o desvio-padrão e a variância de uma amostra ou da população.

Para mudar o cálculo do resumo, siga as Etapas de 1 a 3, abra a lista suspensa Usar função e selecione a função que deseja usar para o resumo.

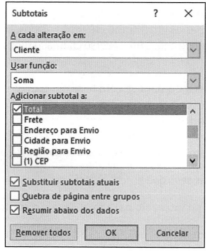

FIGURA 1-8: Use a caixa de diálogo Subtotais para aplicar subtotais em um intervalo.

	A	B	C	D	E	F	G	H
1	Cliente	País	Região	Produto	Preço Unitário	Quantidade	Desconto	Total
2	Cactus Comidas para llevar	Argentina		Ipoh Coffee	R$ 46,00	7	0%	R$ 322,00
3	Cactus Comidas para llevar	Argentina		Rhönbräu Klosterbier	R$ 7,75	20	0%	R$ 155,00
4	Cactus Comidas para llevar	Argentina		Röd Kaviar	R$ 15,00	10	0%	R$ 150,00
5	Cactus Comidas para llevar	Argentina		Rössle Sauerkraut	R$ 45,60	8	0%	R$ 364,80
6	Cactus Comidas para llevar	Argentina		Sasquatch Ale	R$ 14,00	20	0%	R$ 280,00
7	**Cactus Comidas para llevar Total**							R$ 1.271,80
8	Océano Atlántico Ltda.	Argentina		Konbu	R$ 6,00	5	0%	R$ 30,00
9	Océano Atlántico Ltda.	Argentina		Chef Anton's Gumbo Mix	R$ 21,35	20	0%	R$ 427,00
10	Océano Atlántico Ltda.	Argentina		Uncle Bob's Organic Dried Pears	R$ 30,00	6	0%	R$ 180,00
11	Océano Atlántico Ltda.	Argentina		Mozzarella di Giovanni	R$ 34,80	5	0%	R$ 174,00
12	Océano Atlántico Ltda.	Argentina		Queso Cabrales	R$ 21,00	30	0%	R$ 630,00
13	Océano Atlántico Ltda.	Argentina		Sir Rodney's Marmalade	R$ 81,00	15	0%	R$ 1.215,00
14	Océano Atlántico Ltda.	Argentina		Lakkalikööri	R$ 18,00	10	0%	R$ 180,00
15	Océano Atlántico Ltda.	Argentina		Original Frankfurter grüne Soße	R$ 13,00	15	0%	R$ 195,00
16	**Océano Atlántico Ltda. Total**							R$ 3.031,00
17	Rancho grande	Argentina		Sir Rodney's Marmalade	R$ 81,00	5	0%	R$ 405,00
18	Rancho grande	Argentina		Côte de Blaye	R$ 263,50	2	0%	R$ 527,00
19	Rancho grande	Argentina		Pavlova	R$ 17,45	6	0%	R$ 104,70
20	Rancho grande	Argentina		Mascarpone Fabioli	R$ 32,00	6	0%	R$ 192,00
21	Rancho grande	Argentina		Ravioli Angelo	R$ 19,50	20	0%	R$ 390,00
22	**Rancho grande Total**							R$ 1.618,70

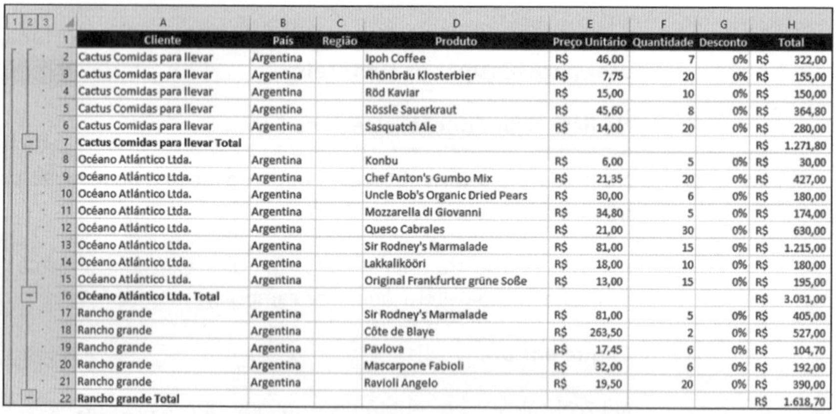

FIGURA 1-9: Alguns subtotais aplicados na coluna Total para cada cliente.

Agrupando Dados Relacionados

Para ajudar a analisar uma planilha, você pode controlar a exibição de seu intervalo agrupando os dados com base nas fórmulas e dados dela. Agrupar os dados cria um resumo da planilha, que funciona como o recurso de resumo no Microsoft Word. No resumo da planilha, você *recolhe* as seções da planilha e exibe apenas as células de resumo (como totais por trimestre ou regionais), ou *expande* as seções ocultas para mostrar o detalhe oculto. Observe que, quando você adiciona subtotais a um intervalo, como descrito na seção anterior, o Excel agrupa automaticamente os dados e exibe ferramentas de resumo.

LEMBRE-SE

Nem todas as planilhas podem ser agrupadas, portanto, é preciso verificar se a sua pode ser resumida:

» A planilha deve conter fórmulas que referenciem células ou intervalos vizinhos à célula da fórmula. As planilhas com funções SOMA que fazem o subtotal das células acima ou à esquerda são boas candidatas para o resumo.

» Deve haver um padrão consistente para a direção das referências da fórmula. Por exemplo, uma planilha com fórmulas que sempre referenciam células acima ou à esquerda podem ser resumidas. O Excel não resumirá uma planilha com, digamos, funções SOMA em que algumas referências do intervalo estão acima da célula da fórmula e outras abaixo.

Veja as etapas a seguir para os dados relacionados a grupos:

1. Exiba a planilha que você quer resumir.

2. Escolha Dados ⇨ Agrupar ⇨ AutoTópicos.

Se você não encontrar o comando Agrupar, escolha Resumo ⇨ Agrupar. O Excel resumirá os dados da planilha.

Como indicado na Figura 1-10, o Excel usa *barras de nível* para indicar os intervalos agrupados e *números do nível* para indicar os vários níveis dos dados subjacentes disponíveis para o resumo.

Veja alguns modos de usar o resumo para controlar a exibição do intervalo:

» Clique no botão Recolher para ocultar o intervalo exibido pela barra de nível.

» Selecione um número do nível para recolher vários intervalos que estão no mesmo nível do resumo.

» Clique no botão Expandir para exibir de novo um intervalo recolhido.

» Selecione um número do nível para mostrar vários intervalos recolhidos que estão no mesmo nível do resumo.

CAPÍTULO 1 **Aprendendo Técnicas Básicas da Análise de Dados**

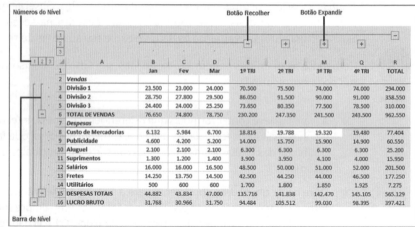

FIGURA 1-10: Quando você agrupa um intervalo, o Excel exibe ferramentas de resumo.

Consolidando Dados de Várias Planilhas

Normalmente, as empresas distribuem planilhas parecidas para vários departamentos a fim de capturar os números do orçamento, valores do inventário, dados de pesquisa etc. Essas planilhas devem ser combinadas em um relatório de resumo mostrando os totais da empresa inteira. Combinar várias planilhas em um relatório de resumo é chamado de *consolidar* os dados.

Parece dar muito trabalho, certo? É verdade se feito à mão, portanto, esqueça. Em vez disso, o Excel pode consolidar seus dados automaticamente. É possível usar o recurso Consolidar para unificar os dados de uma das duas maneiras:

» **Por posição:** O Excel consolida os dados de duas ou mais planilhas usando as mesmas coordenadas do intervalo em cada uma. É o método usado se as planilhas a consolidar tiverem um layout idêntico.

» **Por categoria:** O Excel consolida os dados de duas ou mais planilhas procurando rótulos idênticos de linha e coluna em cada planilha. É o método usado se as planilhas a consolidar tiverem layouts diferentes, mas rótulos em comum.

Nos dois casos, você especifica um ou mais *intervalos de origem* (os intervalos que contêm os dados que deseja consolidar) e um *intervalo de destino* (o intervalo no qual os dados consolidados aparecerão).

Consolidação por posição

Veja as etapas necessárias se você quiser consolidar várias planilhas por posição:

1. **Crie uma nova planilha com o mesmo layout, inclusive rótulos de linhas e colunas, das planilhas que deseja consolidar.**

   O layout idêntico nessa nova planilha é seu intervalo de destino.

2. **Se necessário, abra as pastas de trabalho que contenham as planilhas que deseja consolidar.**

   Se as planilhas que deseja consolidar estiverem na pasta de trabalho atual, pode pular essa etapa.

3. **Na nova planilha da Etapa 1, selecione o canto esquerdo superior do intervalo de destino.**

4. **Escolha Dados ⇨ Ferramentas de Dados ⇨ Consolidar.**

   Aparecerá a caixa de diálogo Consolidar.

5. **Use a lista Função para selecionar a função de resumo que deseja usar.**

6. **Na caixa de texto Referência, selecione um dos intervalos que deseja consolidar.**

7. **Clique em Adicionar.**

   O Excel adicionará o intervalo à lista Todas as referências, como mostrado na Figura 1-11.

8. **Repita as Etapas 6 e 7 para adicionar todos os intervalos de consolidação.**

9. **Clique em OK.**

   O Excel consolidará os dados dos intervalos de origem e exibirá o resumo no intervalo de destino.

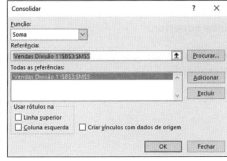

FIGURA 1-11: Consoli- de várias planilhas adicionando um intervalo a partir de cada uma.

CAPÍTULO 1 Aprendendo Técnicas Básicas da Análise de Dados   27

DICA Se os dados de origem mudarem, provavelmente você desejará refletir isso na planilha de consolidação. Em vez de executar de novo a consolidação inteira, uma solução muito mais fácil é marcar a caixa de seleção Criar vínculos com dados de origem na caixa de diálogo Consolidar. Assim, é possível atualizar a planilha de consolidação escolhendo Dados ⇨ Atualizar Tudo.

Consolidando por categoria

Veja as etapas a seguir para consolidar várias planilhas por categoria:

1. **Crie uma nova planilha para a consolidação.**

   Você usa essa planilha para especificar o intervalo de destino.

2. **Se necessário, abra as pastas de trabalho que contenham as planilhas que deseja consolidar.**

   Se as planilhas que você quer consolidar estiverem na pasta de trabalho atual, pule esta etapa.

3. **Na nova planilha da Etapa 1, selecione o canto superior esquerdo do intervalo de destino.**

4. **Escolha Dados ⇨ Ferramentas de Dados ⇨ Consolidar.**

   Aparecerá a caixa de diálogo Consolidar.

5. **Na lista Função, selecione a função de resumo que deseja usar.**

6. **Na caixa de texto Referência, selecione um dos intervalos que deseja consolidar.**

   Quando selecionar o intervalo, inclua os rótulos das linhas e das colunas.

7. **Clique em Adicionar.**

   O Excel adicionará o intervalo à lista Todas as referências.

8. **Repita as Etapas 6 e 7 para adicionar todos os intervalos de consolidação.**

9. **Se você tiver rótulos na linha superior de cada intervalo, marque a caixa de seleção Linha superior.**

10. **Se tiver rótulos na linha da coluna esquerda de cada intervalo, marque a caixa Coluna esquerda.**

    A Figura 1-12 mostra uma versão completa da caixa de diálogo Consolidar.

11. Clique em OK.

O Excel consolidará os dados dos intervalos de origem e exibirá o resumo no intervalo de destino.

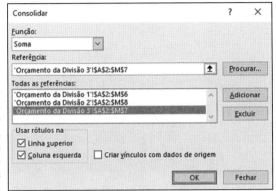

FIGURA 1-12: Ao consolidar por categoria, informe ao Excel onde estão os rótulos.

CAPÍTULO 1 **Aprendendo Técnicas Básicas da Análise de Dados** 29

30   PARTE 1 **Introdução à Análise de Dados**

> **NESTE CAPÍTULO**
>
> » **Criando tabelas de dados básicas e com duas entradas**
>
> » **Analisando seus dados com a ferramenta Atingir meta**
>
> » **Criando e executando cenários**
>
> » **Otimizando seus dados com a ferramenta Solver**

Capítulo **2**

Trabalhando com Ferramentas de Análise de Dados

N a análise de dados, é melhor deixar o Excel fazer a maior parte do trabalho (o ideal é todo). Afinal, é um software complexo, poderoso e caro, então, por que não deixá-lo assumir grande parte das tarefas da análise de dados? É claro que você ainda terá que colocar os dados na planilha (embora, mais adiante no livro, eu explique os modos de fazer o Excel ajudar nessa tarefa também), mas, depois de fazer isso, é hora de ele se ocupar.

Neste capítulo, você examinará algumas ferramentas predefinidas do Excel que lidarão com grande parte do trabalho chato da análise de dados. Mostro como criar dois tipos diferentes de tabelas de dados, dou detalhes sobre como usar a ótima ferramenta Atingir meta, analisar os cenários e como usá-los para ter diversão e lucro, e faço um tour pelo suplemento Solver avançado.

Trabalhando com Tabelas de Dados

Se quiser estudar o efeito que os diferentes valores de entrada têm em uma fórmula, uma solução é configurar o modelo da planilha e mudar manualmente as células de entrada da fórmula. Por exemplo, se estiver calculando um pagamento de empréstimo, poderá inserir diferentes valores da taxa de juros para ver qual efeito a mudança do valor tem no pagamento.

O problema ao modificar os valores de entrada da fórmula é que você vê apenas um resultado por vez. Uma solução melhor é configurar uma *tabela de dados*, que é um intervalo com a fórmula usada e diversos valores de entrada para ela. O Excel cria automaticamente uma solução para a fórmula em cada valor de entrada diferente.

LEMBRE-SE

As tabelas de dados são um exemplo de *análise hipotética*, que talvez seja o método mais básico de análise dos dados da planilha. Com essa análise, primeiro você calcula uma fórmula D, com base na entrada das variáveis A, B e C. Depois informa: "O que acontece com o resultado se eu mudo o valor da variável A?", "O que acontece se mudo B ou C?" etc.

CUIDADO

Não confunda tabelas de dados com as tabelas do Excel que menciono no Capítulo 3. Lembre-se que uma tabela de dados é um intervalo especial que o Excel usa para calcular várias soluções para uma fórmula.

Criando uma tabela de dados básica

O tipo mais básico de tabela de dados é aquele que varia apenas uma das células de entrada da fórmula. Não é nenhuma surpresa que essa versão básica seja conhecida como *tabela de dados com uma entrada*. Veja as etapas a seguir para criar uma tabela desse tipo:

1. **Digite os valores de entrada.**

   - Para inserir os valores em uma coluna, inicie na célula da coluna à esquerda, uma linha abaixo da célula que contém a fórmula, como mostrado na Figura 2-1.

   - Para inserir os valores em uma linha, inicie na célula da coluna à direita, uma linha acima da célula que contém a fórmula.

2. **Selecione o intervalo que inclui os valores de entrada e a fórmula (no exemplo da Figura 2-3, selecione B7:C15).**

3. **Escolha Dados ⇨ Previsão ⇨ Teste de Hipóteses ⇨ Tabela de Dados para abrir a caixa de diálogo Tabela de Dados.**

4. **Insira o endereço da *célula de entrada*, que é a célula referenciada pela fórmula para variar a tabela de dados.**

Ou seja, para qualquer célula especificada, a tabela de dados substituirá cada um dos valores de entrada nessa célula e calculará o resultado da fórmula. Há duas opções:

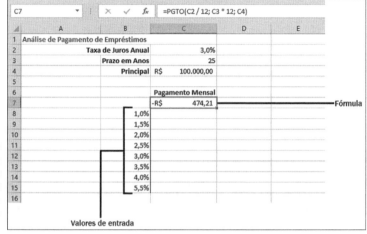

FIGURA 2-1: Esta tabela de dados tem valores de entrada em uma coluna.

- Se os valores de entrada estiverem em uma coluna, insira o endereço da célula de entrada na caixa de texto Célula de entrada da coluna. No exemplo mostrado na Figura 2-1, os valores de entrada da tabela de dados são as taxas de juros anuais, portanto a célula de entrada da coluna é C2, como mostrado na Figura 2-2.

- Se você inseriu os valores de entrada em uma linha, insira o endereço na caixa de texto Célula de entrada da linha.

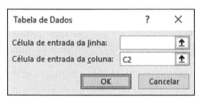

FIGURA 2-2: Insira o endereço da célula de entrada.

5. **Clique em OK.**

   O Excel preencherá a tabela de entrada com os resultados. A Figura 2-3 mostra os resultados da tabela de dados de exemplo.

CUIDADO

Quando vir os resultados da tabela de dados, você pode descobrir que todos os valores calculados são idênticos. O que houve? É muito provável que o problema seja o modo de cálculo atual do Excel. Escolha Fórmulas ⇨ Opções de Cálculo ⇨ Automático e os resultados da tabela de dados deverão ser recalculados para os valores corretos.

C8		▼	:	×	✓	f_x	{=TABELA(;C2)}	

▲	A	B	C	D	E
2		Taxa de Juros Anual	3,0%		
3		Prazo em Anos	25		
4		Principal	R$ 100.000,00		
5					
6			Pagamento Mensal		
7			-R$ 474,21		
8		1,0%	-R$ 376,87		
9		1,5%	-R$ 399,94		
10		2,0%	-R$ 423,85		
11		2,5%	-R$ 448,62		
12		3,0%	-R$ 474,21		
13		3,5%	-R$ 500,62		
14		4,0%	-R$ 527,84		
15		5,5%	-R$ 614,09		
16					

FIGURA 2-3: Resultados da tabela de dados.

Criando uma tabela de dados com duas entradas

Em vez de variar uma entrada da fórmula por vez, como na tabela de dados com uma entrada vista na seção anterior, o Excel melhora as coisas permitindo a você que configure uma tabela de dados com *duas entradas*. Como se pode imaginar, essa tabela varia duas entradas da fórmula ao mesmo tempo. Por exemplo, em uma planilha de pagamento de empréstimo, seria possível configurar uma tabela de dados com duas entradas para a taxa de juros e o prazo.

Para tanto, você deve configurar dois intervalos de células de entrada. Um deve ficar na coluna diretamente abaixo da fórmula e o outro uma linha logo à direita dela. Veja as etapas a seguir:

1. **Digite os valores de entrada:**

   - Para inserir os valores da coluna, inicie na célula logo abaixo da célula que contém a fórmula.

   - Para inserir os valores da linha, inicie na célula logo à direita da célula que contém a fórmula.

   A Figura 2-4 mostra um exemplo.

2. **Selecione o intervalo que inclui os valores de entrada e a fórmula (no exemplo da Figura 2-4, selecione B7:F15).**

3. **Escolha Dados ⇨ Previsão⇨ Teste de Hipóteses ⇨ Tabela de Dados para abrir a caixa de diálogos Tabela de Dados.**

4. **Na caixa de texto Célula de entrada da linha, insira o endereço da célula de entrada que corresponde aos valores da linha fornecidos.**

34 PARTE 1 **Introdução à Análise de Dados**

No exemplo mostrado na Figura 2-4, os valores da linha são as entradas do prazo, portanto a célula de entrada é C3 (veja a Figura 2-5).

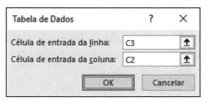

FIGURA 2-4: Para uma tabela de dados com duas entradas, insira um conjunto de valores em uma coluna e outro em uma linha.

5. **Na caixa de texto Célula de entrada da coluna, insira o endereço da célula de entrada que você deseja usar para os valores da coluna.**

No exemplo mostrado na Figura 2-4, os valores da coluna são as entradas da taxa de juros, portanto a célula de entrada é C2 (veja a Figura 2-5).

FIGURA 2-5: Insira os endereços das células de entrada.

6. **Clique em OK.**

O Excel exibirá os resultados. A Figura 2-6 mostra os resultados da tabela de dados com duas entradas de exemplo.

PAPO DE ESPECIALISTA

Ao executar o comando Tabela de Dados, o Excel insere uma fórmula de matriz no interior dessa tabela. A fórmula é uma função TABELA (uma função especial disponível apenas usando o comando Tabela de Dados) com a seguinte sintaxe:

```
{=TABELA(ref_entrada_linha; ref_entrada_coluna)}
```

Aqui, *ref_entrada_linha* e *ref_entrada_coluna* são referências da célula inseridas na caixa de diálogo Tabela de Dados. As chaves ({ }) indicam uma matriz, significando que não é possível mudar nem excluir os elementos individuais nos

CAPÍTULO 2 **Trabalhando com Ferramentas de Análise de Dados** 35

resultados. Se você quiser mudar os resultados, precisará selecionar a tabela de dados inteira e executar de novo o comando Tabela de Dados. Se quiser excluir, terá que selecionar a matriz inteira e apagá-la.

C8			× ✓ fx	{=TABELA(C3;C2)}				
	A	B	C		D	E	F	G
1	Análise de Pagamento de Empréstimos							
2		Taxa de Juros Anual	3,0%					
3		Prazo em Anos	25					
4		Principal	R$ 100.000,00					
5								
6		Pagamento Mensal			Prazos			
7		-R$ 474,21	15		20	25	30	
8		1,0%	-R$ 598,49	-R$ 459,89	-R$ 376,87	-R$ 321,64		
9		1,5%	-R$ 620,74	-R$ 482,55	-R$ 399,94	-R$ 345,12		
10		2,0%	-R$ 643,51	-R$ 505,88	-R$ 423,85	-R$ 369,62		
11	Taxa de Juros	2,5%	-R$ 666,79	-R$ 529,90	-R$ 448,62	-R$ 395,12		
12		3,0%	-R$ 690,58	-R$ 554,60	-R$ 474,21	-R$ 421,60		
13		3,5%	-R$ 714,88	-R$ 579,96	-R$ 500,62	-R$ 449,04		
14		4,0%	-R$ 739,69	-R$ 605,98	-R$ 527,84	-R$ 477,42		
15		5,5%	-R$ 817,08	-R$ 687,89	-R$ 614,09	-R$ 567,79		
16								

FIGURA 2-6: Resultados da tabela de dados com duas entradas.

Omitindo tabelas de dados ao calcular pastas de trabalho

Como uma tabela de dados é uma matriz, o Excel a trata como uma unidade, portanto, um recálculo da planilha significa que a tabela inteira sempre é recalculada. Esse recálculo não chega a ser um grande problema para uma tabela pequena com apenas uma dúzia de fórmulas. Porém, é comum ter tabelas de dados com centenas ou até milhares de fórmulas, e essas maiores podem realmente deixar lento o recálculo da planilha.

Se você trabalha com uma tabela de dados grande, poderá reduzir o tempo que o Excel leva para recalcular a pasta de trabalho se configurá-lo para ignorar as tabelas de dados ao executar o recálculo. Veja os dois métodos disponíveis:

» Escolha Fórmulas ➪ Cálculo ➪ Opções de Cálculo ➪ Automático Exceto em Tabelas de Dados.

» Escolha Aquivo ➪ Opções para abrir a caixa de diálogo Opções do Excel, escolha Fórmulas, selecione a opção Automático exceto em tabelas de dados e clique em OK.

Da próxima vez que você calcular uma pasta de trabalho, o Excel ignorará as tabelas de dados.

36   PARTE 1 **Introdução à Análise de Dados**

DICA

Quando quiser recalcular uma tabela de dados, é possível repetir um dos procedimentos anteriores e escolher a opção Automático. Por outro lado, se preferir deixar a opção Automático Exceto em Tabelas de Dados selecionada, ainda poderá recalcular a tabela selecionando qualquer célula dentro dela e escolhendo Fórmulas ⇨ Cálculo ⇨ Calcular Agora ou pressionar F9.

Analisando Dados com Atingir Meta

E se você já souber o resultado da fórmula de que precisa e quiser produzi-lo ajustando um dos valores de entrada da fórmula? Por exemplo, suponha que saiba que precisa economizar R$100.000 para a faculdade de seus filhos. Em outras palavras, você quer iniciar um investimento agora que valerá R$100.000 em algum momento no futuro.

Isso é chamado de cálculo do *valor futuro* e requer três parâmetros:

» Prazo do investimento

» Taxa de juros acumulada no investimento

» Quantia de dinheiro investida a cada ano

Suponha que precise do dinheiro dentro de 18 anos e possa ter um retorno anual de 4% no investimento. Resta uma pergunta: Quanto você deve investir todo ano para atingir sua meta?

Você com certeza passaria grande parte da vida tentando adivinhar a resposta. Felizmente, não é preciso porque pode usar a ferramenta Atingir meta do Excel. Ela funciona testando dezenas de possibilidades, ou *iterações*, que permitem chegar cada vez mais perto de uma solução. Quando a ferramenta encontra uma solução (ou a mais próxima que consegue), para e mostra o resultado.

Você deve fazer três coisas para configurar sua planilha para a ferramenta Atingir meta:

» Configure uma célula como a *célula variável*, que é o valor da célula de entrada da fórmula que a ferramenta manipulará para atingir a meta. No exemplo de fundos para a faculdade, a célula da fórmula com o depósito anual é a variável.

» Configure outros valores de entrada para a fórmula e forneça os valores iniciais corretos. No exemplo, insira 4% para a taxa de juros e 18 anos para o prazo.

» Crie uma fórmula para a ferramenta usar para atingir a meta. No exemplo, use a função VF(), que calcula o valor futuro de um investimento dados a taxa de juros, o prazo e o depósito regular.

Quando a planilha estiver pronta para a ação, veja as etapas a seguir para a ferramenta Atingir meta fazer o trabalho:

1. **Escolha Dados ⇨ Previsão ⇨ Teste de Hipóteses ⇨ Atingir meta.**

   Aparecerá a caixa de diálogo Atingir meta.

2. **Na caixa Definir célula, insira o endereço da célula que contém a fórmula para a ferramenta Atingir meta trabalhar.**

3. **Na caixa de texto Para valor, insira o valor que a ferramenta deve encontrar.**

4. **Na caixa Alternando célula, insira o endereço da célula que a ferramenta deve modificar.**

   A Figura 2-7 mostra um modelo de exemplo para o cálculo dos fundos para faculdade e a caixa de diálogo Atingir meta preenchida.

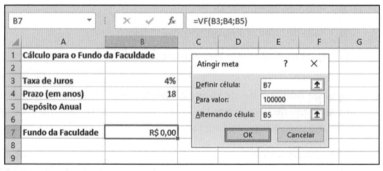

FIGURA 2-7: Usando a ferramenta Atingir meta para calcular o depósito anual requerido para ter R$100.000 em um fundo para a faculdade.

5. **Clique em OK.**

   A ferramenta Atingir meta ajustará o valor da célula variável até chegar a uma solução. Quando terminar, a célula mostrará o valor inserido na Etapa 3, como mostrado na Figura 2-8.

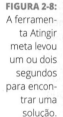
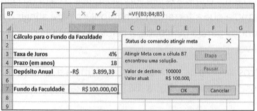

FIGURA 2-8: A ferramenta Atingir meta levou um ou dois segundos para encontrar uma solução.

6. **Clique em OK para aceitar a solução.**

PAPO DE ESPECIALISTA

Em alguns casos, a ferramenta pode não encontrar uma solução exata para seu modelo. Isso pode acontecer se a ferramenta Atingir meta levar um tempo relativamente longo para descobrir uma solução, porque ela para após 100 iterações ou se o resultado atual ficar dentro de 0,001 do resultado desejado.

Você pode conseguir uma solução mais precisa aumentando o número de iterações que a ferramenta pode usar, reduzindo o valor que ela usa para marcar uma solução como "próxima o bastante" ou ambos. Escolha Arquivo ⇨ Opções e Fórmulas. Aumente o valor do botão de rotação Número Máximo de Iterações, diminua o valor na caixa de texto Número Máximo de Alterações, ou ambos, e clique em OK.

Analisando Dados com Cenários

Muitas fórmulas exigem diversos valores de entrada para produzirem um resultado. Anteriormente neste capítulo, na seção "Trabalhando com Tabelas de Dados", expliquei sobre como usar as tabelas de dados para ver rapidamente os resultados de variar um ou dois valores de entrada. Com certeza é útil, mas quando você analisa os resultados de uma fórmula, manipular três ou mais valores de entrada por vez e fazer essa manipulação de um modo sistemático geralmente ajuda. Por exemplo, um conjunto de valores pode representar uma abordagem melhor, ao passo que outro pode ser pior.

No Excel, cada conjunto coerente de valores de entrada, conhecido como *células variáveis*, é chamado de *cenário*. Criando vários cenários, é possível aplicar rapidamente esses diferentes conjuntos de valores para analisar como o resultado de uma fórmula muda sob diferentes condições.

Os cenários do Excel são uma ferramenta de análise de dados poderosa por vários motivos. Primeiro, o programa permite inserir até 32 células variáveis em um único cenário, portanto você pode criar modelos bem elaborados para sua necessidade. Segundo, não importa quantas células variáveis você tem em um cenário, o Excel permite mostrar o resultado do cenário com alguns toques ou cliques. Terceiro, como o número de cenários que você pode definir é limitado apenas pela memória disponível em seu computador, realmente é possível usar quantos cenários precisar para analisar seu modelo de dados.

LEMBRE-SE

Ao criar um modelo de planilha, você pode usar algumas técnicas para torná-lo mais adequado aos cenários:

» Agrupe todas as células variáveis em um lugar e identifique-as com um rótulo.

» Verifique se cada célula variável tem um valor constante. Se você usar uma fórmula para uma célula variável, outra poderá mudar o resultado da fórmula e descartar seus cenários.

CAPÍTULO 2 **Trabalhando com Ferramentas de Análise de Dados** 39

Crie um cenário

Se os cenários parecem sua praia nas ferramentas de análise de dados, veja as etapas a seguir para criar um para o modelo de planilha configurado:

1. **Escolha Dados ⇨ Previsão ⇨ Teste de Hipóteses ⇨ Gerenciador de Cenários.**

Aparecerá a caixa de diálogo Gerenciador de cenários.

2. **Clique em Adicionar.**

Aparecerá a caixa de diálogo Adicionar cenário.

3. **Na caixa Nome do cenário, digite um nome para ele.**

4. **Na caixa Células variáveis, insira as células que você deseja mudar no cenário.**

Você pode digitar o endereço de cada célula ou intervalo, separando com uma vírgula, ou pode selecionar as células variáveis diretamente na planilha.

5. **Na caixa Comentário, insira uma descrição para o cenário.**

DICA

Seus cenários aparecerão no Gerenciador de cenários e para cada um, você verá as células variáveis e uma descrição. A descrição geralmente é muito útil, sobretudo se você tem vários cenários definidos, portanto escreva uma descrição detalhada para ajudar a diferenciá-los mais tarde.

A Figura 2-9 mostra um modelo de planilha para uma análise de financiamento e uma caixa de diálogo Adicionar cenário preenchida.

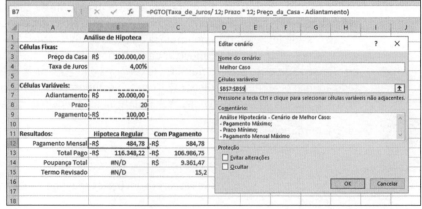

FIGURA 2-9: Criando um cenário para uma análise de financiamento.

40 PARTE 1 **Introdução à Análise de Dados**

6. **Clique em OK.**

   Aparecerá a caixa de diálogo Valores de cenário.

7. **Nas caixas de texto, insira um valor para cada célula variável.**

   A Figura 2-10 mostra alguns valores de exemplo para um cenário.

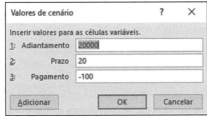

FIGURA 2-10: Valores de exemplo para as células variáveis de um cenário.

8. **Para adicionar mais cenários, clique em Adicionar e repita as Etapas de 3 a 7.**

9. **Clique em OK.**

   A caixa de diálogo Valores de cenário fechará e o Gerenciador de cenários voltará, mostrando os cenários adicionados.

10. **Clique em Fechar.**

Aplique um cenário

O valor real de um cenário é que não importa quantas células variáveis você definiu ou a complexidade de uma fórmula, é possível aplicar qualquer cenário com apenas algumas etapas simples. Não acredita? Veja, vou provar.

1. **Escolha Dados ⇨ Previsão ⇨ Teste de Hipóteses ⇨ Gerenciador de Cenários.**

   A caixa de diálogo Gerenciador de cenários será exibida.

2. **Selecione o cenário que deseja exibir.**

3. **Clique em Mostrar.**

   Sem hesitação, o Excel inserirá os valores de cenário nas células variáveis e exibirá o resultado da fórmula.

4. **Fique à vontade para repetir as Etapas 2 e 3 para exibir outros cenários. Como fica fácil, não é?**

5. **Quando terminar a análise, clique em Fechar.**

Edite um cenário

Se você precisar fazer alterações em um cenário, poderá editar o nome, células variáveis, descrição e valores de entrada. Veja as etapas a seguir:

1. **Escolha Dados ⇨ Previsão ⇨ Teste de Hipóteses ⇨ Gerenciador de Cenários.**

    Aparecerá a caixa de diálogo Gerenciador de cenários.

2. **Selecione o cenário que deseja modificar.**

3. **Clique em Editar.**

    A caixa de diálogo Editar cenário será aberta.

4. **Modifique o nome do cenário, células variáveis e comentário, quando necessário.**

5. **Clique em OK.**

    Aparecerá a caixa de diálogo Valores de cenário.

6. **Modifique os valores quando necessário.**

7. **Clique em OK.**

8. **Clique em Fechar.**

Exclua um cenário

Se tiver um cenário que não é mais bem-vindo, deve apagá-lo para reduzir a confusão no Gerenciador de cenários. Veja as etapas:

1. **Escolha Dados ⇨ Previsão ⇨ Teste de Hipóteses ⇨ Gerenciador de Cenários.**

    Aparecerá a caixa de diálogo Gerenciador de cenários.

2. **Selecione o cenário que deseja remover.**

    O Excel não pedirá para você confirmar a exclusão, portanto verifique duas vezes (talvez até três) se selecionou o cenário correto.

3. **Clique em Excluir.**

    O Gerenciador de cenários apagará o cenário.

4. **Clique em Fechar.**

Otimizando Dados com o Solver

Ferramentas da planilha que mudam uma variável, como Atingir meta, são úteis, mas infelizmente a maioria dos problemas empresariais não é tão fácil. Em geral, você encontrará muitas fórmulas com pelo menos duas variáveis, às vezes, com dezenas delas. Com frequência, um problema terá mais de uma solução e seu desafio será encontrar a solução *ideal* (ou seja, a que maximize o lucro, minimize os custos ou corresponda a outro critério). Para esses desafios maiores, você precisará de uma ferramenta mais robusta. O Excel tem a resposta: Solver. O Solver é um sofisticado programa de otimização que permite encontrar soluções para problemas complexos que exigiriam uma análise matemática de alto nível.

Entendendo o Solver

O Solver, como a ferramenta Atingir meta, usa um método iterativo para fazer cálculos. Usar iteração significa que ele tenta uma solução, analisa os resultados, tenta outra solução e por aí em diante. Contudo, essa iteração cíclica não é apenas uma adivinhação por parte dele. Seria patético. Não, o Solver examina como os resultados mudam em cada nova iteração e com processos matemáticos sofisticados (que felizmente ocorrem em segundo plano e podem ser ignorados) geralmente consegue informar qual direção deve seguir para chegar à solução.

Vantagens do Solver

Sim, as ferramentas Atingir meta e Solver são iterativas, mas isso não significa que sejam iguais. Na verdade, o Solver tem muitas vantagens:

» **Permite especificar várias células ajustáveis.** Você pode usar até 200 células ajustáveis no total.

» **Permite configurar limites nas células ajustáveis.** Por exemplo, é possível informar o Solver para encontrar uma solução que não só maximize os lucros, como também atenda a certas condições, como conseguir uma margem bruta entre 20% e 30% ou manter as despesas abaixo de R$100.000. Essas condições são os *limites* na solução.

» **Busca não apenas um resultado desejado (a "meta" na ferramenta Atingir meta), mas também o ideal.** Por exemplo, procurar um resultado ideal pode significar ser possível encontrar uma solução que seja o máximo ou o mínimo possível.

» **Para os problemas complexos, o Solver pode gerar várias soluções.** Assim é possível salvar essas diferentes soluções em diferentes cenários.

Quando usar o Solver?

Tudo bem, serei franco com você: o Solver é uma ferramenta poderosa que a maioria dos usuários do Excel não precisa. Seria um excesso, por exemplo, usar o Solver para calcular o lucro líquido com determinados receita fixa e valores do custo. Porém, muitos problemas exigem nada menos que a abordagem do Solver e eles cobrem muitas áreas e situações diferentes, mas todos têm as seguintes características em comum:

>> **Têm uma *célula objetiva* (também chamada de *célula de destino*) que contém uma fórmula que você deseja maximizar, minimizar ou definir para um valor específico.** Essa fórmula poderia ser um cálculo, como as despesas totais com transporte ou o lucro líquido.

>> **A fórmula da célula objetiva contém referências para uma ou mais *células inconstantes* (também chamadas de *desconhecidas* ou *células variáveis*).** O Solver ajusta essas células a encontrar a solução ideal para a fórmula da célula objetiva. Essas células variáveis podem incluir itens como unidades vendidas, custos com o envio ou despesas com publicidade.

>> **Como opção, há uma ou mais *células de limite* que devem atender a certos critérios.** Por exemplo, você pode querer que a publicidade seja menos de 10% das despesas totais ou que o desconto para os clientes fique entre 40% e 60%.

Por exemplo, a Figura 2-11 mostra um modelo de dados da planilha configurado para o Solver. O modelo mostra a receita (preço vezes unidades vendidas) e os custos para dois produtos, o lucro produzido por cada produto e o lucro total. A pergunta que não quer calar é: Quantas unidades de cada produto devem ser vendidas para chegar ao lucro total de R$0? Isso é conhecido nos negócios como *análise de rentabilidade*.

FIGURA 2-11: A meta deste modelo de dados é encontrar o limiar de rentabilidade (no qual o lucro total é R$0).

B8		fx	=B7 * B4 - C4		
	A	B	C	D	E
1					
2		Dardo Inflável	Lixador de Unhas para Cães		
3	Preço	R$ 24,95	R$ 19,95		
4	Unidades	1	1		
5	Receita	R$ 24,95	R$ 19,95		
6					
7	Custo Unitário	R$ 12,50	R$ 9,50		
8	Custos Variáveis	R$ 11,50	R$ 8,50		
9	Custos Fixos	R$ 100.000,00	R$ 75.000,00		
10	Custos Totais	R$ 100.011,50	R$ 75.008,50		
11					
12	Lucro do Produto	-R$ 99.986,55	-R$ 74.988,55		
13					
14	Lucro Total	-R$ 174.975,10			
15					

Parece uma tarefa simples da ferramenta Atingir meta, mas o modelo tem uma complicação: os custos variáveis. Normalmente, os custos variáveis de um produto são seu custo unitário vezes o número de unidades vendidas. Se custa R$10 para produzir o produto A e você vende 10.000 unidades, os custos variáveis desse produto são R$100.000. Porém, no mundo real, tais custos geralmente são misturados entre vários produtos. Por exemplo, se você fizer uma campanha publicitária em conjunto para dois produtos, os custos serão gerados para ambos. Portanto, esse modelo supõe que os custos de um produto estão relacionados às unidades vendidas do outro. Nesse caso, por exemplo, é a fórmula usada para calcular os custos do Alvo Inflável (célula B8):

```
=B7 * B4 - C4
```

Em outras palavras, os custos variáveis do Alvo Inflável são reduzidos em um real para cada unidade vendida do Lixador de Unha para Cães. Os custos variáveis do último usam uma fórmula parecida (na célula C8):

```
=C7 * C4 - B4
```

Ter custos variáveis relacionados a vários produtos coloca esse modelo de dados fora da área de atuação da ferramenta Atingir meta, mas o Solver está apto para o desafio. Veja as células especiais no modelo que o Solver usará:

» A célula objetiva é B14; o lucro total e a solução de destino dessa fórmula são 0 (ou seja, o limiar de rentabilidade).

» As células variáveis são B4 e C4, com o número de unidades vendidas para cada produto.

» Para os limites, você pode adicionar que ambas as células de lucro do produto (B12 e C12) também devem ser 0.

Carregando o suplemento Solver

Suplemento é um software que adiciona um ou mais recursos ao Excel. Instalar suplementos oferece recursos extras ao programa que não estão disponíveis na Faixa de Opções por padrão. Esse software fornecido está incluído no Excel, mas não é instalado automaticamente com ele. Vários suplementos são padrões, inclusive o Solver, que permite resolver os problemas de otimização.

Os suplementos fornecidos podem ser instalados usando a caixa de diálogo Opções do Excel. Eles podem ser encontrados na seção Suplementos. Depois de instalados, ficam disponíveis imediatamente. Em geral eles aparecem em uma guia relacionada à sua função. Por exemplo, o Solver aparece na guia Dados.

Veja as etapas a seguir para carregar o suplemento Solver:

1. **Escolha Arquivo ⇨ Opções.**

   Aparecerá a caixa de diálogo Opções do Excel.

2. **Escolha Suplementos.**

3. **Na lista Gerenciar, selecione Suplementos do Excel e clique em Ir...**

   O Excel exibirá a caixa de diálogo Suplementos.

4. **Marque a caixa de seleção do Solver.**

5. **Clique em OK.**

   O Excel adicionará um botão Solver ao grupo Análise da guia Dados.

Otimizando um resultado com o Solver

Você configura seu modelo Solver usando a caixa de diálogo Parâmetros do Solver. Use a caixa Definir Objetivo para especificar a célula objetiva, use o grupo Para e informe o Solver sobre o que deseja da célula objetiva: o valor máximo possível, o valor mínimo possível ou um valor específico. Por fim, use a caixa Alterando Células Variáveis para especificar as células que o Solver pode usar e assim inserir valores otimizando o resultado.

Quando o Solver encontrar uma solução, você poderá escolher Manter Solução do Solver ou Restaurar Valores Originais. Se escolher a primeira opção, o Excel mudará de modo permanente a planilha. Não será possível desfazer as alterações.

Com o modelo da planilha preparado pelo Solver, veja as etapas a seguir para encontrar um resultado ideal para o modelo usando o Solver:

1. **Escolha Dados ⇨ Análise ⇨ Solver.**

   O Excel abrirá a caixa de diálogo Parâmetros do Solver.

2. **Na caixa Definir Objetivo, insira o endereço da célula objetiva de seu modelo.**

   No exemplo da seção "Quando usar o Solver?" anteriormente no capítulo, (consulte a Figura 2-11), a célula objetiva é B14. Note que se você clicar na célula para inseri-la, o Solver automaticamente inserirá um endereço de célula absoluto (por exemplo, $B$14, em vez de B14). O Solver funciona bem de qualquer modo.

46   PARTE 1 **Introdução à Análise de Dados**

3. **No grupo Para, selecione uma opção:**

    - **Máx:** Retorna o valor máximo possível.
    - **Mín:** Retorna o valor mínimo possível.
    - **Valor de:** Insere um número para definir a célula objetiva para esse número.

    Para o modelo de exemplo, selecione Valor de e insira **0** na caixa de texto.

4. **Na caixa Alterando Células Variáveis, insira os endereços das células que o Solver deve mudar enquanto procura uma solução.**

    No exemplo, as células variáveis são B4 e C4. A Figura 2-12 mostra a caixa de diálogo Parâmetros do Solver completa. (E as restrições? Serão explicadas na próxima seção.)

5. **Clique em Resolver.**

    O Solver fará o que interessa. Enquanto o suplemento trabalha no problema, você pode ver que as caixas de diálogo Mostrar Solução de Avaliação aparecem uma ou mais vezes.

6. **Em qualquer caixa de diálogo Mostrar Solução de Avaliação que aparecer, clique em Continuar para prosseguir.**

    Quando a otimização terminar, o Excel exibirá a caixa de diálogo Resultados do Solver, mostrada na Figura 2-13.

FIGURA 2-12: Caixa de diálogo Parâmetros do Solver completa.

CAPÍTULO 2 Trabalhando com Ferramentas de Análise de Dados

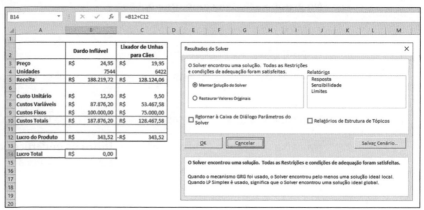

FIGURA 2-13: Caixa de diálogo Resultados do Solver e a solução para o problema de rentabilidade.

7. **Selecione a opção Manter Solução do Solver.**

   Se não quiser aceitar o resultado, selecione a opção Restaurar Valores Originais.

8. **Clique em OK.**

PAPO DE ESPECIALISTA

É possível pedir ao Solver para exibir um ou mais relatórios para ter informações extras sobre os resultados. Na caixa de diálogo Resultados do Solver, use a lista Relatórios para selecionar cada relatório que deseja exibir:

» **Resposta:** Exibe informações sobre a célula objetiva do modelo, células variáveis e limites. Para a célula objetiva e as células variáveis, o Solver mostra os valores original e final.

» **Sensibilidade:** Tenta mostrar a sensibilidade de uma solução às mudanças nas fórmulas do modelo. O layout do relatório Sensibilidade depende do tipo de modelo usado.

» **Limites:** Exibe a célula objetiva e seu valor, assim como as células variáveis e seus endereços, nomes e valores.

PAPO DE ESPECIALISTA

O Solver pode usar um dos vários métodos de solução. Na caixa de diálogo Parâmetros do Solver, use a lista Selecionar um Método de Solução para escolher uma das opções a seguir:

» **LP Simplex:** Use se o modelo da planilha for linear. Em termos bem simples, um modelo linear é aquele no qual as variáveis não são elevadas a nenhuma potência e nenhuma das chamadas funções transcendentais, como SEN e COS, é usada.

» **GRG Não Linear:** Use se o modelo da planilha for não linear e suave. Em termos gerais, um modelo de otimização é aquele no qual um gráfico da equação usada não mostra bordas nem interrupções acentuadas.

» **Evolucionário:** Use se o modelo da planilha for não linear e não suave.

Precisa se preocupar com isso? É quase certo que não. O Solver tem como padrão usar GRG Não linear e isso deve funcionar para quase tudo.

Adicionando restrições ao Solver

O mundo real tem restrições e condições nas fórmulas. Uma fábrica pode ter uma capacidade máxima de 10.000 unidades por dia, o número de funcionários em uma empresa não pode ser negativo e os custos com publicidade devem ser limitados a 10% das despesas totais.

Do mesmo modo, suponha que você esteja fazendo uma análise crítica de dois produtos, como vimos na seção anterior. Se fizer a otimização sem nenhuma restrição, o Solver poderá atingir um lucro total de 0 colocando um produto em uma leve perda e o outro em um leve lucro, com perda e lucro neutralizando-se. Na verdade, se olhar com atenção a Figura 2-13, é exatamente isso que o Solver fez. Para ter uma verdadeira solução crítica, você pode preferir ver ambos os valores de lucro do produto como 0.

Tais limites e condições são exemplos do que o Solver chama de *restrições*. Adicionar restrições informa a ele para encontrar uma solução que não descumpra as condições.

Veja como executar o Solver com restrições adicionadas à otimização:

1. **Escolha Dados ⇨ Análise ⇨ Solver.**

O Excel abrirá a caixa de diálogo Parâmetros do Solver.

2. **Use a caixa Definir Objetivo, o grupo Para e a caixa Alterando Células Variáveis para configurar o Solver como descrito na seção anterior, "Otimizando um resultado com o Solver".**

3. **Clique em Adicionar.**

O Excel exibirá a caixa de diálogo Adicionar Restrição.

4. **Na caixa Referência da Célula, insira o valor da célula que você deseja restringir.**

É possível digitar o endereço ou selecionar a célula na planilha.

CAPÍTULO 2 **Trabalhando com Ferramentas de Análise de Dados** 49

5. **Na lista suspensa, selecione o operador que deseja usar.**

Na maioria das vezes, você usa um operador de comparação, como igual a (=) ou maior que (>). Use o operador `int` (inteiro) quando precisar que uma restrição, como o total de funcionários, seja um valor inteiro, em vez de um número real (ou seja, um número com decimal; não é possível ter 10,5 funcionários!). Use o operador `bin` (binário) quando tiver uma restrição que deve ser VERDADEIRO OU FALSO (1 ou 0).

6. **Se escolher um operador de comparação na Etapa 5, na caixa Restrição, insira o valor com o qual restringir a célula.**

A Figura 2-14 mostra um exemplo de caixa de diálogo Adicionar Restrição. No modelo de exemplo, essa restrição informa ao Solver para encontrar uma solução de modo que o lucro do produto para Alvo Inflável (célula B12) seja igual a 0.

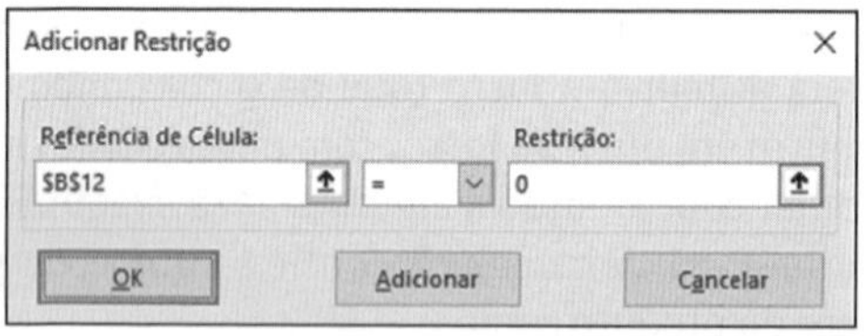

FIGURA 2-14: Caixa de diálogo Adicionar Restrição preenchida.

7. **Para especificar mais restrições, clique em Adicionar e repita as Etapas de 4 a 6, conforme a necessidade.**

Para o exemplo, você adiciona uma restrição que requer que o lucro do produto Lixador de Unha para Cães (célula C12) seja 0.

8. **Clique em OK.**

O Excel voltará para a caixa de diálogo Parâmetro do Solver e exibirá suas restrições na caixa de listagem Sujeito às Restrições.

9. **Clique em Resolver.**

10. **Em qualquer caixa de diálogo Mostrar Solução de Avaliação que aparecer, clique em Continuar para prosseguir.**

A Figura 2-15 mostra a solução crítica de exemplo com as restrições adicionadas. Observe que não só a célula Lucro Total (B14) está definida para 0, como também as duas células Lucro do Produto (B12 e C12).

50   PARTE 1 **Introdução à Análise de Dados**

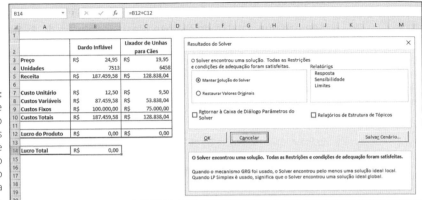

FIGURA 2-15: Caixa de diálogo Resultados do Solver e a solução final para o problema crítico.

11. **Selecione a opção Manter Solução do Solver.**

    Se não quiser aceitar o resultado, selecione Restaurar Valores Originais.

12. **Clique em OK.**

LEMBRE-SE

É possível adicionar um máximo de 100 restrições. E mais, se você precisar alterar uma restrição antes de começar a resolver, selecione-a na caixa de listagem Sujeito às Restrições, clique em Alterar e faça os ajustes na caixa de diálogo Alterar Restrição que aparece. Se quiser excluir uma restrição da qual não precise mais, selecione-a e clique em Excluir.

Salve uma solução do Solver como um cenário

Sempre que você tiver um modelo de planilha que usa um conjunto coeso de valores de entrada, conhecido como *células variáveis*, terá o que o Excel chama de *cenário*. Com o Solver, essas células que mudam são suas células variáveis, portanto uma solução do Solver significa um tipo de cenário. Porém, ele não tem um modo fácil de salvar e executar de novo uma solução em particular. Para resolver o problema, você pode salvar uma solução como um cenário que poderá chamar mais tarde usando o recurso Gerenciador de Cenário do Excel.

Siga estas etapas para salvar uma solução do Solver como um cenário:

1. **Escolha Dados ⇨ Análise ⇨ Solver.**

   O Excel abrirá a caixa de diálogo Parâmetros do Solver.

2. **Use a caixa Definir Objetivo, o grupo Para, a caixa Alterando Células Variáveis e a lista Sujeito às Restrições para configurar o Solver como descrito na seção "Otimizando um resultado com o Solver", anteriormente neste capítulo.**

3. **Clique em Resolver.**

4. **Sempre que a caixa de diálogo Mostrar Solução de Avaliação aparecer, escolha Continuar.**

   Quando a otimização terminar, o Excel exibirá a caixa de diálogo Resultados do Solver.

5. **Clique em Salvar Cenário.**

   O Excel exibirá a caixa de diálogo Salvar Cenário.

6. **Na caixa de diálogo Nome do Cenário, digite um nome e clique em OK.**

   O Excel retornará para a caixa de diálogo Resultados do Solver.

7. **Selecione a opção Manter Solução do Solver.**

   Se não quiser aceitar o resultado, selecione a opção Restaurar Valores Originais.

8. **Clique em OK.**

NESTE CAPÍTULO

» **Entendendo as tabelas**

» **Criando tabelas**

» **Analisando tabelas com estatística simples**

» **Classificando tabelas**

» **Descobrindo a diferença entre usar o AutoFiltro e filtrar**

Capítulo **3**

Introdução às Tabelas do Excel

Um dos segredos do sucesso da análise de dados é a organização. Isso não significa organizar sua mesa ou escritório (um suspiro de alívio aqui), mas seus dados. Se você tem uma planilha com números e texto aleatórios, analisar esses dados será quase impossível. Por quê? O Excel é o doido da organização no mundo dos softwares. Se os dados estiverem espalhados na planilha como antigamente, o Excel levantará as mãos e dirá: "Não posso trabalhar nessas condições!"

Felizmente, o programa entende que as pessoas não são tão organizadas e oferece uma tabela, ou seja, uma ferramenta poderosa não só para alinhar os dados, como soldados em uma parada militar, mas também para ajudar a analisá-los e extrair informações úteis. Neste capítulo, você descobrirá o que são tabelas e por que são tão úteis no mundo da análise de dados. Também detalharemos como criar, analisar, classificar e filtrar uma tabela.

O que É uma Tabela e Por que Ela É Importante?

No Excel, uma *tabela* é um intervalo retangular de células usado para armazenar dados. Ele inclui ferramentas especiais para inserir, editar e analisar esses dados. Uma tabela é criada para armazenar uma coleção de informações afins. Por exemplo, é possível armazenar dados comerciais, como clientes, faturas ou estoque, ao passo que outra pode armazenar dados pessoais, como contatos, filmes ou itens domésticos. Você pode usar as tabelas do Excel para criar, recuperar e gerenciar grandes ou pequenas coleções de informações.

Para aproveitar ao máximo das tabelas do Excel, é preciso entender alguns conceitos básicos:

» **Tabela é um tipo de banco de dados:** O Microsoft Access é uma ferramenta poderosa de gerenciamento de bancos de dados que permite trabalhar com bancos de dados grandes e complexos. Mas se suas necessidades forem mais simples, é possível usar uma tabela como um banco de dados, com os dados organizados em colunas e linhas. Nesse caso, cada coluna equivale a um campo do banco de dados, contendo um único tipo de informação, como um nome, um endereço ou um número de telefone. Já cada linha equivale a um registro do banco de dados, mantendo um conjunto de valores do campo associados, como as informações de um contato específico.

» **Uma tabela tem suas vantagens:** Como uma tabela é uma coleção de linhas e colunas em uma planilha, lembra muito um intervalo normal do Excel. Contudo, uma tabela é um tipo especial de intervalo porque o Excel fornece algumas ferramentas que ajudam a trabalhar mais facilmente com os dados nela. Essas ferramentas permitem converter os dados existentes da planilha em uma tabela, selecionar as linhas e os campos com os quais deseja trabalhar, adicionar novos registros e campos à tabela, excluir os registros e campos existentes, e inserir linhas para mostrar os totais.

» **Uma tabela facilita a análise de dados:** As tabelas também são ferramentas úteis para analisar seus dados. Por exemplo, é possível classificar os dados da tabela em um campo ou em vários. Você também pode tornar esses dados mais fáceis de gerenciar, filtrando-os para mostrar apenas o subconjunto de registros com o qual deseja trabalhar. E mais, pode usar uma tabela como a base de uma Tabela Dinâmica, que é uma ferramenta poderosa para resumir e analisar dados descrita na Parte 2 deste livro.

Antes de criar suas tabelas, você deve decidir o tipo de dados que cada uma deve conter, o que envolve considerar sua finalidade, quais campos precisará em cada uma e como diferenciará cada registro na tabela. Cada tabela deve ter uma finalidade bem definida. Por exemplo, uma tabela pode armazenar as informações de contato do cliente, estoque dos produtos ou registros dos funcionários. Combinar várias finalidades em uma única tabela resulta em uma duplicação desnecessária e aumenta a chance de erros na entrada dos dados. Se você acha que pode precisar classificar ou filtrar os dados conforme determinado tipo de informação, coloque tal informação em um campo separado. Por fim, geralmente é uma boa ideia ter pelo menos um campo exclusivo para cada registro para diferenciá-los.

Para ajudar a trabalhar com as tabelas do Excel, veja uma lista dos termos, todos indicados na Figura 3-1:

» **Coluna da tabela:** Um único tipo de informação, como nomes, endereços ou números de telefone. Em uma tabela do Excel, cada coluna equivale a um campo do banco de dados.

» **Linha da tabela:** Um conjunto de células associadas da tabela, como dados para um único contato. Em uma tabela do Excel, cada linha equivale a um registro do banco de dados.

» **Célula da tabela:** Um item em uma coluna da tabela que representa uma instância dos dados dela, como um nome, endereço ou número de telefone. Em uma tabela do Excel, cada célula equivale a um valor de campo do banco de dados.

» **Cabeçalhos:** Os nomes exclusivos atribuídos a cada coluna da tabela que servem para rotular os dados em cada uma. Esses nomes são sempre encontrados na primeira linha da tabela.

» **Botões Classificar e Filtrar:** Um recurso do Excel que dá acesso a um conjunto de comandos que realizam várias ações em uma coluna, como classificar ou filtrar os dados dela.

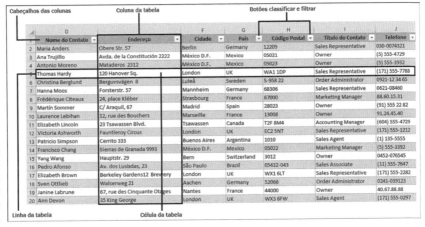

FIGURA 3-1: Terminologia da tabela que você deve conhecer.

CAPÍTULO 3 **Introdução às Tabelas do Excel** 55

Criando uma Tabela

Você cria uma tabela do Excel das seguintes maneiras:

» Obtém dados de uma fonte externa, como um banco de dados.

» Converte um intervalo existente em uma tabela.

Obtendo dados de uma fonte externa

O modo comum de criar uma tabela do Excel é importar as informações de uma fonte externa, como outra pasta de trabalho, banco de dados Access, arquivo de texto ou até uma página da web. Importar dados é um método tão importante, e rápido, para colocar dados no Excel que dedico o Capítulo 4 inteiro a isso. Nele, descrevo o processo de colocar dados externos em um formato que o Excel pode usar e como importar os dados para o programa de modo que seja possível analisá-los. Pule para esse capítulo para saber mais sobre como criar uma tabela importando seus dados.

DICA

Mesmo que você pretenda criar suas tabelas importando os dados de uma fonte externa, leia os próximos parágrafos deste capítulo. Por quê? Porque eles dão uma melhor compreensão das particularidades de como criar uma tabela e ter esse know-how facilita entender e trabalhar com os dados externos quando estiver pronto para começar.

Convertendo um intervalo em tabela

Se os dados que você deseja usar já existirem na planilha, você poderá convencer o Excel a converter esse intervalo em uma tabela de verdade. Usei "convencer" aqui porque nem todos os intervalos servem. Felizmente, preparar os dados não requer um planejamento nem modificações elaboradas, mas você deve seguir algumas diretrizes para ter os melhores resultados. Veja algumas sugestões:

» Decida se deseja que a tabela tenha cabeçalhos de coluna. É uma excelente ideia porque facilita muito lê-la e analisá-la, mas são opcionais. Veja se funciona para você.

» Se usar cabeçalhos da coluna, sempre coloque-os na linha superior do intervalo.

» Os cabeçalhos da coluna são exclusivos e devem ser texto ou fórmulas de texto. Se precisar usar números, formate-os como texto. (Ou seja, selecione os cabeçalhos e use a lista Formato do Número da guia Página Inicial para selecionar Texto.)

» Muitas vezes o Excel pode identificar automaticamente o tamanho e a forma do intervalo que contém os dados. Para não confundir o programa, verifique se você não tem linhas ou colunas em branco em seu intervalo.

» Se a mesma planilha contiver dados que você não deseja que apareçam na tabela, deixe pelo menos uma linha ou coluna em branco entre os dados e o intervalo. A linha ou coluna em branco ajudará o Excel a identificar o intervalo correto da tabela sem incluir dados que não pertencem a ela.

DICA

O Excel tem um comando que permite filtrar os dados da tabela para mostrar apenas os registros que correspondem a determinado critério. Esse comando funciona ocultando as linhas de dados. Portanto, se a mesma planilha tiver dados que não são na tabela que você precisa ver ou trabalhar, não os coloque à esquerda nem à direita dela.

Note que não é preciso inserir todos os dados antes de converter o intervalo em tabela. Depois de criar a tabela, é possível adicionar novas linhas e colunas quando precisar. Tudo bem, acho que você está pronto para descobrir como converter um intervalo em tabela:

1. **Selecione uma célula no intervalo que deseja converter em tabela.**

2. **Escolha Inserir ⇨ Tabelas ⇨ Tabela ou pressione Ctrl+T.**

   Aparecerá a caixa de diálogo Criar Tabela. Como mostrado na Figura 3-2, o Excel tenta adivinhar a extensão do intervalo que converterá em uma tabela.

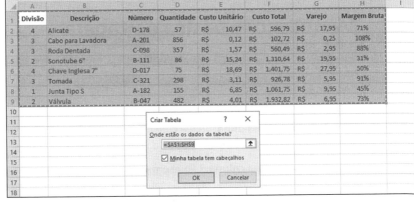

FIGURA 3-2: O Excel tenta estimar o intervalo completo que você deseja converter.

3. **Se o Excel errar, arraste sobre o intervalo correto.**

4. **Se o intervalo tiver rótulos que você deseja usar como cabeçalhos da coluna, verifique se a caixa de seleção Minha tabela tem cabeçalhos está marcada.**

CAPÍTULO 3 **Introdução às Tabelas do Excel** 57

5. Clique em OK.

O Excel converterá o intervalo em uma tabela e, como é possível ver na Figura 3-3, também fará o seguinte:

» Aplicará um formato de tabela no intervalo.

» Colocará um botão Classificar e Filtrar em cada cabeçalho da coluna.

» Exibirá a guia Design sempre que você selecionar uma célula em qualquer lugar dentro da tabela. Essa guia está repleta de ferramentas de tabela úteis.

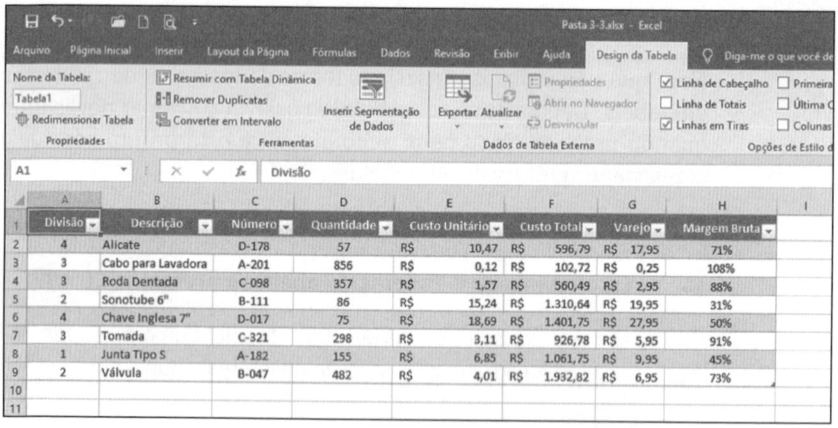

FIGURA 3-3: O intervalo é como uma tabela completa, como esta.

Manutenção básica da tabela

Depois de converter o intervalo em uma tabela, os dados precisam de ajustes. Na verdade, você pode agir de várias maneiras para manter a tabela atualizada. Veja um resumo rápido:

» **Selecionar uma linha:** Clique com o botão direito em qualquer célula na linha e escolha Selecionar ⇨ Linha da tabela.

» **Selecionar uma coluna:** Clique em qualquer célula na coluna e escolha Selecionar ⇨ Dados da coluna da tabela. Se quiser que a seleção também inclua o cabeçalho da coluna, escolha Selecionar ⇨ Coluna da tabela inteira.

» **Inserir uma linha:** Clique com o botão direito na linha acima da qual deseja a nova linha e escolha Inserir ⇨ Linhas da tabela acima. Se selecionar células em duas ou mais linhas, o Excel vai inserir o mesmo número de novas linhas.

» **Inserir uma coluna:** Clique com o botão direito na coluna à esquerda de onde deseja a nova coluna e escolha Inserir ⇨ Colunas da tabela à esquerda.

58   PARTE 1 **Introdução à Análise de Dados**

Se selecionar células em duas ou mais colunas, o Excel vai inserir o mesmo número de novas colunas.

» **Excluir uma linha:** Clique com o botão direito na linha que deseja excluir e escolha Excluir ⇨ Linhas da tabela. Se você selecionar células em duas ou mais linhas, o Excel excluirá essas linhas.

» **Excluir uma coluna:** Clique com o botão direito na coluna que deseja excluir e escolha Excluir ⇨ Colunas da tabela. Selecionar células em duas ou mais colunas, o Excel excluirá essas colunas.

» **Redimensionar a tabela:** Selecione qualquer célula na tabela e escolha Design da Tabela ⇨ Propriedades ⇨ Redimensionar Tabela para abrir a caixa de diálogo Redimensionar Tabela. Arraste sobre o novo intervalo e clique em OK.

» **Converter tabela de volta em intervalo:** Selecione qualquer célula na tabela e escolha Design da Tabela ⇨ Ferramentas ⇨ Converter em Intervalo. Quando o Excel pedir para confirmar, clique em Sim.

Analisando as Informações da Tabela

Agora que seus dados estão bem organizados dentro da tabela, um mundo inteiro de análise de dados se abrirá diante de seus olhos. Isso ocorre porque são oferecidas muitas ferramentas úteis de análise de dados que foram projetadas pensando nas tabelas. No resto deste capítulo, apresentarei essas ferramentas.

Exibindo uma estatística simples

Se sua tabela inclui uma coluna com valores numéricos ou preços, você pode querer fazer uma análise rápida dela gerando uma estatística básica, como a soma ou a média. Felizmente, uma das ferramentas mais engenhosas e rápidas do Excel permite calcular com facilidade não apenas a soma ou a média de uma coluna, mas também outras estatísticas, como a contagem e os valores mínimo e máximo.

Para obter essas estatísticas, você aproveita o fato de que uma tabela ainda é um intervalo e o Excel exibe automaticamente a estatística na barra de status ao selecionar um intervalo. Por exemplo, se você selecionar o intervalo D2 a D9 na Figura 3-4 (ou seja, todos os itens na coluna Quantidade da tabela), o Excel calculará a média, a contagem e a soma da coluna, assim como exibirá essas informações úteis na barra de status:

```
Média: 295,75 Contagem: 8 Soma: 2366
```

CAPÍTULO 3 **Introdução às Tabelas do Excel** 59

FIGURA 3-4:
Selecione as células de uma coluna e o Excel exibirá algumas estatísticas na barra de status.

	A	B	C	D	E	F	G	H
1	Divisão	Descrição	Número	Quantidade	Custo Unitário	Custo Total	Varejo	Margem Bruta
2	4	Alicate	D-178	57	R$ 10,47	R$ 596,79	R$ 17,95	71%
3	3	Cabo para Lavadora	A-201	856	R$ 0,12	R$ 102,72	R$ 0,25	108%
4	3	Roda Dentada	C-098	357	R$ 1,57	R$ 560,49	R$ 2,95	88%
5	2	Sonotube 6"	B-111	86	R$ 15,24	R$ 1.310,64	R$ 19,95	31%
6	4	Chave Inglesa 7"	D-017	75	R$ 18,69	R$ 1.401,75	R$ 27,95	50%
7	3	Tomada	C-321	298	R$ 3,11	R$ 926,78	R$ 5,95	91%
8	1	Junta Tipo S	A-182	155	R$ 6,85	R$ 1.061,75	R$ 9,95	45%
9	2	Válvula	B-047	482	R$ 4,01	R$ 1.932,82	R$ 6,95	73%

Média: 295,75   Contagem: 8   Soma: 2366

DICA

Se a coluna que você deseja analisar tiver muitos itens, você pode não querer selecionar todos arrastando sobre a coluna inteira. Um modo fácil de selecionar a coluna inteira é clicar com o botão direito em qualquer item nela e escolher Selecionar ⇨ Dados da Coluna da Tabela. Uma alternativa é escolher o primeiro item na coluna e pressionar Ctrl+Shift+Seta para baixo.

Para exibir outro cálculo de estatística para a coluna da tabela selecionada, clique com o botão direito na barra de status para mostrar o menu Personalizar barra de status. Quase no fim desse menu, o Excel fornece seis medidas estatísticas que você pode adicionar ou remover da barra de status: Média, Contagem, Contagem Numérica, Mínimo, Máximo e Soma. Na Tabela 3-1, descrevo cada uma brevemente, mas provavelmente você consegue imaginar o que elas fazem. Observe que se uma medida estatística for exibida na barra de status, o Excel colocará uma marca de verificação nela, no menu Personalizar barra de status. Para remover essa medida, selecione-a.

TABELA 3-1 Medidas Estatísticas Rápidas Disponíveis na Barra de Status

Medida	O que Exibe
Média	A média das células no intervalo selecionado.
Contagem	O número de células com rótulos, valores ou fórmulas. Em outras palavras, use essa medida estatística quando quiser contar o número de células que não estão vazias.
Contagem Numérica	O número de células em um intervalo selecionado com valores ou fórmulas.
Mínimo	O menor valor no intervalo selecionado.
Máximo	O maior valor no intervalo selecionado.
Soma	O total dos valores no intervalo selecionado.

Essas medidas estatísticas básicas geralmente são tudo o que você precisa para ter informações úteis sobre os dados coletados e armazenados em uma tabela do Excel. É verdade que, usando o exemplo da tabela de peças com apenas oito itens, o poder dessas medidas estatísticas rápidas não parece tão impactante. Mas, com dados reais, elas produzem informações interessantes que você poderá usar.

Adicionando um subtotal da coluna

As medidas rápidas da estatística mencionadas na seção anterior são práticas e úteis, mas têm dois problemas:

» O Excel exibe a estatística da barra de status quando você seleciona qualquer intervalo, portanto, é possível obter essas estatísticas sem precisar converter um intervalo em uma tabela.

» As estatísticas aparecem na barra de status apenas quando os dados são selecionados. Se você selecionar outra célula ou intervalo, elas vão desaparecer ou mudar.

Como você não precisa mais converter um intervalo normal em uma tabela, pode aproveitar os dados "em tabela" resumindo uma coluna com um subtotal que aparece o tempo todo na parte inferior da coluna.

Embora a palavra *subtotal* implique no resumo de valores numéricos em uma coluna, o Excel usa o termo mais amplamente. Ou seja, um subtotal pode ser não apenas uma soma numérica, mas também uma média, um máximo ou um mínimo, ou a contagem dos valores no campo. Também é possível escolher subtotais mais avançados, como o desvio-padrão ou a variância.

A seguir estão as etapas para adicionar um subtotal à coluna da tabela:

1. **Selecione os dados na coluna que você deseja totalizar.**

2. **Clique na etiqueta inteligente Análise Rápida ou pressione Ctrl+Q.**

Aparecerá a caixa de diálogo Análise Rápida.

3. **Clique na guia Totais.**

4. **Selecione o tipo de cálculo que deseja usar.**

O Excel adicionará uma linha Total à parte inferior da tabela e inserirá o resultado do cálculo selecionado na Etapa 4. Na Figura 3-5, você pode ver que adicionei um cálculo de média da coluna Quantidade. Observe que quando você seleciona o resultado, sua célula mostra uma seta suspensa à direita, que pode ser clicada para escolher um cálculo diferente.

CAPÍTULO 3 **Introdução às Tabelas do Excel** 61

FIGURA 3-5:
O Excel adiciona uma linha total à parte inferior da tabela e mostra o resultado do cálculo.

	A	B	C	D	E
1	Divisão	Descrição	Número	Quantidade	Custo Unitário
2	4	Alicate	D-178	57	R$ 10,47
3	3	Cabo para Lavadora	A-201	856	R$ 0,12
4	3	Roda Dentada	C-098	357	R$ 1,57
5	2	Sonotube 6"	B-111	86	R$ 15,24
6	4	Chave Inglesa 7"	D-017	75	R$ 18,69
7	3	Tomada	C-321	298	R$ 3,11
8	1	Junta Tipo S	A-182	155	R$ 6,85
9	2	Válvula	B-047	482	R$ 4,01
10				295,75	

D10: =SUBTOTAL(101;[Quantidade])

DICA

Se a coluna que você deseja totalizar for a última na tabela, o Excel fornecerá um método de atalho para adicionar a linha do total e exibirá um subtotal para essa coluna. Selecione qualquer célula na tabela e, na guia Design, marque a caixa de seleção Linha de Totais. O Excel inserirá automaticamente uma linha chamada Total na parte inferior da tabela. Ele também adicionará um subtotal Soma abaixo da última coluna. Selecione o subtotal, clique na seta suspensa da célula e escolha o tipo de subtotal que deseja usar.

Classificando os registros da tabela

Outro modo de analisar os dados da tabela é classificá-los com base nos valores em uma coluna, significando organizar os valores numéricos dessa coluna do mais alto para o mais baixo ou vice-versa. (Você também pode classificar os valores de texto em ordem alfabética e os valores de data da mais antiga para a mais recente ou o contrário, mas são técnicas menos úteis para a análise de dados.) Como a classificação ajuda a analisar os dados? Veja algumas ideias:

LEMBRE-SE

» A classificação permite entender como os dados estão distribuídos no geral. Por exemplo, você pode notar que a maioria dos valores se agrupa na extremidade baixa do intervalo de valores.

» Ela permite identificar certos tipos de tendências nos dados. Por exemplo, você pode notar que os registros (ou seja, as linhas) com valores baixos na coluna classificada vêm da mesma área geográfica ou os valores altos na outra tabela vêm da mesma divisão da empresa.

» Também permite identificar os *valores atípicos,* que são pontos de dados muito fora do padrão. Por exemplo, se sua classificação mostra que a maioria dos valores da coluna fica entre 1 e 100, mas uma linha contém o valor 250, desejará investigar o motivo dele ser tão maior que os outros.

Para classificar uma tabela com base nos valores em uma coluna, siga estas etapas:

1. **Clique no botão Classificar e Filtrar para a coluna que deseja classificar.**

   O Excel exibirá o menu Classificar e Filtrar. A Figura 3-6 mostra a parte superior do menu que aparece ao selecionar o botão Classificar e Filtrar para a coluna Quantidade.

2. **Selecione a opção de classificação desejada:**

   - **Classificar do Menor para o Maior:** Classifica os valores da coluna na ordem numérica ascendente.

   - **Classificar do Maior para o Menor:** Classifica os valores da coluna na ordem numérica descendente.

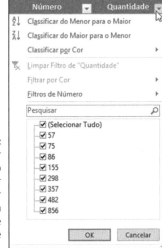

FIGURA 3-6: Selecionar o botão Classificar e Filtrar da coluna Quantidade exibe este menu.

Quando você não puder classificar as informações da tabela exatamente como deseja usando os comandos Classificar do Menor para o Maior e Classificar do Maior para o Menor, use o comando Personalizar Classificação.

Para usar o comando Personalizar Classificação, siga estas etapas:

1. **Clique em qualquer botão Classificar e Filtrar na tabela.**

   O Excel exibirá o menu Classificar e Filtrar.

2. **Escolha Classificar por Cor ⇨ Personalizar Classificação.**

   O Excel exibirá a caixa de diálogo Classificar.

3. **Use a lista suspensa Classificar Por para selecionar o campo que deseja usar para a classificação.**

4. **Use a lista Classificar Em para selecionar os Valores da Célula.**

   Se você estiver usando uma formatação condicional, como a descrita no Capítulo 1, poderá também escolher classificar com Cor da Célula, Cor da Fonte ou Ícone de Formatação Condicional.

5. **Use a lista Ordem para selecionar uma ordem de classificação.**

   Para os dados numéricos, selecione Do Menor para o Maior ou vice-versa. Se classificar por cor ou ícones, precisará informar ao Excel como classificar as cores usando as opções que a lista Ordem fornece.

DICA

Em geral, você deseja classificar para trabalhar na ordem ascendente ou descendente. Contudo, pode querer classificar os registros usando uma sequência cronológica, como segunda-feira, terça-feira etc., ou janeiro, fevereiro, março, e assim por diante. Para usar uma dessas opções de classificação, escolha o comando Lista Personalizada na lista Ordem e escolha um dos outros métodos de ordenação na caixa de diálogo Personalizar Listas que o Excel exibe. Também é possível criar suas próprias listas personalizadas se, digamos, precisar classificar os dados por departamento ou função de trabalho.

6. **(Opcional) Especifique um ou mais níveis de classificação secundários clicando em Adicionar Nível e repetindo as Etapas de 3 a 5 para o novo nível de classificação que aparece.**

   Um nível de classificação secundário significa que o Excel primeiro classifica a tabela com base nos dados no nível primário e a classifica mais a fundo com base nos dados no nível secundário. Por exemplo, na tabela de peças, você pode primeiro classificar a tabela com base na coluna Divisão, depois classificar pela coluna Quantidade. A Figura 3-7 mostra a caixa de diálogo Classificar configurada para essa classificação em dois níveis.

   Se você adicionar um nível de classificação que decide não ser mais necessário depois, selecione-o e clique no botão Excluir Nível. Também é possível duplicar o nível selecionado clicando em Copiar Nível. Por fim, se criar vários níveis de classificação, poderá mover a classificação selecionada para cima ou para baixo em um nível clicando no botão Mover para Cima ou Mover para Baixo.

   Nota: A caixa de diálogo Classificar também fornece uma caixa de seleção Meus Dados Têm Cabeçalhos que permite indicar se a seleção do intervalo da planilha inclui os nomes da linha e do campo. Se você já informou ao Excel que um intervalo da planilha é uma tabela, essa caixa de seleção estará desativada.

7. **Clique em OK.**

   O Excel classificará sua lista.

FIGURA 3-7: Caixa de diálogo Classificar configurada para uma classificação com dois níveis.

Filtrando os registros da tabela

Quando você gera estatísticas, adiciona subtotais e classifica os dados, é muito provável que queira trabalhar com todos os dados da tabela. Mas, às vezes, trabalhar com apenas um subconjunto pode ser uma vantagem. No banco de dados de peças, por exemplo, pode querer ver apenas os registros da Divisão 3 ou os itens cujo Preço de varejo é maior que R$10.

Para ajudar a trabalhar com os subconjuntos de dados da tabela, o Excel fornece um comando AutoFiltro que é muito legal. Ao usá-lo, você produz uma nova exibição da tabela que inclui apenas os registros que correspondam a qualquer critério especificado, como o valor da Divisão sendo igual a 3 ou o valor de Varejo sendo maior que 10.

Para aplicar um AutoFiltro na tabela, siga estas etapas:

1. **Clique no botão Classificar e Filtrar da coluna que deseja filtrar.**

   O Excel exibirá o menu Classificar e Filtrar da coluna. Acima dos botões OK e Cancelar, você verá uma lista de caixas de seleção, na qual o nome de cada uma é um valor exclusivo da coluna.

2. **Desmarque a caixa de seleção Selecionar Tudo para desmarcar todas as caixas de seleção.**

3. **Marque a caixa de seleção de cada valor da coluna que você deseja ver na tabela filtrada.**

   A Figura 3-8 mostra o menu Classificar e Filtrar da coluna Divisão, com apenas a caixa de seleção 3 marcada.

4. **Clique em OK.**

   O Excel filtrará a tabela para mostrar apenas os valores selecionados na Etapa 3. A Figura 3-9 mostra a tabela de peças filtrada, agora exibindo somente os registros da Divisão 3. O botão Classificar e Filtrar do cabeçalho da coluna Divisão agora tem um pequeno ícone de funil, dando um aviso visual de que a coluna está filtrada.

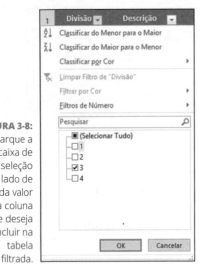

FIGURA 3-8: Marque a caixa de seleção ao lado de cada valor da coluna que deseja incluir na tabela filtrada.

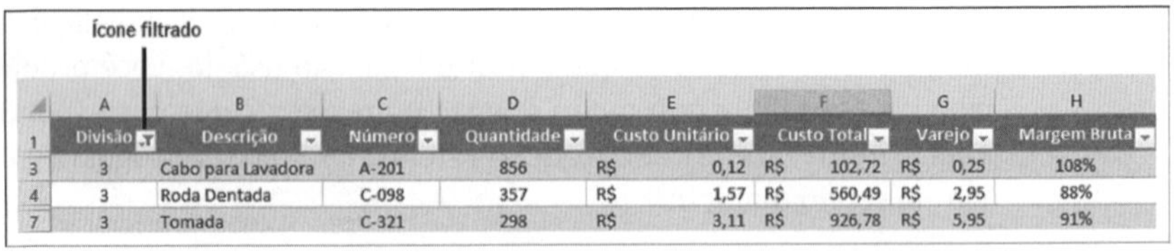

FIGURA 3-9: A tabela Peças filtrada para mostrar apenas os registros da Divisão 3.

Limpando um filtro

Para remover um AutoFiltro, você tem algumas opções:

» Para limpar um filtro de uma coluna, selecione seu botão Classificar e Filtrar e o comando Limpar Filtro da *"Coluna"* no menu (no qual *Coluna* é o nome da coluna filtrada).

» Se você tiver vários filtros aplicados na tabela, pode limpar todos de uma só vez escolhendo Dados ➪ Classificar e Filtrar ➪ Limpar.

Desativando o AutoFiltro

Se descobrir que não usa o AutoFiltro e os botões Classificar e Filtrar limitam seu estilo, tudo bem: o comando AutoFiltro tem dois estados. Quando ele está ativado, o Excel adiciona os botões Classificar e Filtrar a cada célula na linha de cabeçalho da tabela; quando desativado, remove os botões.

Para desativar o AutoFiltro e remover os botões Classificar e Filtrar, escolha Dados ➪ Filtro (ou pressione Ctrl+Shift+L). Se você mudar de ideia e decidir reinstalar o AutoFiltro, escolha Dados ➪ Classificar e Filtrar ➪ Filtro de novo (ou Ctrl+Shift+L mais uma vez).

Aplicando um AutoFiltro predefinido

Um AutoFiltro básico cria um subconjunto da tabela mostrando apenas as linhas nas quais a coluna filtrada tem o valor ou os valores escolhidos usando as caixas de seleção no menu Classificar e Filtrar. É muito útil, mas e se suas necessidades de filtragem (aposto que você nem sabia que tinha essas necessidades) forem mais complexas? Por exemplo, você pode querer ver apenas os registros nos quais a coluna Quantidade seja maior ou igual a 100 ou em que a coluna Margem Bruta esteja acima da média dessa coluna.

Esses filtros mais complexos parecem trabalhosos e não vou mentir: são necessárias algumas etapas extras. Mas são apenas algumas, prometo. O Excel tem alguns operadores de filtro predefinidos, inclusive É maior que ou É igual a e Acima da Média. Veja as etapas a seguir para aplicar um desses filtros predefinidos em uma coluna da tabela:

1. **Clique no botão Classificar e Filtrar da coluna que deseja filtrar.**

O Excel exibirá o menu Classificar e Filtrar da coluna.

2. **Escolha o comando Filtros *X*, em que *X* se refere ao tipo de dados na coluna.**

Há três comandos possíveis:

- **Filtros de Número:** Aparece quando a coluna contém dados numéricos.

- **Filtros de Data:** Aparece quando a coluna contém valores de data, hora ou ambos.

- **Filtros de Texto:** Aparece quando a coluna contém dados de texto.

3. **Selecione o operador de filtro que deseja aplicar.**

O Excel exibirá menu de operadores de filtro predefinidos. O conteúdo do menu depende do tipo de dados da coluna. Por exemplo, se a coluna contiver dados numéricos , você verá os seguintes operadores:

- **É igual a:** Filtra a coluna para mostrar apenas as linhas cujo valor da coluna é igual ao número especificado.

- **É diferente de:** Filtra a coluna para mostrar apenas as linhas cujo valor da coluna é diferente do número especificado.

- **É maior do que:** Filtra a coluna para mostrar apenas as linhas cujo valor da coluna é maior que o número especificado.

CAPÍTULO 3 **Introdução às Tabelas do Excel** 67

- **É maior ou igual a:** Filtra a coluna para mostrar apenas as linhas cujo valor da coluna é maior ou igual ao número especificado.

- **É menor que:** Filtra a coluna para mostrar apenas as linhas cujo valor da coluna é menor que o número especificado.

- **É menor ou igual a:** Filtra a coluna para mostrar apenas as linhas cujo valor da coluna é menor ou igual ao número especificado.

- **Está entre:** Filtra a coluna para mostrar apenas as linhas cujo valor da coluna fica entre (e inclusive) dois números especificados.

- **10 primeiros:** Filtra a coluna para mostrar apenas as linhas cujo valor da coluna está entre os 10 primeiros de todos os valores na coluna. Observe que o nome do filtro é um pouco errado porque é possível selecionar um número diferente de 10 (como 5 ou 25), mostrar os 10 últimos (20, 30 ou outro) e filtrar com base na porcentagem (por exemplo, os primeiros 10%), em vez dos valores.

- **Acima da média:** Filtra a coluna para mostrar apenas as linhas cujo valor da coluna é maior que o valor médio dela.

- **Abaixo da média:** Filtra a coluna para mostrar apenas as linhas cujo valor da coluna é menor que o valor médio dela.

- **Personalizar Filtro:** Exibe a caixa de diálogo Personalizar AutoFiltro, que permite criar sua própria condição do filtro. Em particular, é possível especificar duas condições de filtro separadas e você pode selecionar a opção E para fazer o Excel filtrar a tabela e mostrar apenas as linhas com valores da coluna que correspondem às duas condições do filtro ou pode selecionar a opção Ou para filtrar a tabela e mostrar as linhas com valores da coluna que correspondem a uma ou a ambas as condições.

Na maioria das vezes, você vê a caixa de diálogo Personalizar AutoFiltro com o operador selecionado já preenchido na lista suspensa. Por exemplo, a Figura 3-10 mostra a caixa de diálogo que aparece quando você seleciona o operador É maior que ou É igual a. Note que alguns operadores, como Acima da Média e Abaixo da Média, não requerem outras informações, portanto, o Excel aplica o filtro imediatamente.

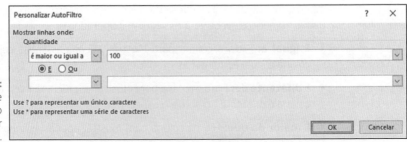

FIGURA 3-10: Caixa de diálogo Personalizar AutoFiltro.

4. **Complete a condição do AutoFiltro.**

   Como você completa a condição depende do operador escolhido. Para a maioria dos filtros numéricos, especifique um número. Por exemplo, na Figura 3-11, você pode ver que forneci o número 100 na caixa de texto, significando que o filtro mostrará o subconjunto da tabela quando o valor da coluna Quantidade for 100 ou maior.

5. **Clique em OK.**

   O Excel filtrará a tabela de acordo com o AutoFiltro personalizado. A Figura 3-11 mostra o filtro da Figura 3-10 aplicado na tabela Peças.

FIGURA 3-11: O filtro mostrado na Figura 3-10 aplicado na tabela Peças.

	A	B	C	D	E	F	G	H
1	Divisão	Descrição	Número	Quantidade	Custo Unitário	Custo Total	Varejo	Margem Bruta
3	3	Cabo para Lavadora	A-201	856	R$ 0,12	R$ 102,72	R$ 0,25	108%
4	3	Roda Dentada	C-098	357	R$ 1,57	R$ 560,49	R$ 2,95	88%
7	3	Tomada	C-321	298	R$ 3,11	R$ 926,78	R$ 5,95	91%
8	1	Junta Tipo S	A-182	155	R$ 6,85	R$ 1.061,75	R$ 9,95	45%
9	2	Válvula	B-047	482	R$ 4,01	R$ 1.932,82	R$ 6,95	73%

Aplicando vários filtros

Os operadores do AutoFiltro predefinidos descritos na seção anterior permitem filtrar a tabela com base em uma condição aplicada em uma coluna. E se suas necessidades de filtragem (de novo essas necessidades) forem para filtrar a tabela usando várias colunas? Na tabela Peças, por exemplo, você poderia querer filtrá-la para mostrar apenas as linhas em que o campo Quantidade é maior ou igual a 100 e poderia querer as linhas resultantes filtradas para mostrar apenas aquelas em que a coluna Margem Bruta é menor que 75%.

A boa notícia é que o Excel não se importa se você aplica um AutoFiltro em uma coluna e aplica outro em uma segunda. Na verdade, é possível aplicar Auto-Filtros em quantas colunas você precisar. Nesse caso, basta seguir as mesmas etapas descritas na seção anterior.

LEMBRE-SE

A ideia de aplicar vários filtros parece desnecessária. Tudo bem, provavelmente é uma técnica exagerada para pequenas tabelas. Porém, quando começar a lidar com grandes tabelas contendo centenas ou mesmo milhares de linhas, é certo que descobrirá que aplicar vários conjuntos de filtros pode reduzir uma tabela muito grande e incompreensível a um subconjunto menor de dados que fornece apenas as informações necessárias.

Aplicando filtros avançados

Na maior parte das vezes, você conseguirá filtrar os registros da tabela usando as caixas de seleção do menu Classificar e Filtrar ou o comando Filtro.

CAPÍTULO 3 **Introdução às Tabelas do Excel** 69

Entretanto, em determinados casos, pode querer ter mais controle sobre os filtros e isso requer aplicar os filtros avançados do Excel.

Antes de conseguir criar os filtros avançados no Excel, é preciso saber como construir expressões de *comparação*, com as quais comparar os itens em uma coluna com um valor especificado. Para tanto, insira um operador de comparação da Tabela 3-2 e um valor usado na comparação.

TABELA 3-2   ## Operadores de Comparação do Excel

Operador	Nome
=	Igual a
<>	Diferente de
>	Maior que
>=	Maior ou igual a
<	Menor que
<=	Menor ou igual a

Por exemplo, se você quiser filtrar a tabela Peças para que mostre apenas os itens cujo Custo Unitário é menor que R$10, use a seguinte expressão de comparação:

```
< 10
```

Hmm, tudo bem, eu ouço você pensando, mas onde aparece a expressão?

Curiosamente, fica na própria planilha. Para configurar isso, primeiro insira três ou quatro linhas em branco acima dos cabeçalhos da tabela. Agora, copie os cabeçalhos e cole-os acima da tabela.

Ao terminar, insira a expressão de comparação na célula imediatamente abaixo do cabeçalho copiado da coluna com a qual deseja trabalhar. Em meu exemplo, quero filtrar com base na coluna Custo Unitário, portanto, insiro **< 10** na célula abaixo do cabeçalho Custo Unitário copiado. Na Figura 3-12, é possível ver a expressão na célula E2.

FIGURA 3-12: Tabela configurada para um filtro avançado.

	A	B	C	D	E	F	G	H
					Expressão de comparação		Cabeçalhos copiados	
1	Divisão	Descrição	Número	Quantidade	Custo Unitário	Custo Total	Varejo	Margem Bruta
2					< 10			
3								
4								
5	Divisão	Descrição	Número	Quantidade	Custo Unitário	Custo Total	Varejo	Margem Bruta
6	4	Alicate	D-178	57	R$ 10,47	R$ 596,79	R$ 17,95	71%
7	3	Cabo para Lavadora	A-201	856	R$ 0,12	R$ 102,72	R$ 0,25	108%
8	3	Roda Dentada	C-098	357	R$ 1,57	R$ 560,49	R$ 2,95	88%
9	2	Sonotube 6"	B-111	86	R$ 15,24	R$ 1.310,64	R$ 19,95	31%
10	4	Chave Inglesa 7"	D-017	75	R$ 18,69	R$ 1.401,75	R$ 27,95	50%
11	3	Tomada	C-321	298	R$ 3,11	R$ 926,78	R$ 5,95	91%
12	1	Junta Tipo S	A-182	155	R$ 6,85	R$ 1.061,75	R$ 9,95	45%
13	2	Válvula	B-047	482	R$ 4,01	R$ 1.932,82	R$ 6,95	73%

Até agora, essa filtragem "avançada" não parece muito diferente de usar um dos operadores predefinidos do Excel. Verdade! Mas o verdadeiro poder dos filtros avançados está na possibilidade de inserir quantas expressões de comparação forem necessárias. Há três modos de fazer isso:

» **Inserir as expressões de comparação na mesma linha:** Isso informa ao Excel para filtrar a tabela e assim mostrar apenas as linhas que correspondam a todas as expressões de comparação fornecidas. Na Figura 3-13, por exemplo, peço ao Excel para filtrar a tabela Peças para mostrar apenas as linhas nas quais o Custo Unitário é menor que 10 (célula E2), a Quantidade é maior que 300 (célula D2) e a Divisão é igual a 3 (célula A2; observe que você não precisa usar Igual a (=) quando quer corresponder a um valor exato).

» **Inserir a expressão de comparação em linhas separadas:** Informa ao Excel para filtrar a tabela e assim mostrar apenas as linhas que correspondem a, pelo menos, uma das expressões de comparação inseridas. Na Figura 3-14, por exemplo, peço ao Excel para filtrar a tabela Peças para mostrar apenas as linhas nas quais o Custo Total é maior que 1.000 (célula F2) ou a Quantidade é maior que 400 (célula D3).

» **Misturar e combinar as opções anteriores quando necessário:** Sinta-se à vontade para adicionar quantas expressões de comparação precisar e não tenha medo de usar várias colunas e linhas. Ei, o filtro é seu!

CAPÍTULO 3 **Introdução às Tabelas do Excel** 71

FIGURA 3-13: Coloque as expressões de comparação em uma linha para combinar todas.

	A	B	C	D	E	F	G	H
1	Divisão	Descrição	Número	Quantidade	Custo Unitário	Custo Total	Varejo	Margem Bruta
2	3			>300	<10			
3								
4								
5	Divisão	Descrição	Número	Quantidade	Custo Unitário	Custo Total	Varejo	Margem Bruta
6	4	Alicate	D-178	57	R$ 10,47	R$ 596,79	R$ 17,95	71%
7	3	Cabo para Lavadora	A-201	856	R$ 0,12	R$ 102,72	R$ 0,25	108%
8	3	Roda Dentada	C-098	357	R$ 1,57	R$ 560,49	R$ 2,95	88%
9	2	Sonotube 6"	B-111	86	R$ 15,24	R$ 1.310,64	R$ 19,95	31%
10	4	Chave Inglesa 7"	D-017	75	R$ 18,69	R$ 1.401,75	R$ 27,95	50%
11	3	Tomada	C-321	298	R$ 3,11	R$ 926,78	R$ 5,95	91%
12	1	Junta Tipo S	A-182	155	R$ 6,85	R$ 1.061,75	R$ 9,95	45%
13	2	Válvula	B-047	482	R$ 4,01	R$ 1.932,82	R$ 6,95	73%

FIGURA 3-14: Coloque as expressões de comparação em linhas separadas para combinar uma ou mais.

	A	B	C	D	E	F	G	H
1	Divisão	Descrição	Número	Quantidade	Custo Unitário	Custo Total	Varejo	Margem Bruta
2						>1.000		
3				>400				
4								
5	Divisão	Descrição	Número	Quantidade	Custo Unitário	Custo Total	Varejo	Margem Bruta
6	4	Alicate	D-178	57	R$ 10,47	R$ 596,79	R$ 17,95	71%
7	3	Cabo para Lavadora	A-201	856	R$ 0,12	R$ 102,72	R$ 0,25	108%
8	3	Roda Dentada	C-098	357	R$ 1,57	R$ 560,49	R$ 2,95	88%
9	2	Sonotube 6"	B-111	86	R$ 15,24	R$ 1.310,64	R$ 19,95	31%
10	4	Chave Inglesa 7"	D-017	75	R$ 18,69	R$ 1.401,75	R$ 27,95	50%
11	3	Tomada	C-321	298	R$ 3,11	R$ 926,78	R$ 5,95	91%
12	1	Junta Tipo S	A-182	155	R$ 6,85	R$ 1.061,75	R$ 9,95	45%
13	2	Válvula	B-047	482	R$ 4,01	R$ 1.932,82	R$ 6,95	73%

Os cabeçalhos extras da coluna copiados e as linhas abaixo de onde você insere as expressões de comparação são conhecidos como *intervalo de critérios*. Porém, observe que configurar esse intervalo não faz nenhuma filtragem. Só depois de configurar o intervalo de critérios, como foi feito nas Figuras 3-13 e 3-14, você estará pronto para executar a operação de filtro avançada. Veja como funciona:

1. **Selecione qualquer célula na tabela.**

2. **Escolha Dados ⇨ Classificar e Filtrar ⇨ Avançado.**

O Excel exibirá a caixa de diálogo Filtro avançado.

3. **Informe ao Excel onde colocar a tabela filtrada.**

Use os botões de opção Ação para especificar onde deseja que os registros filtrados apareçam:

- **Filtrar a lista no local:** O Excel oculta os registros na tabela que não correspondem ao critério de filtragem. (Note que "lista" significa apenas "tabela".) É o modo mais comum de prosseguir, pois significa que você pode trabalhar com os dados filtrados e qualquer mudança feita permanecerá quando remover o filtro.

- **Copiar para outro local:** O Excel copia os registros que correspondem ao critério de filtragem para um novo local. Siga esse caminho se quiser

72   PARTE 1 **Introdução à Análise de Dados**

incluir os dados filtrados como parte de um relatório ou deseja manipular os dados filtrados e não quer que essas alterações apareçam na tabela original.

4. **Use a caixa Intervalo da lista para verificar o intervalo da tabela.**

   Como você selecionou uma célula na tabela na Etapa 1, o Excel deve identificar corretamente a tabela e exibir as coordenadas do intervalo na caixa Intervalo da lista. Se a caixa de texto não mostrar o intervalo correto da planilha de sua tabela, insira ou selecione o certo.

5. **Use a caixa Intervalo de critérios para selecionar esse intervalo.**

   O intervalo de critérios consiste nos cabeçalhos copiados mais a linha ou linhas abaixo dos cabeçalhos copiados que você usa para inserir as expressões de comparação. Na Figura 3-14, por exemplo, o intervalo de critérios é $A$1:$H$3.

6. **(Opcional) Se estiver copiando os registros filtrados, use a caixa Copiar para e especifique o destino.**

   Como você não sabe de antemão quantos registros haverá nos resultados, não precisa especificar um intervalo nessa caixa. Em vez disso, insira ou selecione o endereço da célula que deseja na célula esquerda superior do destino.

   A Figura 3-15 mostra a caixa de diálogo Filtro Avançado completa que uso para aplicar o filtro avançado (consulte a Figura 3-14).

7. **Clique em OK.**

   O Excel filtrará a tabela. A Figura 3-16 mostra como fica a lista filtrada. Note que agora ela mostra apenas as peças nas quais o Custo Total é maior que R$1.000 ou a Quantidade é superior a 400.

FIGURA 3-15: Um filtro avançado definido.

CAPÍTULO 3 **Introdução às Tabelas do Excel** 73

FIGURA 3-16:
Os resultados do filtro avançado na Figura 3-15.

◢	A	B	C	D	E		F		G		H
1	Divisão	Descrição	Número	Quantidade	Custo Unitário		Custo Total		Varejo		Margem Bruta
2							> 1000				
3				> 400							
4											
5	Divisão	Descrição	Número	Quantidade	Custo Unitário		Custo Total		Varejo		Margem Bruta
7	3	Cabo para Lavadora	A-201	856	R$	0,12	R$	102,72	R$	0,25	108%
9	2	Sonotube 6"	B-111	86	R$	15,24	R$	1.310,64	R$	19,95	31%
10	4	Chave Inglesa 7"	D-017	75	R$	18,69	R$	1.401,75	R$	27,95	50%
12	1	Junta Tipo S	A-182	155	R$	6,85	R$	1.061,75	R$	9,95	45%
13	2	Válvula	B-047	482	R$	4,01	R$	1.932,82	R$	6,95	73%

Se você filtrou a tabela no local, pode remover o filtro avançado e restaurar os botões Classificar e Filtrar selecionando qualquer célula nos resultados filtrados, depois escolhendo Dados ⇨ Filtro no grupo Classificar e Filtrar.

Sim, os filtros avançados dão um pouco de trabalho para configurar, mas depois do intervalo de critérios ser definido, é possível passar horas adicionando expressões de comparação a diferentes colunas e linhas. Antes que perceba, aqueles dados desagradáveis da tabela serão como massa de modelar em suas mãos.

74   PARTE 1 **Introdução à Análise de Dados**

> **NESTE CAPÍTULO**
>
> » **Entendendo as fontes de dados externas**
>
> » **Exportando dados de outros programas**
>
> » **Importando dados para o Excel**
>
> » **Obtendo dados na web**
>
> » **Consultando um banco de dados externo**

Capítulo **4**

Obtendo Dados de Fontes Externas

Em muitos casos, os dados que você quer analisar estão fora do Excel. Eles podem estar em um arquivo de texto ou documento do Word, página web, arquivo de banco de dados, programa de banco de dados, como o sistema de contabilidade de uma empresa, ou em um servidor de banco de dados especial. Infelizmente, não é possível analisar nada que esteja escondido "lá fora" em um arquivo, programa ou servidor. Pelo contrário, é preciso descobrir um modo de colocar os dados "aqui dentro", ou seja, importar esses dados para uma pasta de trabalho do Excel, no formato de uma tabela. A importação pode ser bem desafiadora, mas, por sorte, o Excel tem muitas ferramentas poderosas para importar dados externos.

Você pode usar duas abordagens básicas para obter os dados externos que deseja analisar. Pode exportá-los de outro programa e importá-los para o Excel ou pode consultar um banco de dados diretamente a partir do Excel. Descreverei ambas as abordagens neste capítulo.

O que São Dados Externos?

Existe uma quantidade enorme de dados no mundo e a maioria está em um tipo de formato diferente da pasta de trabalho. Outros existem em arquivos de texto simples, talvez como listas de itens separados por vírgula. Há dados que estão em tabelas, documentos do Word ou, muito provavelmente, em bancos de dados do Access. E mais, uma quantidade crescente de dados está disponível nas páginas da web. *Dados externos* são aqueles que estão fora do Excel em um arquivo, banco de dados, servidor ou site.

Por definição, dados externos não ficam diretamente disponíveis via Excel. Contudo, ele oferece várias ferramentas que permitem importá-los para o programa e, a partir dele, usar as ferramentas de análise de dados do Excel para extrair informações úteis.

Os dados do mundo têm uma variedade aparentemente infinita de arquivos e formatos. Veja alguns tipos de dados externos que provavelmente encontrará:

- » **Tabela do Access:** O Microsoft Access é o sistema de gerenciamento de banco de dados relacional do Office. Geralmente é usado para armazenar e gerenciar muitos dados usados por uma pessoa, equipe, departamento ou empresa. Você pode conectar as tabelas do Access via Assistente de consulta do Excel ou importando os dados da tabela diretamente para o programa.

- » **Tabela do Word:** Coleções simples de dados geralmente armazenadas em uma tabela incorporada em um documento do Word. Você pode fazer muitas análises nesses dados dentro do Word, por isso, importar dados da tabela do Word para uma planilha do Excel muitas vezes é útil.

- » **Arquivo de texto:** Os arquivos de texto geralmente contêm dados úteis. Se esses dados forem formatados de modo certo, por exemplo, cada linha tem o mesmo número de itens, todos separados por espaços, vírgulas ou tabulações, será possível importá-los para o Excel e para mais análises.

- » **Página web:** Pessoas e empresas geralmente disponibilizam dados úteis nas páginas da web que existem na internet ou em redes corporativas. Esses dados são uma combinação de texto e tabelas, mas não é possível analisá-los de modo significativo no navegador. Felizmente, o Excel possibilita criar uma consulta à web que permite importar texto e tabelas de uma página na web.

- » **Arquivo XML:** XML (Linguagem de Marcação Extensiva) é um formato de texto especial para armazenar dados em um formato legível pela máquina.

- » **Programas e serviços externos:** Muitos programas armazenam dados: sistemas de contabilidade e financeiro, programa de gerenciamento de contatos, software de controle de inventários e por aí vai. A má notícia é que, para a grande maioria desses programas, o Excel não tem nenhum modo de importar os dados diretamente. A boa notícia é que ele é tão popular que muitos programas que armazenam dados também incluem um recurso que permite exportá-los como uma pasta de trabalho do Excel. Até os programas que não oferecem uma maneira de salvar os dados como uma pasta de trabalho têm técnicas para exportá-los para outros formatos com os quais o Excel pode trabalhar, como arquivos de texto ou XML.

Exportando Dados de Outros Programas

Antes de ver as técnicas para importar dados para o Excel, reserve um minuto para considerar como poderia exportá-los de um programa externo para um formato que o Excel possa usar. Felizmente, a maioria dos programas que armazenam dados também oferece um modo simples (em geral) de exportá--los. E melhor, como o Excel é a ferramenta dominante de análise de dados disponível no mercado, quase sempre é possível ajustar a rotina de exportação de um programa para produzir dados em um formato amistoso para ele.

O que significa ser amistoso para o Excel em relação aos dados exportados? Quer dizer que os dados resultantes estão em um dos dois formatos a seguir:

» **Pasta de trabalho do Excel:** É o padrão de ouro de exportação porque significa que você nem precisa importar os dados para o Excel; basta abrir a pasta de trabalho e começar a analisá-los (embora possa precisar convertê-los em uma tabela como uma primeira etapa).

» **Arquivo externo que o Excel pode importar:** Na maior parte das vezes, significa um arquivo de texto ou arquivo XML.

Então, ao exportar os dados de algum outro programa, sua primeira etapa é fazer uma pequena busca para ver se há como exportar de modo fácil e auto-mático os dados para o Excel. Essa descoberta não deverá levar muito tempo se você usar o sistema Ajuda do programa. Depois, é preciso encontrar o recurso Exportar. Em geral, o comando Exportar fica no menu Arquivo, embora possa ser preciso primeiro abrir um submenu como Importar/Exportar, Salvar Como ou Utilitários. Depois de iniciar o processo de exportação, procure uma opção para salvar os dados diretamente em uma pasta de trabalho do Excel. Se não encontrá-la, diga: "Ah, muito ruim!" e procure um jeito de exportar os dados como um arquivo de texto ou arquivo XML. Se usar o arquivo de texto, exporte os dados usando um dos formatos a seguir:

CAPÍTULO 4 **Obtendo Dados de Fontes Externas** 77

» **Arquivo de texto delimitado:** Usa uma estrutura na qual cada item em uma linha de texto é separado por um caractere chamado *delimitador*. O delimitador de texto mais comum é a vírgula (,) e esse arquivo é conhecido como *CSV (valores separados por vírgula)*. Quando o Excel importa um arquivo de texto delimitado, ele trata cada linha de texto como um registro e cada item entre delimitadores como campo.

» **Arquivo de texto com largura fixa:** Usa uma estrutura na qual os itens usam uma quantidade definida de espaço, por exemplo, um item sempre pode usar 10 caracteres, ao passo que outro sempre usa 20, e essas larguras fixas são as mesmas em todas as linhas de texto. O Excel importa um arquivo de texto com largura fixa tratando cada linha como um registro e cada item com largura fixa como um campo.

Com os dados externos em um formato que o Excel consiga trabalhar, você está pronto para colocar no programa os dados importados.

Importando Dados Externos para o Excel

Depois de ter acesso aos dados, sua próxima etapa é importá-los para uma planilha do Excel para analisá-los e manipulá-los. Dependendo da quantidade de dados, isso pode aumentar sua planilha. Porém, ter acesso direto aos dados dá o máximo de flexibilidade ao analisá-los. Não apenas você pode usar as principais ferramentas de análise de dados do Excel, ou seja, tabelas, cenários e análise hipotética, como também é possível criar uma Tabela Dinâmica a partir dos dados importados. Explico as poderosas Tabelas Dinâmicas na Parte 2, "Analisando Dados com Tabelas e Gráficos Dinâmicos".

As próximas seções mostram as particularidades de importar vários tipos de dados para o Excel.

Importando dados de uma tabela do Access

Se você quiser usar o Excel para analisar os dados de uma tabela ou consulta em um banco de dados do Access, é possível importá-los para uma planilha do Excel. Você pode usar o Assistente de consulta (descrito mais adiante neste capítulo) para realizar essa tarefa. No entanto, se não precisar filtrar ou classificar os dados antes de importá-los, poderá importar a tabela ou consulta diretamente do banco de dados do Access, o que normalmente é um pouco mais rápido. Veja as etapas a seguir para importar uma tabela ou consulta diretamente do software:

1. **(Opcional) Se quiser que os dados importados apareçam em uma planilha existente, selecione a célula que deseja que o Excel use como o canto superior esquerdo do intervalo de destino.**

2. **Escolha Dados ⇨ Obter e Transformar Dados ⇨ Obter Dados ⇨ Do Banco de Dados ⇨ Do Banco de Dados Microsoft Access.**

   Aparecerá a caixa de diálogo Importar Dados.

3. **Abra a pasta que contém os dados, selecione o arquivo do banco de dados do Access e clique em Importar.**

   O Excel analisará o banco de dados do Access e exibirá uma janela que lista as tabelas e as consultas disponíveis para a importação.

   Como alternativa, você poderá ver uma mensagem parecida com `O banco de dados foi colocado em um estado pelo usuário "Qualquer" na máquina "qualquer" que o impede de ser aberto ou bloqueado`. Eita! Isso significa que outra pessoa está usando o banco de dados no momento, portanto você deve tentar de novo mais tarde.

4. **Use o painel Navegador para selecionar a tabela ou a consulta que deseja importar.**

   Aparecerá uma pré-visualização dos dados, como mostrado na Figura 4-1.

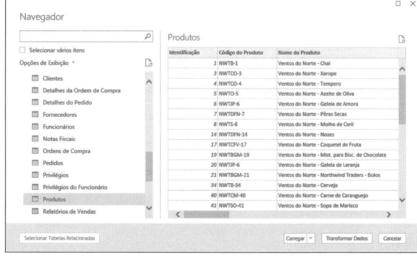

FIGURA 4-1: Selecione uma tabela ou consulta no painel Navegador para ter uma visualização dos dados.

5. **Informe ao Excel onde deseja que os dados importados apareçam escolhendo Carregar ⇨ Carregar em e selecionando uma das opções a seguir:**

CAPÍTULO 4 **Obtendo Dados de Fontes Externas** 79

- **Planilha Existente:** Importa os dados começando na célula selecionada na Etapa 1. Se você decidir que prefere uma célula diferente, use a caixa de intervalo abaixo da opção para selecionar de onde quer que os dados importados comecem.

- **Nova Planilha:** Importa os dados para uma nova planilha. Observe que é a importação padrão, portanto é possível importar os dados diretamente para uma nova planilha selecionando o botão Carregar, em vez de abrir a lista Carregar.

6. **Selecione OK.**

O Excel importará os dados do Access para a planilha.

Importando dados de uma tabela do Word

Uma *tabela* do Microsoft Word é uma coleção de linhas, colunas e células, significando que lembra um intervalo do Excel. E mais, você pode inserir campos nas células da tabela do Word para fazer cálculos. Esses campos suportam referências de células, funções predefinidas e operadores. As referências de células designam células específicas; por exemplo, uma referência como B1 indica a célula na segunda coluna e primeira linha da tabela. Você pode usar essas referências com funções predefinidas, como SOMA e MÉDIA, e operadores, como adição (+), multiplicação (*) e maior que (>), para criar fórmulas que calculem os resultados com base nos dados da tabela.

Porém, o Excel ainda oferece ferramentas de análise de dados bem mais sofisticadas. Sendo assim, para analisar corretamente os dados da tabela do Word, você deve importá-la para uma planilha do Excel. Veja as etapas a seguir:

1. **Inicie o Microsoft Word e abra o documento com a tabela.**

2. **Selecione uma célula dentro da tabela que deseja importar.**

O Excel adicionará a guia contextual Ferramentas da Tabela à faixa de opções.

3. **Nessa guia, selecione Layout ⇨ Tabela ⇨ Selecionar ⇨ Selecionar Tabela.**

Você também pode selecionar a tabela escolhendo sua alça de seleção, que aparece no canto superior esquerdo dela.

4. **Escolha Página Inicial ⇨ Área de Transferência ⇨ Copiar ou Pressione Ctrl+C.**

5. **Mude para a pasta de trabalho do Excel para a qual deseja importar a tabela.**

6. Selecione a célula na qual deseja que a tabela apareça.

7. Cole os dados da tabela.

O modo como você cola a tabela depende de se você deseja que o Excel crie um vínculo com a tabela do Word original:

- Se não quiser nenhuma conexão entre o Excel e a tabela do Word original, escolha Página Inicial ⇨ Colar ou pressione Ctrl+V. Isso significa que se fizer alterações nos dados do Word, elas não serão refletidas nos dados do Excel (e vice-versa).

- Ser quiser que qualquer alteração feita na tabela do Word original seja refletida no intervalo do Excel colado, escolha Página Inicial ⇨ Colar ⇨ Colar Especial. Na caixa de diálogo Colar Especial, selecione o botão de opção Colar vínculo, selecione HTML na lista Como e clique em OK. O intervalo do Excel resultante será vinculado aos dados originais do Word, significando que qualquer alteração feita nesses dados aparecerá automaticamente no intervalo do Excel. Lindo! Mas não é possível mudar os dados no Excel.

Introdução à importação de arquivos de texto

Atualmente, a maioria dos dados está em algum tipo de formato especial: pasta de trabalho do Excel, banco de dados do Access, banco de dados do servidor, página web etc. Mas encontrar dados armazenados em arquivos de texto simples ainda é bem comum porque o texto é um formato universal com o qual os usuários podem trabalhar em qualquer sistema e uma grande variedade de programas. Você pode analisar os dados em certos arquivos de texto importando-os para uma planilha do Excel. Observe que não se pode importar qualquer arquivo de texto para o Excel; o arquivo precisa estar no formato *delimitado* ou *com largura fixa*.

Importando um arquivo de texto delimitado

Um arquivo de texto *delimitado* usa uma estrutura na qual cada item em uma linha de texto é separado por um caractere chamado *delimitador*. O delimitador de texto mais comum é a vírgula (,) e o arquivo resultante é chamado de arquivo CSV (*valores separados por vírgula*). Quando o Excel importa um arquivo de texto delimitado, trata cada linha como um registro e cada item entre o delimitador como uma coluna (campo).

CAPÍTULO 4 **Obtendo Dados de Fontes Externas** 81

Siga estas etapas para importar um arquivo de texto delimitado para o Excel:

1. **(Opcional) Para importar dados para um local específico em uma planilha existente, selecione a célula que deseja usar como o canto superior esquerdo do intervalo de destino.**

2. **Escolha Dados ⇨ Obter e Transformar Dados ⇨ De Texto/CSV (ou, se quiser treinar, escolha Dados ⇨ Obter e Transformar Dados ⇨ Obter Dados ⇨ De Arquivo ⇨ De Texto/CSV).**

    Aparecerá a caixa de diálogo Importar Dados.

3. **Abra a pasta que contém o arquivo de texto, selecione-o e clique em Importar.**

    O Excel analisará o arquivo e abrirá uma janela mostrando uma pré-visualização dos dados.

4. **Na lista Delimitador, selecione o caractere delimitador que os dados de texto usam.**

    Como saber qual caractere delimitador escolher? A vírgula é o mais comum, portanto inicie com ela. Você saberá que tirou a sorte grande quando os dados visualizados aparecerem em colunas separadas, como mostrado na Figura 4-2.

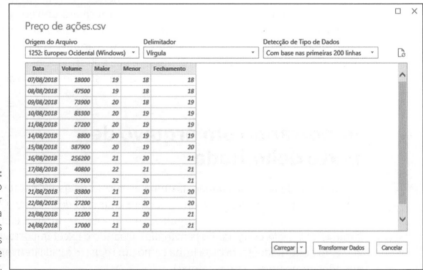

FIGURA 4-2: Selecione o delimitador que coloca os dados em colunas bonitas e organizadas.

5. **Escolha Carregar para importar os dados para uma nova planilha ou Carregar ⇨ Carregar em ⇨ Planilha existente ⇨ OK para importar os dados começando na célula selecionada na Etapa 1.**

O Excel importará os dados de texto delimitados para a planilha.

Importando um arquivo de texto com largura fixa

Um arquivo de texto com *largura fixa* usa uma quantidade definida de espaço. O primeiro item sempre pode ter, digamos, 10 caracteres de largura (incluindo espaços), o segundo sempre pode ter 8 caracteres etc. É essencial que essas larguras fixas sejam iguais em cada linha de texto, dando ao arquivo inteiro uma estrutura previsível e regular com a qual o Excel possa trabalhar. O Excel importa um arquivo de texto com largura fixa tratando cada linha como um registro e cada item com largura fixa como uma coluna (campo).

Se você importa dados que usem uma estrutura com largura fixa, precisa informar ao Excel onde ocorre a separação entre cada campo. Nesse tipo de arquivo, cada coluna de dados tem uma largura constante e o Excel é muito bom ao determinar essas larguras. Portanto, na maioria dos casos, ele configura automaticamente *linhas de quebra de coluna*, que são linhas verticais que separam um campo do outro. Porém, os títulos ou texto de introdução no início do arquivo podem prejudicar os cálculos do assistente, por isso você deve verificar com cuidado se as linhas de quebra propostas são precisas.

Siga estas etapas para importar um arquivo de texto com largura fixa para o Excel:

1. **(Opcional) Para carregar os dados em um local específico da planilha, selecione a célula que deseja usar como o canto superior esquerdo do intervalo de destino.**

2. **Escolha Dados ⇨ Obter e Transformar Dados ⇨ De Texto/CSV (ou se tiver um tempo extra para gastar, escolha Dados ⇨ Obter e Transformar Dados ⇨ Obter Dados ⇨ De Arquivo ⇨ De Texto/CSV).**

Aparecerá a caixa de diálogo Importar Dados.

3. **Abra a pasta que contém o arquivo de texto, selecione-o e clique em Importar.**

O Excel analisará o arquivo e abrirá uma janela mostrando uma visualização dos dados no arquivo.

CAPÍTULO 4 **Obtendo Dados de Fontes Externas** 83

4. **Na lista Delimitador, verifique se o item Largura Fixa está selecionado.**

   Abaixo da lista Delimitador, o Excel mostra uma série de números, cada um representando o ponto inicial de uma coluna no arquivo de texto. A primeira coluna sempre começa em 0 e cada valor subsequente depende da largura de cada coluna. A Figura 4-3 mostra esses valores como 0, 30, 45. Isso quer dizer que a primeira coluna inicia na posição do caracter 0; a segunda inicia na posição do caracter 30; e a terceira na posição do caracter 45.

5. **Se as colunas parecerem incorretas, por exemplo, uma ou mais colunas são grandes ou pequenas demais, edite os valores iniciais até que fiquem corretas, como mostrado na Figura 4-3.**

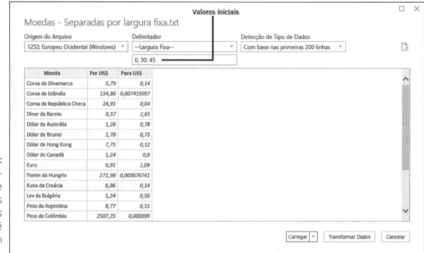

FIGURA 4-3: Se necessário, edite os valores iniciais das colunas até que fiquem corretas.

6. **Escolha Carregar para importar os dados para uma nova planilha ou Carregar ⇨ Carregar em ⇨ Planilha existente ⇨ OK para importar os dados começando na célula selecionada na Etapa 1.**

   O Excel importará os dados de texto com largura fixa para a planilha.

Importando dados de uma página web

Você já sabe que a web é a base para obter mais informações do que se pode usar, mas sabia que alguns desses dados estão disponíveis para importar para o Excel? Falarei sobre um formato de dados da web mais sofisticado na próxima seção, mas aqui quero apresentar aqueles que vêm em forma de tabela. Uma *tabela* de página web é uma matriz retangular de linhas e colunas, com valores de dados nas células criadas pela interseção dessas linhas e colunas. Lembra uma tabela do Excel, não é? Com certeza, e essa semelhança significa que se você souber o endereço da página com a tabela, o Excel oferecerá uma ferramenta que permite importar os dados para uma planilha e se divertir mais com sua análise.

Veja as etapas a seguir para importar uma tabela de página web para o Excel:

1. **(Opcional) Para carregar os dados em um local específico da planilha, selecione a célula que deseja usar como o canto superior esquerdo do intervalo de destino.**

2. **Escolha Dados ⇨ Obter e Transformar Dados ⇨ Da Web (ou se preferir a rota pitoresca, escolha Dados ⇨ Obter Dados ⇨ Obter e Transformar Dados ⇨ De Outras Fontes ⇨ Da Web).**

   Aparecerá a janela Da Web.

3. **Insira o endereço da página web na caixa de texto URL e clique em OK.**

   O Excel exibirá a caixa de diálogo Acessar Conteúdo Web.

4. **Especifique como deseja acessar a página web e clique em Conectar.**

   Como mostrado na Figura 4-4, o Excel oferece cinco métodos que você poderá usar para acessar o conteúdo da web:

   - **Anônimo:** Acessa o conteúdo diretamente, sem autenticação (como um nome de usuário e senha). É o método usado na maioria das páginas da web.

   - **Windows:** Acessa o conteúdo fazendo login com as credenciais (ou seja, nome de usuário e senha) de sua conta do Windows. É o método usado se o conteúdo estiver na rede da empresa.

   - **Básico:** Acessa o conteúdo fazendo login com um nome de usuário e senha fornecidos. É o método usado se você tem uma conta no site que hospeda o conteúdo.

   - **API da Web:** Acessa o conteúdo usando um valor exclusivo, chamado *chave*, para autenticar a solicitação. É o método usado se o conteúdo fica disponível por meio de uma API da web. As instruções para usar essa API informam como obter uma chave.

   - **Conta organizacional:** Acessa o conteúdo fazendo você entrar na conta Office 365 ou OneDrive for Business da organização.

   O Excel conecta o conteúdo da web, analisa a página e abre a caixa de diálogo Navegador, que mostra uma lista das tabelas encontradas na página. Um desses objetos é sempre chamado de Documento e contém uma tabela de dados relacionada à página web inteira (por isso, pode ignorar com segurança).

FIGURA 4-4: Escolha o método que deseja usar para acessar os dados da web.[1]

5. **Selecione a tabela que deseja importar.**

   O Excel mostrará uma pré-visualização da tabela, como na Figura 4-5. Se quiser ver como ela fica na página web, clique na guia Visualização da Web.

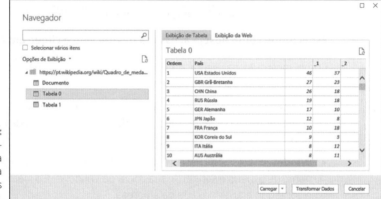

FIGURA 4-5: Selecione uma tabela para visualizar os dados.

6. **(Opcional) Se quiser importar várias tabelas, marque a caixa de seleção Selecionar vários itens e marque a caixa ao lado de cada tabela que deseja importar.**

7. **Escolha Carregar para importar os dados para uma nova planilha ou Carregar ⇨ Carregar em ⇨ Planilha existente ⇨ OK para importar os dados começando na célula selecionada na Etapa 1.**

   O Excel importará os dados da tabela da web para a planilha.

---

1 O endereço utilizado na Figura 4-4 é: https://pt.wikipedia.org/wiki/Quadro_de_medalhas_dos_Jogos_Ol%C3%ADmpicos_de_Ver%C3%A3o_de_2016

Importando um arquivo XML

XML (Linguagem de Marcação Extensiva) é um padrão que permite gerenciar e compartilhar dados estruturados usando arquivos de texto simples. Esses arquivos XML organizam os dados usando *marcas*, entre outros elementos, que especificam o equivalente do nome da tabela e dos nomes dos campos. Veja um exemplo que mostra os primeiros registros em uma tabela XML de informações do livro:

```
<?xml version="1.0"?>
<Catálogo>
    <Livro>
        <Autor>Gambardella, Matthew</Autor>
        <Título>XML Guia do Desenvolvedor</Título>
        <Gênero>Computação</Gênero>
        <Preço>44,95</Preço>
        <Data>01/10/2000</Data>
        <Descrição>Uma visão detalhada da criação de aplicativos
        com XML.</Descrição>
    </Livro>
    <Livro>
        <Autor>Ralls, Kim</Autor>
        <Título>Chuva da Meia-Noite</Título>
        <Gênero>Fantasia</Gênero>
        <Preço>15,95</Preço>
        <Data>16/12/2000</Data>
        <Descrição>Um ex-arquiteto luta contra zumbis
corporativos, uma feiticeira do mal e sua própria infância
para se tornar rainha do mundo.</Descrição>
    </Livro>
    <Livro>
        <Autor>Corets, Eva</Autor>
        <Título>Maeve Ascendant</Título>
        <Gênero>Fantasia</Gênero>
        <Preço>15,95</Preço>
        <Data>17/11/2000</Data>
        <Descrição>Após o colapso de uma sociedade de
        nanotecnologia na Inglaterra, os jovens sobreviventes
        estabelecem fundação para uma nova sociedade.
</Descrição>
    </Livro>
    </Catálogo>
```

Como o XML é apenas texto, se você quiser fazer uma análise de dados nesse arquivo, terá que importá-lo para uma planilha do Excel. O programa armazena os dados XML importados em uma tabela.

CAPÍTULO 4 **Obtendo Dados de Fontes Externas** 87

Veja as etapas a seguir para importar um arquivo XML para uma planilha do Excel:

1. **(Opcional) Para importar os dados para um local específico em uma pasta de trabalho existente, selecione a célula que deseja usar como o canto superior esquerdo do intervalo de destino.**

2. **Escolha Dados ⇨ Obter Dados ⇨ Do Arquivo ⇨ Do XML.**

   Aparecerá a caixa de diálogo Importar dados.

3. **Abra a pasta que contém o arquivo XML, selecione-o e clique em Importar.**

   O Excel analisará o arquivo XML e abrirá a caixa de diálogo Navegador, que mostra uma lista das tabelas encontradas no arquivo.

4. **Selecione a tabela que deseja importar.**

   O Excel mostrará uma exibição da tabela, como na Figura 4-6.

5. **(Opcional) Se quiser importar várias tabelas XML, marque a caixa de seleção Selecionar vários itens e marque a caixa ao lado de cada tabela que deseja importar.**

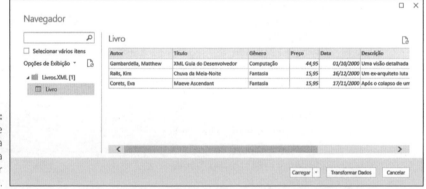

FIGURA 4-6: Selecione uma tabela XML para visualizar seus dados.

6. **Escolha Carregar para importar os dados para uma nova planilha ou Carregar ⇨ Carregar em ⇨ Planilha Existente ⇨ OK para importar os dados começando na célula selecionada na Etapa 1.**

   O Excel importará os dados XML para a planilha.

Consultando Bancos de Dados Externos

Se quiser analisar os dados usando um subconjunto classificado e filtrado de uma fonte de dados externa, o Excel oferece a ferramenta Assistente de consulta, que permite especificar as opções de classificação e filtragem e o subconjunto dos dados de origem com os quais você deseja trabalhar. Por que perder tempo com tudo isso? Bancos de dados, como os usados no Microsoft Access e no SQL Server, geralmente são muito grandes e contêm uma variedade enorme de dados espalhados em muitas tabelas diferentes.

Com a análise de dados, raramente você usa um banco de dados inteiro como fonte. Pelo contrário, extrai um subconjunto dele: uma tabela, ou talvez duas ou três tabelas relacionadas. Também é possível pedir que os dados sejam armazenados de determinado modo, e talvez precise filtrar os dados para trabalhar com apenas registros específicos. As particularidades dessas três operações (extrair um subconjunto, classificar e filtrar) consistem nos *critérios* dos dados com os quais deseja trabalhar e todos constituem o que é conhecido no setor como *consulta* do banco de dados.

Definindo uma fonte de dados

Todas as consultas do banco de dados precisam de duas coisas iniciais: acessar um banco de dados e uma fonte de dados *ODBC* (Open Database Connectivity, tradução *Conectividade Aberta de Banco de Dados*) para o banco de dados. ODBC é um padrão de banco de dados que permite a um programa conectar e manipular uma fonte de dados. Uma fonte de dados ODBC contém três coisas: um indicador para o arquivo ou servidor onde está o banco de dados, um driver que permite ao Assistente de consulta se conectar, manipular e retornar os dados do banco de dados e informações de login opcionais, que permitem acessar o banco de dados.

Antes de fazer qualquer trabalho com o Assistente de consulta, você deve selecionar a fonte de dados que deseja usar. Se tiver um banco de dados em particular que queira consultar, poderá definir uma nova fonte que indique o arquivo ou servidor correto.

A maioria das fontes de dados indica os arquivos do banco de dados. Por exemplo, o programa de gerenciamento de banco de dados relacional Microsoft Access usa bancos de dados baseados em arquivos. Você também pode criar fontes de dados com base em arquivos de texto e pastas de trabalho do Excel. Mas algumas fontes de dados indicam bancos de dados baseados em servidores. Por exemplo, o SQL Server e o Oracle executam seus bancos de dados em servidores especiais. Como parte da definição da fonte de dados, você precisa

CAPÍTULO 4 **Obtendo Dados de Fontes Externas** 89

incluir o driver do software que o Assistente de consulta usa para se comunicar com o banco de dados, assim como qualquer informação necessária para acessá-lo.

Siga estas etapas para definir uma fonte de dados para sua consulta:

1. **Escolha Dados ⇨ Obter e Transformar Dados ⇨ Obter Dados ⇨ De Outras Fontes ⇨ Do Microsoft Query.**

    Aparecerá a caixa de diálogo Escolher a fonte de dados, como mostrado na Figura 4-7.

    Provavelmente seu computador vem com algumas fontes de dados predefinidas que você pode usar, em vez de criar novas. Na caixa de diálogo Escolher a fonte de dados, qualquer fonte de dados predefinida aparecerá na guia Bancos de dados. Por exemplo, o Microsoft Office cria duas fontes de dados padrão: Arquivos do Excel e Banco de Dados do MS Access. Essas fontes de dados incompletas não indicam um arquivo específico. Pelo contrário, quando você seleciona uma dessas fontes e clica em OK, o Excel solicita o nome e o local do arquivo. Essas fontes de dados serão úteis se você trocar com frequência os arquivos usados. Mas se quiser alguma que sempre indique um arquivo específico, precisará seguir as etapas nesta seção.

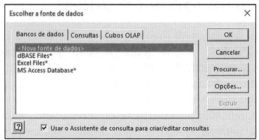

FIGURA 4-7: Caixa de diálogo Escolher a fonte de dados.

2. **Escolha a <Nova fonte de dados>, desmarque a caixa de seleção Usar Assistente de consulta para criar/editar consultas e clique em OK.**

    Aparecerá a caixa de diálogo Criar nova fonte de dados.

3. **Na caixa de texto Qual nome deseja dar à sua fonte de dados?, insira um nome.**

    O nome aparecerá na guia Bancos de dados da caixa de diálogo Escolher a fonte de dados, então insira um nome que o ajude a lembrar com qual fonte de dados está trabalhando.

4. **Na lista Selecionar driver para o tipo de banco de dados que deseja acessar, selecione o driver de que sua fonte de dados precisa.**

Por exemplo, para um banco de dados Access, selecione `Microsoft Access Driver (*.mdb, *.accdb)`.

PAPO DE ESPECIALISTA

Muitas empresas armazenam seus dados nos bancos de dados do Microsoft SQL Server (SQL geralmente é prenunciado como *esse-ke-éle*). É um poderoso sistema baseado em servidor que consegue lidar com grandes bancos de dados e milhares de usuários. Para definir uma fonte de dados do SQL Server, selecione SQL Server. Clique em Conectar para exibir a caixa de diálogo Login do SQL Server. Pergunte ao administrador do banco de dados SQL Server as informações necessárias para concluir a caixa de diálogo. Digite o nome ou o endereço remoto do SQL Server na caixa de texto, digite a ID de login e senha do, depois clique em OK. Execute as Etapas 9 e 10 mais adiante nesta seção para terminar a fonte de dados.

5. **Clique em Conectar.**

   Aparecerá a caixa de diálogo para o driver do banco de dados. As etapas a seguir mostram como configurar uma fonte de dados para um banco de dados do Microsoft Access.

6. **Clique no botão Selecionar.**

   Aparecerá a caixa de diálogo Selecionar banco de dados.

7. **Abra a pasta que contém o banco de dados, selecione o arquivo e clique em OK.**

   Você voltará para a caixa de diálogo do driver do banco de dados.

   Se usar um nome de login e senha para acessar o banco de dados, clique em Avançado para exibir a caixa de diálogo Definir opções avançadas. Digite o nome de login e senha, depois clique em OK.

8. **Clique em OK.**

   O Excel voltará para a caixa de diálogo Criar nova fonte de dados. A Figura 4-8 mostra a caixa preenchida para o banco de dados Ventos do Norte Access que estou usando.

DICA

É possível usar a lista Selecione uma tabela padrão para a fonte de dados para selecionar uma tabela do banco de dados. Quando fizer isso, sempre que iniciar uma nova consulta baseada nessa fonte, o Assistente de consulta adicionará automaticamente a tabela padrão à consulta, economizando várias etapas.

Se você especificou um nome de login e senha como parte da fonte de dados, poderá marcar a caixa de seleção Salvar ID e senha do usuário na definição da fonte de dados para salvar os dados de login.

CAPÍTULO 4 **Obtendo Dados de Fontes Externas** 91

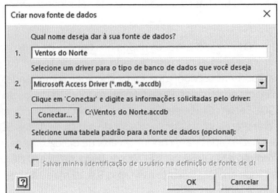

FIGURA 4-8: Caixa de diálogo Criar nova fonte de dados preenchida para o banco de dados Ventos do Norte.

9. **Clique em OK.**

   O Excel voltará para a caixa de diálogo Escolher a fonte de dados, que mostra agora sua fonte de dados novinha.

10. **Clique em Cancelar para pular as etapas de importação dos dados.**

    Agora você pode usar a fonte de dados no Assistente de consulta, que explico na próxima seção.

Consultando uma fonte de dados

Para executar uma consulta ao banco de dados e importar os resultados, siga estas etapas:

1. **Escolha Dados ⇨ Obter e Transformar Dados ⇨ Obter Dados ⇨ De Outras Fontes ⇨ Do Microsoft Query.**

   O Excel exibirá a caixa de diálogo Escolher a fonte de dados. Na Figura 4-9, é possível ver que a fonte de dados Northwind criada na seção anterior agora aparece na guia Bancos de dados.

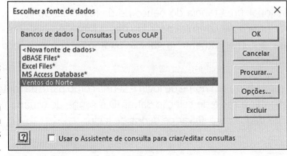

FIGURA 4-9: Qualquer fonte de dados criada aparece na guia Bancos de dados.

2. **Marque a caixa de seleção Usar o Assistente de consulta para criar/ editar consultas.**

Se você não definiu uma nova fonte de dados como descrito na seção anterior, essa caixa de seleção já estará marcada.

3. **Na guia Bancos de dados, selecione o banco de dados que deseja consultar e clique em OK.**

Se escolher um dos tipos de banco de dados predefinidos, o Excel exibirá a caixa de diálogo Selecionar banco de dados. Nessa caixa, escolha o banco de dados que deseja consultar e clique em OK.

Será exibida a caixa de diálogo Assistente de consulta – escolher colunas.

Você usa a caixa de diálogo Assistente de consulta – escolher colunas para selecionar as tabelas e as colunas (campos) que deseja que apareçam nos resultados da consulta. Na caixa Tabelas e colunas disponíveis, o Excel lista as tabelas e as colunas. No início, essa lista mostra apenas as tabelas, mas você pode ver as colunas na tabela clicando no ícone + ao lado do nome dela.

4. **Preencha a lista Consultas na consulta com as colunas a trabalhar.**

Use três técnicas:

- Para adicionar uma tabela inteira à lista, clique no nome da tabela e no botão de seta para a direita que aponta para a caixa de listagem Colunas na consulta.

- Para adicionar uma coluna de uma tabela à lista, clique no ícone + ao lado do nome da tabela, selecione a coluna e clique no botão de seta para a direita que aponta para a caixa de listagem Colunas na consulta.

- Para remover uma coluna, marque a coluna na caixa de listagem Colunas na consulta e clique no botão de seta para a esquerda que aponta para a caixa de listagem Tabelas e colunas disponíveis.

Tudo parece bem complicado, mas não é. Basicamente, tudo o que você faz é identificar as colunas de informações que deseja na tabela do Excel. A Figura 4-10 mostra como fica a caixa de diálogo Assistente de consulta - escolher colunas depois de adicionar várias colunas da tabela Produtos e uma coluna Categoria da tabela Categorias.

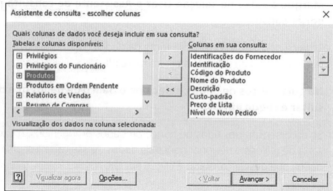

FIGURA 4-10: Caixa de diálogo Assistente de consulta – escolher colunas preenchida.

5. Depois de identificar quais colunas deseja na consulta, clique no botão Avançar para filtrar os dados da consulta.

O Excel exibirá a caixa de diálogo Assistente de consulta – filtrar dados.

Você pode filtrar os dados retornados como parte da consulta usando as caixas de texto Incluir somente linhas onde. Por exemplo, para incluir apenas as linhas nas quais a coluna NomeCategoria é igual a Bebidas, clique na coluna NomeCategoria na caixa de listagem Coluna a filtrar. Depois, selecione a operação de filtragem É igual a na primeira lista suspensa e insira o valor Bebidas na segunda lista (ou selecione), veja o filtro em ação na Figura 4-11.

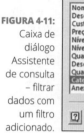

DICA

A caixa de diálogo Assistente de consulta – filtrar dados faz as mesmas filtragens realizadas com os comandos AutoFiltro e Filtro Avançado. Como analisei essas ferramentas no Capítulo 3, não repetirei isso aqui. Mas observe que você pode fazer uma filtragem bem sofisticada como parte de sua consulta.

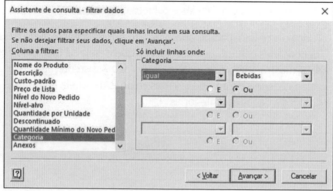

FIGURA 4-11: Caixa de diálogo Assistente de consulta – filtrar dados com um filtro adicionado.

94 PARTE 1 **Introdução à Análise de Dados**

6. **(Opcional) Filtre os dados com base em vários filtros selecionando os botões de opção E ou Ou.**

    - **E:** Uma linha é incluída na consulta apenas se corresponde a todas as condições do filtro.
    - **Ou:** Uma linha é incluída na consulta se corresponde a uma ou mais condições do filtro.

7. **Clique em Avançar.**

    O Excel exibirá a caixa de diálogo Assistente de consulta – ordem de classificação.

8. **Escolha uma ordem de classificação para os dados do resultado da consulta na caixa de diálogo Assistente de consulta - ordem de classificação.**

    Selecione a consulta que deseja usar para classificar na lista suspensa Classificar por e escolha um dos botões de opção a seguir (veja a Figura 4-12):

    - **Ascendente:** Os valores da coluna são classificados na ordem ascendente: de A a Z se a coluna tem texto, de 0 a 9 para números, do mais recente para o mais antigo para datas ou horas.
    - **Descendente:** Os valores da coluna são classificados na ordem descendente: de Z a A para texto, 9 a 0 para números, do mais antigo para o mais recente para datas ou horas.

    Também é possível usar chaves de classificação adicionais selecionando campos em uma ou mais listas suspensas Então por que aparecem na caixa de diálogo Assistente de consulta – ordem de classificação. O assistente mostra listas suficientes para todos os campos na consulta.

DICA

Você classifica os resultados da consulta como faz com as linhas em uma tabela do Excel. Se tiver mais dúvidas sobre como classificar linhas, consulte o Capítulo 3. A classificação funciona da mesma forma quer você esteja lidando com resultados da consulta ou linhas em uma tabela.

9. **Clique em Avançar.**

    A caixa de diálogo Assistente de consulta – terminar será exibida.

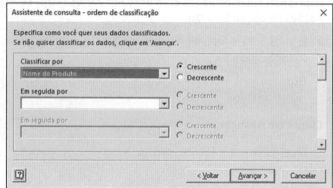

FIGURA 4-12: Caixa de diálogo Assistente de consulta – ordem de classificação.

10. **Na caixa de diálogo Assistente de consulta – concluir, especifique onde o Excel deve colocar os resultados da consulta.**

    Para a maioria dos dados, há duas opções:

    - **Retornar dados para o Microsoft Excel:** Envia os dados para o Excel sem maiores revisões de sua parte.

    - **Exibir dados ou editar consulta no Microsoft Query:** Abre a consulta em um programa Office separado chamado Microsoft Query. É um programa de consulta ao banco de dados sofisticado, com operações além do escopo deste livro. Se decidir experimentar o programa, quando terminar, escolha Arquivo ⇨ Retornar dados para o Microsoft Excel e continue na Etapa 12.

11. **Clique no botão Concluir.**

    Depois de clicar nesse botão para finalizar com o Assistente de consulta, o Excel exibirá a caixa de diálogo Importar dados.

12. **Nessa caixa de diálogo, escolha o local da planilha para os dados do resultado da consulta.**

    Use essa caixa de diálogo para especificar onde os dados devem ficar.

    - Para colocar os dados do resultado da consulta em uma planilha existente, selecione o botão de opção Planilha existente. Depois, identifique a célula no canto superior esquerdo do intervalo da planilha e insira seu local na caixa de texto Planilha existente.

    - Como alternativa para colocar os dados em uma nova planilha, selecione o botão de opção Nova planilha.

13. **Clique em OK.**

    O Excel colocará os dados no local escolhido.

Às Vezes É Injusto

Usando as instruções descritas neste capítulo para recuperar dados de uma fonte externa, provavelmente você colocará dados bem rápido em uma pasta de trabalho do Excel. Mas também pode descobrir que os dados estão bem brutos e pensar consigo mesmo (como eu pensaria se estivesse em seu lugar): "Poxa, são informações bem brutas."

Mas não se preocupe: você está no lugar certo. Ter informações brutas nesse ponto é normal. No Capítulo 5, descrevo como limpar a pasta de trabalho eliminando linhas, colunas e informações que não fazem parte de seus dados. Também explico como limpar e reorganizar os dados reais na pasta de trabalho para que fiquem em um formato e uma estrutura úteis para sua futura análise.

Resultado: não se preocupe com a aparência um pouco feia dos dados agora. Colocar dados em uma pasta de trabalho é um passo importante. Agora você precisa passar um pouco de tempo fazendo a limpeza. Leia o próximo capítulo para saber como fazer isso.

A propósito, se o processo de importar dados de uma fonte externa resultou em dados muito limpos e puros, e pode acontecer se você reuniu dados de um banco de dados bem projetado ou com a ajuda de um administrador de banco de dados corporativo, ótimo. Pode ir direto para as técnicas de análise de dados descritas no Capítulo 6.

98   PARTE 1 **Introdução à Análise de Dados**

> **NESTE CAPÍTULO**
>
> » **Editando uma pasta de trabalho importada**
>
> » **Limpando dados com funções de texto**
>
> » **Mantendo os dados limpos com a validação**

Capítulo **5**

Faxina: Limpeza dos Dados

Não importa o quanto se esforçou para colocar os dados no Excel, a dura realidade da análise de dados é que quase sempre os dados iniciais, especialmente aqueles externos importados de outros programas, estarão, na melhor das hipóteses, desorganizados e, na pior, inconsistentes e imprecisos. Quando os dados estão bagunçados, irregulares e errados, os especialistas os descrevem como *sujos*. Seu trabalho, caso decida aceitá-los, é limpar essa sujeira até que eles brilhem. Por quê? Limpar os dados facilita trabalhar com eles, organizar e analisar. Melhor ainda, o cálice da limpeza de dados do Excel transborda com ferramentas e técnicas que podem ajudar nessa tarefa necessária.

Editando a Pasta de Trabalho Importada

Começo esta análise com algumas técnicas básicas de edição da pasta de trabalho. Se observar a pasta de trabalho mostrada na Figura 5-1, verá que os dados, embora bem formatados, têm alguns problemas:

> Os dados são um intervalo normal, não uma tabela do Excel.

> A pasta de trabalho tem várias linhas em branco e uma coluna vazia.

> Os "números" nas colunas B, C e F são valores de texto. Como saber? Eles estão alinhados à esquerda nas células, em vez de estarem à direita, como é normal nos números. E mais, você vê um indicador de erro em cada célula e, quando clica no ícone do erro, o Excel informa que a célula contém um número formatado como texto.

> A coluna está mal dimensionada para os dados que contêm. Por exemplo, as colunas A, B, C e F são largas demais, ao passo que a coluna E é muito estreita (e é por isso que aparecem cerquilhas (#) em algumas células).

	A	B	C	D	E	F
1	Energia Nuclear por País (2016)					
2	País	Reatores	Megawatts		Gigaw	Energia Compartilhada
3						
4	África do Sul	2	1860		####	6.7%
5	Alemanha	8	10799		####	11.6%
6	Argentina	3	1633		5716	4.5%
7	Armênia	1	375		2411	32.5%
8	Bélgica	7	5918		####	49.9%
9	Brasil	2	1884		####	2.7%
10	Bulgária	2	1926		####	34.3%
11	Canadá	19	13554		####	14.6%
12						
13	China	39	34514		####	3.9%
14	Coreia do Sul	25	23070		####	27.1%
15	Eslováquia	4	1814		####	54.0%
16	Eslovênia	1	688		5968	39.1%
17	Espanha	7	7121		####	21.2%
18	Estados Unidos	99	99952		####	20.0%
19	Finlândia	4	2769		####	33.2%
20						
21	França	58	63130		####	71.6%
22	Holanda	1	482		3263	2.9%

FIGURA 5-1: Esta planilha precisa de uma boa limpeza.

Infelizmente, uma planilha suja como a mostrada na Figura 5-1 é comum. Por sorte, é possível usar várias técnicas de edição da pasta de trabalho para limpá-la. Nas seções a seguir, resumo as mais úteis.

Excluindo colunas desnecessárias

Para excluir as colunas desnecessárias (podem ser colunas em branco ou que armazenem dados desnecessários), clique no cabeçalho para selecionar a coluna inteira e escolha Página Inicial ⇨ Células ⇨ Excluir ou clique com o botão direito no cabeçalho e depois em Excluir.

DICA

Você também pode selecionar uma coluna clicando em qualquer célula dela e pressionando Ctrl+barra de espaço. É possível selecionar várias colunas para diversas exclusões segurando a tecla Ctrl e selecionando individualmente os cabeçalhos da coluna.

100   PARTE 1 **Introdução à Análise de Dados**

Excluindo as linhas desnecessárias

Para excluir as linhas desnecessárias (por exemplo, linhas em branco ou com dados desnecessários), clique no cabeçalho para selecionar a linha inteira e depois escolha Página Inicial ⇨ Células ⇨ Excluir ou clique com o botão direito no cabeçalho da linha e em Excluir.

DICA

Você também pode selecionar uma linha clicando em qualquer célula dela e pressionando Shift+barra de espaço. Para selecionar várias linhas para a exclusão, segure a tecla Ctrl e selecione o cabeçalho de cada uma das linhas que deseja excluir.

Redimensionando colunas

Para redimensionar (ou seja, mudar a largura de) uma coluna para que seu conteúdo apareça claramente, há quatro opções:

» Clique duas vezes na borda direita do cabeçalho da coluna para dimensioná-la para ser larga o bastante e se ajustar ao seu maior item. De modo conveniente, isso também funcionará se você selecionar várias colunas e clicar duas vezes em qualquer uma das bordas à direita.

» Selecione qualquer célula na coluna e escolha Página Inicial ⇨ Células ⇨ Formatar ⇨ AutoAjuste da Largura da Coluna. O Excel aumentará a coluna o bastante para se ajustar ao seu maior item.

» Selecione qualquer célula na coluna e escolha Página Inicial ⇨ Células ⇨ Formatar ⇨ Largura da coluna. Na caixa de diálogo Largura da coluna exibida, insira a largura que deseja usar e clique em OK.

» Arraste a borda direita do cabeçalho da coluna: arraste para a esquerda para estreitá-la ou para a direita para alargá-la.

Redimensionando linhas

Para redimensionar (ou seja, mudar a altura) de uma linha para que seu conteúdo apareça completamente sem muito espaço extra acima dele, há quatro opções:

» Clique duas vezes na borda inferior do cabeçalho da linha para dimensioná-la para ser alta o bastante e se ajustar ao seu maior item. Isso também funcionará se você selecionar várias linhas e clicar duas vezes em qualquer uma das bordas inferiores.

» Selecione qualquer célula na linha e escolha Página Inicial ⇨ Células ⇨ Formatar ⇨ AutoAjuste da Altura da Linha. O Excel redimensionará a sua altura para se ajustar ao maior item.

» Selecione qualquer célula na linha e escolha Página Inicial ➪ Células ➪ Formatar ➪ Altura da Linha. Na caixa de diálogo Altura da linha que aparece, insira a altura que deseja usar e clique em OK.

» Arraste a borda inferior do cabeçalho da linha. Arraste para baixo para diminuí-la ou para cima para aumentá-la.

Apagando o conteúdo desnecessário em uma célula ou intervalo

Para apagar o conteúdo de uma célula ou intervalo que contenha dados desnecessários, selecione a célula ou intervalo da planilha e escolha Página Inicial ➪ Edição ➪ Limpar ➪ Limpar Tudo. O Excel limpará o conteúdo das células no intervalo selecionado e qualquer formatação atribuída.

Formatando valores numéricos

Se descobrir que algum dado está no formato errado (como números exibidos com formatação de texto), há três técnicas usadas para aplicar o formato correto:

» Selecione o intervalo que deseja formatar, clique na lista suspensa Formatar Número na guia Página Inicial e selecione o formato que deseja aplicar.

» Selecione o intervalo que deseja formatar e escolha um formato predefinido no grupo Número da guia Página Inicial.

» Escolha o intervalo que quer formatar, clique na lista suspensa Formatar Número na guia Página Inicial e selecione Mais formatos de número. O Excel exibirá a caixa de diálogo Formatar células com a guia Número exibida, como na Figura 5-2. Selecione uma categoria e escolha uma das opções (como Casas decimais na categoria Número) para especificar o formato que deseja usar. Ainda nela, é possível usar outras guias para mudar a formatação do intervalo selecionado. Por exemplo, escolha uma das opções na guia Alinhamento para mudar como o texto e os valores são posicionados na célula; vá para a guia Fonte para escolher a fonte usada para os valores e os rótulos no intervalo selecionado; e vá para a guia Borda para atribuir bordas da célula ao intervalo selecionado.

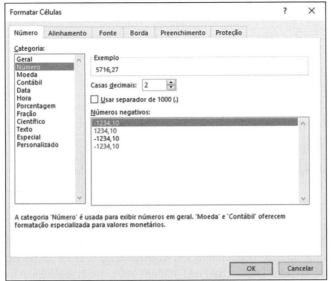

FIGURA 5-2: Formate os valores numéricos aqui.

Copiando os dados da planilha

Para copiar os dados da planilha, há duas opções:

» Selecione os dados que deseja duplicar (pode ser uma célula ou um intervalo de células) e selecione Página Inicial ⇨ Área de Transferência ⇨ Copiar (ou pressione Ctrl+C). Selecione a célula que deseja usar como o canto superior esquerdo do intervalo de destino e escolha a Página Inicial ⇨ Área de Transferência ⇨ Colar (ou pressione Ctrl+V).

» Selecione o intervalo da planilha que deseja copiar, segure a tecla Ctrl e arraste a borda do intervalo para o intervalo de destino, onde deseja que a cópia apareça.

Movendo os dados da planilha

Para mover os dados da planilha, existem duas técnicas:

» Selecione o intervalo que deseja mover (uma célula ou um intervalo de células) e escolha Página Inicial ⇨ Área de Transferência ⇨ Recortar (ou pressione Ctrl+X). Selecione a célula que deseja usar como o canto superior esquerdo do intervalo de destino e escolha Página Inicial ⇨ Área de Transferência ⇨ Colar (ou pressione Ctrl+V).

» Escolha o intervalo da planilha que deseja mover e arraste sua borda para a nova posição, onde deseja que os dados apareçam.

CAPÍTULO 5 **Faxina: Limpeza dos Dados** 103

Substituindo dados nos campos

Veja as causas comuns de sujeira em uma planilha importada:

- » Caracteres estranhos
- » Caracteres repetidos
- » Palavras escritas incorretamente
- » Ortografia inconsistente de certas palavras
- » Abreviações ou acrônimos em vez de palavras completas

É claro, você pode percorrer a planilha inteira e corrigir manualmente todas essas falhas chatas, mas quem tem tempo para isso? Deixe que o Excel faça o trabalho pesado com seu insubstituível comando Substituir. Com o Substituir, você informa qual texto não quer, informa qual texto usar no lugar e manda ver. O resultado? Dados mais ordenados sem tanto trabalho à vista.

Para usar o recurso Substituir, escolha Página Inicial ⇨ Edição ⇨ Localizar e Selecionar ⇨ Substituir para abrir a caixa de diálogo Localizar e Substituir com a guia Substituir exibida, como na Figura 5-3. Insira o texto incorreto que deseja encontrar na caixa de texto Localizar e insira o texto correto na caixa de texto Substituir por. Agora você tem dois modos de prosseguir:

- » Clique em Localizar próxima para encontrar a próxima instância do texto Localizar. Se quiser mudar a instância, clique em Substituir; do contrário, clique em Localizar próxima. Repita até ter visto todas as instâncias.

- » Se estiver absolutamente certo de que deseja substituir todas as últimas instâncias do texto Localizar pelo texto Substituir por, clique no botão Substituir tudo para fazer todas as alterações de uma só vez.

FIGURA 5-3: Corrija os dados inválidos com o recurso Substituir do Excel.

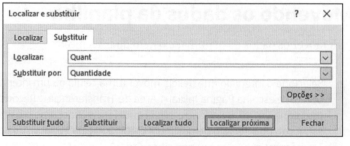

Limpando os Dados com as Funções de Texto

Um dos problemas comuns dos dados importados é que seus rótulos de texto não ficam muito certos. Por exemplo, você pode ter informações sobre a cidade, estado e CEP como parte de um endereço armazenado em uma única célula, em vez de em três células separadas. Ou pode ter as mesmas informações armazenadas em três células separadas, quando os dados deveriam estar em uma única célula. Também é possível ter partes de informação que deseja armazenadas como rótulos, não como valores e vice-versa.

Mencionei na seção anterior que você pode usar o recurso Substituir do Excel para lidar com algumas tarefas de limpeza de dados, mas o programa também oferece muitas funções de planilha úteis que podem dar muito mais controle sobre como você limpa os dados. As próximas seções descrevem essas funções e explicam como podem tornar as tarefas de limpeza muito mais rápidas e fáceis.

LEMBRE-SE

Para cada função de texto a seguir, preparei uma planilha de exemplo. Veja a Introdução deste livro para descobrir como acessar e efetuar o download dos arquivos. E mais, todas as funções requerem um ou mais argumentos *texto*. Em vez de repetir o que significa *texto* toda vez, resumo as possibilidades aqui:

» Uma cadeia de texto literal, ou seja, algum texto entre aspas duplas (como "Olá Mundo!")

» Uma referência para uma célula que contém texto

» Uma função que retorna um resultado de texto

Função TIRAR

A função TIRAR é usada para remover os caracteres não impressos do texto. Por exemplo, se o texto em uma coluna exibe caracteres que aparecem como blocos sólidos ou símbolos estranhos, significa que o Excel não os reconhece.

Um cenário mais comum são dados importados em que uma ou mais células contêm várias linhas de texto, significando que ele inclui uma ou mais novas linhas ou retornos do carro. Essa função pode remover as novas linhas e retornos, fazendo os dados aparecerem em uma única linha.

Você aplica a função TIRAR em cada célula na coluna, o que permite armazenar o texto limpo em uma nova coluna com a qual poderá trabalhar, em vez da original.

A função TIRAR usa a seguinte sintaxe:

```
TIRAR(texto)
```

Por exemplo, para limpar o texto armazenado na célula A2, use esta sintaxe:

```
TIRAR(A2)
```

Função CONCAT

A função CONCAT une duas ou mais partes de texto em uma única cadeia de texto. É extremamente útil se determinada parte dos dados (como um nome) estiver dividida em várias colunas (como colunas separadas para nome e sobrenome).

A função CONCAT usa a seguinte sintaxe:

```
CONCAT(texto1; texto2; texto3; ...)
```

O *texto1*, *texto2*, *texto3* etc. nos argumentos são partes de texto que você deseja combinar em uma única cadeia. Por exemplo, se seus dados mostram os nomes na coluna A e os sobrenomes na coluna B, você pode adicionar uma nova coluna chamada Nome Completo e usar CONCAT para preencher a nova coluna com os nomes e sobrenomes unidos, com um espaço no meio. Veja um exemplo:

```
CONCAT(A1, " ", B1)
```

Isso informa ao Excel para pegar o texto da célula A1, inserir um espaço e adicionar o texto da célula B1. Se A1 contiver "Alta" e B1 "Books", a função CONCAT retornará a seguinte cadeia de texto:

```
Alta Books
```

LEMBRE-SE

Dito isso, também tenho a obrigação de apontar que ninguém usa a função CONCAT. Por que não? O Excel oferece um método mais fácil de unir as cadeias de texto: o operador de concatenação (&). Quando você insere esse operador entre duas cadeias de texto, o Excel as une assim:

```
A1 & " " & B1
```

Explico um modo ainda mais eficiente de unir as cadeias de texto na seção "Função UNIRTEXTO" adiante neste capítulo, que cobre essa nova função do Excel.

Função EXATO

A função EXATO compara duas cadeias. Se elas forem exatamente iguais, essa função retornará o valor lógico VERDADEIRO. Se forem diferentes de algum modo, retornará o valor lógico FALSO. A função EXATO diferencia letras maiúsculas e minúsculas. Por exemplo, *Usuário* com *U* maiúsculo é diferente de *usuário* com *u* minúsculo.

A função EXATO usa a seguinte sintaxe:

```
EXATO(texto1;texto2)
```

Os argumentos `texto1` e `texto2` são as cadeias que você deseja comparar. Por exemplo, para verificar se as duas cadeias "Usuário" e "usuário" são iguais, use o seguinte:

```
EXATO("Usuário";"usuário")
```

Essa função retorna o valor lógico FALSO porque as duas cadeias não têm uma correspondência exata, uma começa com *U* maiúsculo e a outra com *u* minúsculo.

Função PROCURAR

A função PROCURAR encontra a posição inicial do caractere em uma cadeia dentro de outra cadeia de texto. Por exemplo, se você tiver uma coluna de nomes completos (nome e sobrenome), pode querer saber onde ocorre o espaço em cada nome (o que seria útil quando se quer escrever uma fórmula que os divide). A função PROCURAR lida bem com essa tarefa.

Ela usa a seguinte sintaxe:

```
PROCURAR(texto_procurado;no_texto;[núm_inicial])
```

O argumento `texto_procurado` é o texto a pesquisar. O argumento `no_texto` identifica onde será pesquisado. O argumento opcional `núm_inicial` informa ao Excel em que ponto na cadeia de texto a pesquisa deve começar. Por exemplo, para encontrar o ponto no qual a abreviação do estado com as letras RJ começa na cadeia Rio de Janeiro RJ 20970031, use:

```
PROCURAR("RJ","Rio de Janeiro RJ 20970031";1)
```

A função retornará o valor 16 porque RJ começa na décima sexta posição (os espaços são contados).

Como outro exemplo, suponha que você tenha o texto "Alta Books" na célula A2. Veja uma expressão que retorna o local do espaço (5, neste caso):

```
PROCURAR(" "; A2)
```

O argumento da função `núm_inicial` é opcional. Se você omiti-lo, o Excel começará a pesquisar no início da cadeia.

LEMBRE-SE

PROCURAR faz uma pesquisa diferenciando letras maiúsculas e minúsculas, significando que PROCURAR("Vendas"; A2) retornará um número se A2 contiver "Vendas Anuais" ou "Representante de Vendas", mas retornará um erro #VALOR! se A2 contiver "Equipe de vendas" ou "vendedor". Para localizar o texto dentro de uma cadeia sem se preocupar com as letras maiúsculas e minúsculas, use a função LOCALIZAR descrita mais adiante no capítulo (veja a seção "Função LOCALIZAR").

Função ESQUERDA

A função ESQUERDA retorna um número específico de caracteres a partir da extremidade esquerda de uma cadeia de texto. A função usa a seguinte sintaxe:

```
ESQUERDA(texto;[núm_caract])
```

O argumento `texto` fornece a cadeia ou as referências da célula que tem a cadeia. O argumento opcional `núm_caract` informa ao Excel quantos caracteres obter.

Por exemplo, para obter os 14 caracteres mais à esquerda da cadeia `Rio de Janeiro RJ`, use a fórmula:

```
ESQUERDA("Rio de Janeiro RJ";14)
```

A função retornará o texto `Rio de Janeiro`.

Em termos práticos, suponha que você tenha uma coluna de nomes completos da qual deseja extrair o nome. Para tanto, primeiro use a função PROCURAR para localizar o espaço no nome completo, depois use a função ESQUERDA para extrair até, mas não inclusive, o local do espaço. Por exemplo, suponha que tenha o texto "Paul McCartney" na célula A2. Veja uma expressão que extrai o primeiro nome desse texto:

```
ESQUERDA(A2; PROCURAR(" "; A2) - 1)
```

Função NÚM.CARACT

A função NÚM.CARACT conta o número de caracteres em uma cadeia de texto. A função usa a seguinte sintaxe:

```
NÚM.CARACT(texto)
```

O argumento `texto` fornece a cadeia que você deseja medir ou as referências para a célula com a cadeia. Por exemplo, para medir o comprimento da cadeia na célula I81, use a fórmula:

```
NÚM.CARACT(I81)
```

Se a célula I81 tiver uma cadeia `Semper fidelis`, a função retornará o valor 14. Os espaços são contados como caracteres também.

Função MINÚSCULA

Muitos bancos de dados externos retornam dados com letras maiúsculas, o que é um problema. Se uma coluna com letras maiúsculas precisar estar realmente com letras minúsculas, use a função MINÚSCULA, que retorna uma versão em minúscula de uma cadeia. A função usa a seguinte sintaxe:

```
MINÚSCULA(texto)
```

O argumento `texto` fornece a cadeia de texto que você deseja converter ou as referências da célula com a cadeia. Por exemplo, para converter a cadeia `PRO-FISSIONAL` em `profissional`, use a fórmula:

```
MINÚSCULA("PROFISSIONAL")
```

A função retornará `profissional`.

Função EXT.TEXTO

A função EXT.TEXTO retorna uma parte do texto dentro (ou seja, não necessariamente no início ou no fim) de uma cadeia de texto. A função usa a seguinte sintaxe:

```
EXT.TEXTO(texto; núm_inicial; núm_caract)
```

O argumento `núm_inicial` informa ao Excel onde o fragmento de texto inicia para você obtê-lo. O argumento `núm_caract` informa quantos caracteres o fragmento de texto tem. Por exemplo, para obter o fragmento de texto `tac` da cadeia `tic tac toe`, use a fórmula:

```
=EXT.TEXTO("tic tac toe";5;3)
```

Em muitos casos, você não conhece o ponto inicial da cadeia que deseja extrair porque o texto antes desse ponto não tem um comprimento fixo. Por exemplo, veja alguns números de peças que podem ser importados de um banco de dados:

```
LDW-2125-X52
MP-9790-C78
PNH-7793-W40
SA-8703-I16
RB-3024-Z87
N-4191-W23
```

Suponha que queira extrair os quatro dígitos que aparecem entre os hifens (-). Como se faz quando a cadeia antes do primeiro hífen tem de um a três caracteres de comprimento?

Em primeiro lugar, use a função PROCURAR para localizar o primeiro hífen, depois adicione 1 para obter o ponto inicial do valor numérico com quatro dígitos. Veja a expressão usada se o texto estiver na célula A2:

```
PROCURAR("-"; A2) + 1
```

Então, você adiciona a expressão à função EXT.TEXTO:

```
EXT.TEXTO(A2; PROCURAR("-"; A2) + 1; 4)
```

Para a primeira cadeia de exemplo, a expressão retornará `2125`.

Função VALORNUMÉRICO

A função VALORNUMÉRICO converte os dígitos formatados como cadeia de texto em um valor numérico real. Veja a sintaxe:

```
VALORNUMÉRICO(texto; [separador_decimal]; [separador_grupo])
```

Aqui, *separador_decimal* é o caractere usado na cadeia de texto para separar a parte decimal do número e *separador_grupo* é o caractere para separar os grupos (ou seja, milhares, milhões etc.) do número.

Por exemplo, a fórmula usada na seção anterior para extrair os quatro dígitos dentro de uma cadeia retorna-os como uma cadeia, não como número. Supondo que tal cadeia reside na célula B2, use a seguinte expressão para convertê-la em um número:

```
VALORNUMÉRICO(B2)
```

Como outro exemplo, suponha que os dados importados incluam os seguintes valores como cadeias:

```
71.970,53
3.479,39
68.774,80
9.205,36
88.852,73
```

Para converter essas cadeias em números, use a versão a seguir da função VALORNUMÉRICO (supondo que a primeira cadeia esteja em B2):

```
VALORNUMÉRICO(B2; ","; ".")
```

Isso informa ao Excel para tratar a vírgula (,) como o separador decimal e o ponto (.) como o separador do grupo. Para a primeira cadeia, a função retorna o valor numérico 71970,53.

Função PRI.MAIÚSCULA

A função PRI.MAIÚSCULA coloca em maiúscula a primeira letra de cada palavra em uma cadeia de texto. A função usa a seguinte sintaxe:

```
PRI.MAIÚSCULA(texto)
```

Por exemplo, para colocar em maiúscula as letras iniciais da cadeia REPRESENTANTE DE VENDAS, use a fórmula:

```
PRI.MAIÚSCULA("REPRESENTANTE DE VENDAS")
```

A função retornará a cadeia Representante De Vendas.

Função MUDAR

A função MUDAR substitui uma parte da cadeia por um novo texto. A função usa a seguinte sintaxe:

```
MUDAR(texto_antigo; núm_inicial; núm_caract; novo_texto)
```

CAPÍTULO 5 **Faxina: Limpeza dos Dados** 111

O argumento *antigo_texto*, que diferencia letras minúsculas e maiúsculas, fornece a cadeia na qual você obtém um fragmento de texto ou referências para a célula que mantém a cadeia. O argumento *núm_inicial*, que é a posição inicial, informa ao Excel onde o texto inicia para você substituir. O argumento *núm_caract* informa ao Excel o comprimento do fragmento de texto (quantos caracteres) que você deseja substituir. O argumento *novo_texto* indica o novo texto a usar para substituir o antigo.

Por exemplo, para substituir a cadeia `fessor` pela cadeia `gramador` em `Professor`, use a expressão:

```
MUDAR(B2; 4, 6; "gramador")
```

A função retornará a cadeia `Programador`.

Função DIREITA

A função DIREITA retorna um número específico de caracteres no final de uma cadeia de texto. A função usa a seguinte sintaxe:

```
DIREITA(texto;[núm_caract])
```

O argumento *núm_caract* informa ao Excel quantos caracteres obter no final do *texto*.

Por exemplo, para obter os dois caracteres mais à direita na cadeia `Rio de Janeiro RJ`, use a seguinte expressão:

```
DIREITA("Rio de Janeiro RJ";2)
```

A função retornará o texto `RJ`.

Como outro exemplo, suponha que você tenha uma coluna de nomes completos, ou seja, nomes e sobrenomes separados por um espaço, e queira extrair o sobrenome. Certo, comece usando PROCURAR para localizar o espaço no nome completo, depois use a função DIREITA para extrair tudo após o local do espaço. Hmm, são quantos caracteres? É o comprimento total da cadeia de texto (dado pela função NÚM.CARACT) menos o local do espaço:

```
NÚM.CARACT(texto) - PROCURAR(" "; texto)
```

Agora você adiciona essa expressão à função DIREITA como o argumento *núm_caract*. Por exemplo, suponha que tenha o texto "Paul McCartney" na célula A2. Veja uma expressão que extrai o sobrenome do texto:

```
DIREITA(A2; NÚM.CARACT(A2) - PROCURAR(" "; A2))
```

Função LOCALIZAR

A função LOCALIZAR faz uma pesquisa sem diferenciar as letras maiúsculas das minúsculas e retorna a posição inicial de uma cadeia de texto especificada dentro de uma cadeia maior. A função usa a seguinte sintaxe:

```
LOCALIZAR(texto_procurado;no_texto;[núm_inicial])
```

O argumento `texto_procurado` informa ao Excel qual fragmento da cadeia procurar. O argumento `no_texto` informa qual cadeia você deseja pesquisar. O argumento opcional `núm_inicial` indica onde iniciar a pesquisa. (Se você omitir o `núm_inicial`, o Excel iniciará a pesquisa no começo de `no_texto`.)

Por exemplo, para identificar a posição na qual o argumento de texto `Newton` inicia na cadeia de texto `Sir Isaac Newton`, use a fórmula:

```
LOCALIZAR("Newton"; "Sir Isaac Newton"; 1)
```

A função retornará 11.

Função SUBSTITUIR

A função SUBSTITUIR substitui as ocorrências de texto em uma cadeia. A função usa a seguinte sintaxe:

```
SUBSTITUIR(texto;texto_antigo;novo_texto;[núm_da_ocorrência])
```

O argumento `texto_antigo` identifica o fragmento de texto a ser substituído, `novo_texto` fornece o novo texto de substituição e o argumento opcional `núm_da_ocorrência` especifica qual ocorrência do `texto_antigo` você deseja substituída. (Se quiser omitir esse argumento, o Excel substituirá todas as ocorrências.)

Como um exemplo de funcionamento da função SUBSTITUIR, suponha que os dados importados venham com uma coluna do número de telefone na qual os números usam o seguinte formato:

```
12 3456 7890
```

Supondo que tal cadeia de texto está na célula A2, veja uma expressão SUBSTITUIR que substitui todos os espaços por traços:

```
SUBSTITUIR(A2; " "; "-")
```

Função TEXTO

A função TEXTO formata um valor e retorna-o como texto. A função usa a seguinte sintaxe:

```
TEXTO(valor;formato_texto)
```

O argumento *valor* é o valor que você deseja formatado e retornado como texto. O argumento *formato_texto* é uma cadeia de texto que mostra o símbolo de moeda e colocação, as vírgulas e as casas decimais que você deseja. Por exemplo, a fórmula

```
=TEXTO(1234,56;"R$##.###,00")
```

retorna o texto R$1.234,56.

Função UNIRTEXTO

A função UNIRTEXTO combina duas ou mais cadeias de texto em uma única cadeia com um caractere especificado, chamado *delimitador*, entre cada cadeia original. A função tem a seguinte sintaxe:

```
UNIRTEXTO(delimitador; ignorar_vazio; texto1; [texto2]; ...)
```

O argumento *delimitador* é o caractere que você deseja colocado entre as cadeias concatenadas (ou se quiser tudo apertado sem nada no meio, use ""). O argumento *ignorar_vazio* informa ao Excel se ele deve ignorar as células vazias ao unir a cadeia; o padrão é VERDADEIRO, *texto1, texto2,* etc. são as cadeias que você quer unir.

Por exemplo, suponha que você tenha importado dados que incluam campos separados para três tipos de código: Fabricante, Categoria e Local. Suponha ainda que é possível gerar os valores como um campo Número da Peça combinando esses três códigos em uma única cadeia de texto, com os códigos separados por hifens (-). Se os três códigos estiverem nas células A2, B2 e C2, veja uma expressão UNIRTEXTO que gera um número da peça:

```
=UNIRTEXTO("-"; VERDADEIRO; A2; B2; C2)
```

A Figura 5-4 mostra um exemplo dessa expressão em ação.

Função ARRUMAR

Algumas das principais causas de desordem nos dados importados são os caracteres extras adicionados a algumas ou todas as células. Por exemplo, muitas células vêm com espaços extras antes, depois e até dentro do valor. Outras podem ter quebras de linha (causadas por uma nova linha externa ou caracteres de retorno do carro) ou tabulações.

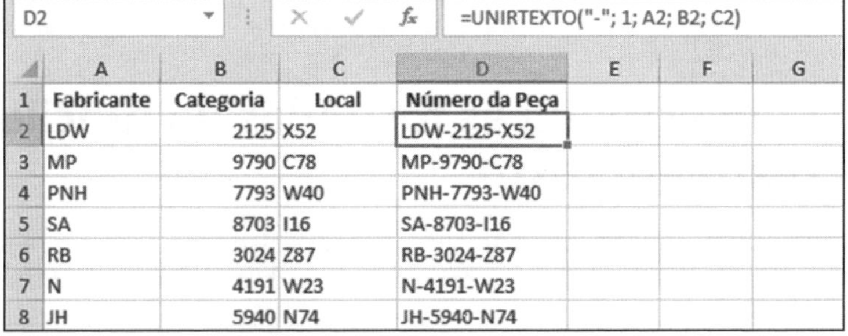

FIGURA 5-4:
Função
UNIRTEXTO
em ação.

A função ARRUMAR, corretamente nomeada, remove os espaços extras, avanços de linha, retornos do carro e tabulações de uma cadeia de texto. Ela tem a seguinte sintaxe:

```
ARRUMAR(texto)
```

Por exemplo, para arrumar o texto na célula A2, use esta sintaxe:

```
ARRUMAR(A2)
```

Função MAIÚSCULA

A função MAIÚSCULA retorna uma versão com letras maiúsculas de uma cadeia de texto. A função tem a seguinte sintaxe:

```
MAIÚSCULA(texto)
```

Por exemplo, para converter a cadeia profissional em PROFISSIONAL, use a fórmula:

```
MAIÚSCULA("profissional")
```

A função retornará a cadeia PROFISSIONAL.

Função VALOR

A função VALOR converte uma cadeia de texto, que parece um valor numérico, em um número real. A função tem esta sintaxe:

```
VALOR(texto)
```

CAPÍTULO 5 **Faxina: Limpeza dos Dados**   115

Por exemplo, para converter a cadeia R$123.456,78, supondo que não seja um valor numérico, mas uma cadeia de texto, use a expressão:

```
VALOR("R$123.456,78")
```

A função retornará o valor numérico 123456,78.

Convertendo as fórmulas da função de texto em texto

Ao usar as funções de texto para limpar os dados importados, a técnica mais comum é iniciar uma nova coluna ao lado deles e criar uma fórmula que usa uma função de texto para converter a primeira célula dos dados importados no formato desejado. Depois, coloque essa fórmula na coluna para obter versões limpas de todas as células.

A técnica mencionada funciona como mágica, exceto por um fato inconveniente. As versões limpas aparecem como resultados da fórmula, não como texto normal ou números. Isso não será um inconveniente por muito tempo, porque é possível converter essas fórmulas em cadeias de texto e números retornados. Veja como:

1. **Selecione o intervalo da planilha que tem as fórmulas.**

2. **Escolha Página Inicial ⇨ Área de Transferência ⇨ Copiar**

3. **Escolha Página Inicial ⇨ Área de Transferência ⇨ Colar ⇨ Colar Valores.**

   Como você deixou o intervalo da fórmula selecionado, a colagem substituirá as fórmulas pelos valores retornados.

Usando a Validação para Manter os Dados Limpos

Um comando útil para manter os dados limpos é a Validação de Dados. Use-o para descrever quais informações podem ser inseridas em uma célula. O comando também permite fornecer mensagens com informações de entrada dos dados e de erro que tentam ajudar uma pessoa a corrigi-los.

Para usar a Validação de Dados, siga estas etapas:

1. **Selecione o intervalo da planilha onde ficarão os dados validados.**

   Você pode fazer isso arrastando o mouse ou usando teclas de navegação.

2. **Escolha Dados ⇨ Ferramentas de Dados ⇨ Validação de Dados.**

   O Excel exibirá a caixa de diálogo Validação de Dados, como mostrado na Figura 5-5.

3. **Na guia Configurações da caixa de diálogo, use os controles da área Critério de Validação para descrever o que são dados válidos.**

   Selecione as opções na caixa de listagem suspensa Permitir, por exemplo, para fornecer quais tipos de informações entram no intervalo: números inteiros, números decimais, valores da lista, datas válidas, horas válidas, texto com determinado comprimento etc.

   Selecione as opções na caixa de listagem suspensa Dados para definir mais o critério de validação. Essa caixa fornece várias comparações que podem ser feitas como parte da validação: está entre, não está entre, é igual a, é diferente de, é maior que etc.

   Aprimore o critério de validação, se necessário, selecionando qualquer outra caixa de listagem suspensa disponível. **Nota:** As opções do critério de validação dependem do que você insere nas caixas de listagem Permitir e Dados. Por exemplo, como mostrado na Figura 5-5, se indicar que deseja permitir apenas números inteiros entre certo intervalo de valores mínimo e máximo, o Excel fornecerá caixas de texto Mínimo e Máximo para você inserir ou definir o intervalo. Porém, se selecionar outras entradas nas caixas Permitir ou Dados, verá mais caixas de texto aparecendo na guia Configurações. Em outras palavras, o Excel personaliza a guia Configurações dependendo do tipo de critério de validação definido.

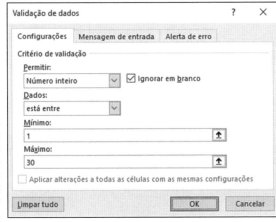

FIGURA 5-5: Mantenha os dados limpos com a caixa de diálogo Validação de Dados.

4. **Aprimore a validação.**

   Depois de descrever o critério de validação, selecione ou cancele a seleção (limpe) da caixa Ignorar em branco para indicar se células em branco serão permitidas.

5. **(Opcional) Considere expandir o alcance da validação de dados.**

   Marque a caixa de seleção Aplicar alterações a todas as células com as mesmas configurações para indicar se o critério de validação deve ser expandido a outras células parecidas.

DICA

   Clique no botão Limpar tudo e o Excel limpará (removerá) o critério de validação.

6. **Forneça uma mensagem de entrada na guia Mensagem de entrada da caixa de diálogo Validação de Dados.**

   A guia Mensagem de entrada, como mostrada na Figura 5-6, permite informar ao Excel para exibir uma pequena mensagem quando uma célula com uma validade de dados específica é selecionada. Para criar tal mensagem, insira o título dela na caixa de texto Título e o texto na caixa Mensagem de entrada. Verifique se a caixa de seleção Mostrar mensagem de entrada ao selecionar a célula está marcada. Veja a Figura 5-7 para saber como fica a Mensagem de entrada inserida na Figura 5-6 na pasta de trabalho.

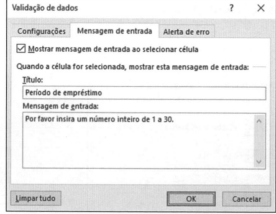

FIGURA 5-6: Crie uma mensagem de instrução para a entrada dos dados.

118   PARTE 1 **Introdução à Análise de Dados**

FIGURA 5-7: Quando o usuário seleciona a célula, o Excel exibe a mensagem.

	A	B	C	D	E
1	Análise de Pagamento de Empréstimo				
2	Taxa de Juros Anual	5,00%			
3	Período (em anos)	10			
4	Principal	R$			
5	Pagamento Balão		Período de empréstimo		
6	Pagamento Mensal	-R$	Por favor insira um número inteiro de 1 a 30.		
7					
8					

7. **Forneça uma mensagem de erro a partir da guia Alerta de Erro da caixa de diálogo Validação de Dados (veja a Figura 5-8).**

   Você pode fornecer uma mensagem de erro que o Excel exibe quando alguém tenta inserir dados inválidos. Para criar essa mensagem, primeiro verifique se a caixa de seleção Mostrar alerta de erro após a inserção de dados inválidos está marcada. Depois, use a caixa de listagem suspensa Estilo para selecionar o que o programa deve fazer quando encontrar dados inválidos: para a entrada dos dados do usuário sem a entrada incorreta ou apenas exibe uma mensagem informativa após os dados serem inseridos.

   Assim como faz ao criar uma mensagem de entrada, insira o título da mensagem de erro na caixa de texto Título. Então, insira o texto completo da mensagem na caixa Mensagem de erro. Na Figura 5-8, você pode ver uma guia Alerta de erro completa. Verifique a Figura 5-9 para saber como a mensagem de erro aparece depois de um usuário inserir dados inválidos.

DICA

   Curioso com as opções na lista suspensa Estilo (como mostrado na Figura 5-8)? O estilo do alerta de erro determina quais botões de ícone e comando a mensagem de erro mostra quando alguém tenta inserir dados inválidos. Se o estilo de erro for Parar, a caixa de mensagem de erro exibirá os botões de comando Tentar novamente e Cancelar. Se o estilo for Aviso, a caixa exibirá os botões de comando Sim, Não e Cancelar. Se o estilo for Informações, a caixa de mensagem de erro exibirá os botões de comando OK e Cancelar.

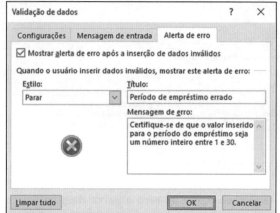

FIGURA 5-8: Crie uma mensagem de erro para os dados de entrada ruins.

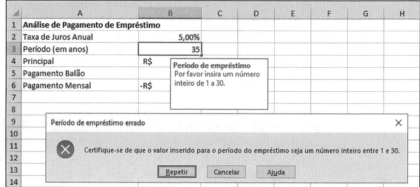

FIGURA 5-9: Se o usuário inserir dados inválidos, a mensagem de erros aparecerá.

NESTE CAPÍTULO

» Somando, contando e calculando a média dos valores da coluna

» Obtendo os valores máximo e mínimo da coluna

» Multiplicando os valores da coluna

» Derivando o desvio-padrão e a variância dos valores da coluna

Capítulo **6**

Analisando os Dados da Tabela com Funções

Depois de ter importado os dados, limpado-os da melhor maneira possível e os convertido em um intervalo do Excel, você pode se fazer uma pergunta muito corriqueira: e agora? A questão "o que faço em seguida?" é particularmente relevante para as tabelas que contêm um mar de números. Você tem certeza que os números devem conter informações importantes para examinar, mas como obtê-las? Está certo de que os dados têm algo útil a dizer sobre seu negócio, mas como ouvir?

A resposta para essas perguntas é colocar o Excel para fazer a análise da tabela. Ele fornece facilmente um conjunto especial de funções, chamadas *funções do banco de dados*, sobretudo para a análise estatística das informações armazenadas nas tabelas do Excel. Neste capítulo, você aprenderá sobre as funções do banco de dados e verá como aproveitá-las para fazer a tabela contar seus segredos.

Funções do Banco de Dados: Observações Gerais

Você pode pensar de cara por que o Excel chama isso de funções do "banco de dados", o que parece algo grandioso. Porém, o programa usa a palavra *banco de dados* como sinônimo de *tabela*, por isso sigo o exemplo e uso os termos alternadamente nas páginas a seguir. Por que não chamá-las apenas de funções da tabela e evitar confusão? Tecnicamente, essas funções não requerem uma tabela: qualquer intervalo conhecido servirá.

Todas as funções do banco de dados usam três argumentos, então os descrevo aqui para poupar meus dedos na digitação:

» `banco de dados`: O intervalo de células que compõem a tabela com a qual se deseja trabalhar. Você pode usar o nome da tabela ou o endereço do intervalo de tabelas. Se ficar com o nome da tabela, referencie a tabela inteira usando a sintaxe `Tabela[#Tudo]` (em que `Tabela` é o nome dela).

» `campo`: Uma referência para a coluna da tabela na qual se deseja fazer a operação. Você pode usar o cabeçalho da coluna ou o número da coluna (com a coluna mais à esquerda sendo 1, a próxima 2 etc.). Se usar o nome da coluna, coloque-o entre aspas (por exemplo, "Preço Unitário").

» `critérios`: O intervalo de células com o critério a trabalhar. Você pode usar um nome do intervalo, se definido, ou o endereço dele.

Explico como criar um intervalo de critérios para a filtragem avançada no Capítulo 3, e configurar um intervalo de critérios para as funções do banco de dados é muito parecido. Ou seja, você insere três ou quatro linhas em branco acima dos cabeçalhos da tabela, copia os cabeçalhos e cola-os acima da tabela. Por exemplo, a Figura 6-1 mostra dois intervalos: o maior começando na célula A7 é uma tabela chamada Inventário, ao passo que o menor em A4:G5 é o intervalo de critérios.

Agora é possível inserir os critérios, que consistem em uma ou mais expressões de comparação inseridas nas células abaixo do cabeçalho copiado de cada coluna com a qual se deseja trabalhar:

» **Insira as expressões de comparação na mesma linha:** Isso informa ao Excel para aplicar a função do banco de dados nas linhas do `campo` que correspondem a todas as expressões de comparação inseridas.

» **Insira as expressões de comparação em linhas separadas:** Isso informa ao Excel para aplicar a função do banco de dados nas linhas do `campo` que correspondem a, pelo menos, uma das expressões de comparação inseridas.

FIGURA 6-1: Uma tabela e seu intervalo de critérios.

	A	B	C	D	E	F	G
3							
4	**Nome do Produto**	**Categoria**	**Em Espera**	**Em Estoque**	**Custo Unitário**	**Preço de Tabela**	**Valor**
5							
6							
7	**Nome do Produto** ▾	**Categoria** ▾	**Em Espera** ▾	**Em Estoque** ▾	**Custo Unitário** ▾	**Preço de Tabela** ▾	**Valor** ▾
8	Chai	Bebidas	25	25	R$ 13,50	R$ 18,00	R$ 337,50
9	Xarope	Confeitaria	0	50	R$ 7,50	R$ 10,00	R$ 375,00
10	Tempero Cajun	Confeitaria	0	0	R$ 16,50	R$ 22,00	R$ -
11	Azeite	Condimentos	0	15	R$ 16,01	R$ 21,35	R$ 240,19
12	Geleia de Amora	Condimentos	0	0	R$ 18,75	R$ 25,00	R$ -
13	Peras Secas	Frutas	0	0	R$ 22,50	R$ 30,00	R$ -
14	Molho de Caril	Molhos/Sopas	0	0	R$ 30,00	R$ 40,00	R$ -
15	Nozes	Produto Perecível	0	40	R$ 17,44	R$ 23,25	R$ 697,50
16	Coquetel de Frutas	Produto Perecível	0	0	R$ 29,25	R$ 39,00	R$ -
17	Mistura de Biscoitos de Chocolate	Confeitaria	0	0	R$ 6,90	R$ 9,20	R$ -
18	Marmelada	Condimentos	0	0	R$ 60,75	R$ 81,00	R$ -
19	Scones	Grãos/Cereais	0	0	R$ 7,50	R$ 10,00	R$ -
20	Cerveja	Bebidas	23	23	R$ 10,50	R$ 14,00	R$ 241,50
21	Carne de Carangueijo	Frutos do Mar	0	0	R$ 13,80	R$ 18,40	R$ -
22	Sopa de Amêijoas	Frutos do Mar	0	0	R$ 7,24	R$ 9,65	R$ -

Recuperando um Valor na Tabela

Como parte da análise de dados, muitas vezes é útil recuperar um único valor na tabela a usar em uma fórmula. Por exemplo, se você tiver uma tabela que lista o inventário de todos os produtos, pode ser que queira verificar a quantidade de determinado produto em estoque no momento para decidir se é hora de fazer novo pedido. Do mesmo modo, pode querer calcular a margem bruta de um produto, dados seus preços de tabela e custo unitário:

```
(Preço de Tabela - Custo Unitário) / Preço de Tabela
```

Sempre que precisar de um valor da tabela para usar em uma fórmula, use a função BDEXTRAIR. Ela recupera um valor na tabela de acordo com o critério especificado. Veja a sintaxe a seguir:

```
BDEXTRAIR(banco de dados; campo; critérios)
```

Por exemplo, considere a tabela de inventário mostrada antes na Figura 6-1. Suponha que você queira saber quantas unidades estão em estoque do produto Cerveja. Para configurar o intervalo de critérios, insira `Cerveja` abaixo do campo Nome do Produto, como na Figura 6-2. Feito isso, é possível criar sua função BDEXTRAIR, que está na célula B1 na Figura 6-2:

```
BDEXTRAIR(Inventário[#Tudo], "Em Estoque", A4:G5)
```

Essa função informa ao Excel: "Veja a tabela inteira chamada Inventário, localize a linha com 'Cerveja' na coluna Nome do Produto e recupere o valor na coluna Em Estoque. Agradeço desde já." Com certeza BDEXTRAIR retornará o valor 23 porque é o valor Em Estoque do produto Cerveja.

CAPÍTULO 6 **Analisando os Dados da Tabela com Funções** 123

FIGURA 6-2:
Use BDEX-
TRAIR para
recuperar
um valor da
tabela com
base em
critérios.

DICA

A propósito, se nenhum registro na lista corresponder ao critério de seleção, BDEXTRAIR retornará a mensagem de erro #VALOR. Por exemplo, se você construir um critério de seleção que procura Açaí Ventos do Norte, BDEXTRAIR retornará #VALOR porque esse produto não existe. E mais, se vários registros na lista corresponderem ao critério de seleção, BDEXTRAIR retornará a mensagem de erro #NUM. Por exemplo, se você inserir *Chocolate* no campo Nome do Produto do intervalo de critérios, essa cadeia de texto corresponderá a todos os produtos com Chocolate no nome. Existem dois desses produtos, portanto BDEXTRAIR retornará a mensagem de erro #NUM.

Somando os Valores de uma Coluna

No Capítulo 3, "Introdução às Tabelas do Excel", explico dois modos de exibir as somas simples da tabela: selecionando algumas células da coluna e exibindo a soma na barra de status do Excel, e somando os subtotais da tabela. Essas técnicas são boas se tudo o que você precisa é exibir a soma, mas e se quiser usar a soma em uma fórmula ou como parte do resumo da tabela? Sim, a função SOMA do Excel serviria, mas e se quiser somar apenas os itens que atendem determinado critério? Por exemplo, e se em uma tabela de inventário você quiser saber o valor total apenas dos itens na categoria Bebidas?

Ah, para isso você precisa da função BDSOMA, que adiciona os valores de uma tabela com base no critério especificado. Ela usa a sintaxe padrão da função do banco de dados:

```
BDSOMA(banco de dados; campo; critérios)
```

Por exemplo, para obter o valor total apenas dos produtos na categoria Bebidas, você configura o intervalo de critérios com a cadeia de texto Bebidas no cabeçalho Categoria (veja a Figura 6-3). Com esse valor colocado, construa a função BDSOMA (como mostrado na célula B1 na Figura 6-3):

FIGURA 6-3: Use BDSOMA para adicionar os valores da coluna com base em critérios.

	A	B	C	D	E	F	G
1	Valor Total:	R$ 12.041,50					
2							
3	Nome do Produto	Categoria	Em Espera	Em Estoque	Custo Unitário	Preço de Tabela	Valor
4		Bebidas					
5							
6	Nome do Produto	Categoria	Em Espera	Em Estoque	Custo Unitário	Preço de Tabela	Valor
7	Chai	Bebidas	25	25	R$ 13,50	R$ 18,00	R$ 337,50
8	Xarope	Confeitaria	0	50	R$ 7,50	R$ 10,00	R$ 375,00
9	Tempero Cajun	Confeitaria	0	0	R$ 16,50	R$ 22,00	R$ -
10	Azeite	Condimentos	0	15	R$ 16,01	R$ 21,35	R$ 240,19
11	Geleia de Amora	Condimentos	0	0	R$ 18,75	R$ 25,00	R$ -
12	Peras Secas	Frutas	0	0	R$ 22,50	R$ 30,00	R$ -
13	Molho de Caril	Molhos/Sopas	0	0	R$ 30,00	R$ 40,00	R$ -
14	Nozes	Produto Perecível	0	40	R$ 17,44	R$ 23,25	R$ 697,50
15	Coquetel de Frutas	Produto Perecível	0	0	R$ 29,25	R$ 39,00	R$ -
16	Mistura de Biscoitos de Chocolate	Confeitaria	0	0	R$ 6,90	R$ 9,20	R$ -
17	Marmelada	Condimentos	0	0	R$ 60,75	R$ 81,00	R$ -
18	Scones	Grãos/Cereais	0	0	R$ 7,50	R$ 10,00	R$ -
19	Cerveja	Bebidas	23	23	R$ 10,50	R$ 14,00	R$ 241,50
20	Carne de Caranguejo	Frutos do Mar	0	0	R$ 13,80	R$ 18,40	R$ -

```
BDSOMA(Inventário2[#Tudo], "Valor", A3:G4)
```

Você pode estar pensando sobre o motivo do nome da tabela ter mudado de `Inventário` no exemplo BDEXTRAIR para `Inventário2` no exemplo BDSOMA. É porque, em minha pasta de trabalho de exemplo para este capítulo, uso uma pasta separada para cada função do banco de dados, portanto, quando copio a tabela de inventário para uma nova planilha, preciso dar um novo nome (os nomes das tabelas devem ser exclusivos em uma pasta de trabalho).

DICA

BDSOMA não é o único modo de totalizar com base em critérios. O Excel também oferece as funções SOMASE e SOMASES, que explico no Capítulo 11, "Analisando Dados com a Estatística".

Contando os Valores de uma Coluna

Se você selecionar alguns valores na coluna da tabela, a barra de status do Excel exibirá um item `Contagem`, que informa quantas células foram selecionadas. Bonito e elegante, mas a análise de dados geralmente é um pouco mais sofisticada do que isso. Por exemplo, em uma tabela de inventário, suponha que você queira saber quantos produtos estão baixos no estoque (ou seja, têm menos de 10 na coluna Em Estoque).

Esse tipo de cálculo fica sob a jurisdição das funções BDCONTAR e BDCONTARA, que contam os registros em uma tabela que correspondem ao critério informado:

CAPÍTULO 6 **Analisando os Dados da Tabela com Funções** 125

```
BDCONTAR(banco de dados; campo; critérios)
BDCONTARA(banco de dados; campo; critérios)
```

A diferença? BDCONTAR conta os valores numéricos no `campo`, ao passo que BDCONTARA conta todos os itens não vazios no `campo`.

Por exemplo, para obter a contagem dos produtos com estoque baixo, você configura o intervalo de critérios com a expressão < 10 no cabeçalho Em Estoque (veja a Figura 6-4) e adiciona a função BDCONTAR (como mostrado na célula B1 na Figura 6-4):

```
BDCONTAR(Inventário3[#Tudo]; "Em Estoque"; A3:G4)
```

FIGURA 6-4: Use BDCONTAR (ou BDCONTARA) para contar os valores de uma coluna com base em critérios.

DICA

Se você quiser contar apenas os registros em uma lista, poderá omitir o argumento `campo` das funções BDCONTAR e BDCONTARA. Quando um nome da coluna ou número não é especificado, a função conta os registros na tabela que correspondem aos critérios sem levar em conta se algum campo armazena um valor ou é não vazio. Por exemplo, as duas funções a seguir retornam o valor 25:

```
BDCONTAR(Inventário3[#Tudo];; A3:G4)
BDCONTARA(Inventário3[#Tudo];; A3:G4)
```

Nota: Para omitir um argumento, deixe um espaço vazio entre os pontos e vírgulas.

DICA

Na prática, o Excel aparentemente tem incontáveis maneiras de contar as coisas. Além de BDCONTAR, é possível usar CONT.NÚM, CONT.VALORES, CONT.SE, CONT.SES e CONTAR.VAZIO. Verifique o Capítulo 11, "Analisando Dados com a Estatística" ou a ajuda online do Excel para obter mais informações sobre essas funções.

Calculando a Média dos Valores de uma Coluna

A função BDMÉDIA calcula uma média dos valores em uma lista do Excel. O recurso exclusivo e muito útil de BDMÉDIA é que você pode especificar se deseja apenas os registros da tabela que atendem a um critério especificado, inclusive sua média. BDMÉDIA tem a seguinte sintaxe:

```
BDMÉDIA(banco de dados; campo; critérios)
```

Para ter um exemplo de como é a função, volto à tabela de inventário e faço uma pergunta básica: Qual é a média do valor Custo Unitário para os produtos nas categorias Bebidas e Produto Perecível? Para responder a essa consulta, adicione o texto `Bebidas` no cabeçalho Categoria no intervalo de critérios e acrescente o texto `Produto Perecível` abaixo da célula `Bebidas`, como mostrado na Figura 6-5. Lembre-se de que, quando você insere o critério usando várias linhas, o Excel seleciona as linhas na tabela que correspondem, pelo menos, a uma das condições. Portanto, no exemplo, peço ao Excel para procurar apenas os produtos que têm `Bebidas` ou `Produto Perecível` na coluna Categoria. Veja a função BDMÉDIA que retorna o Custo Unitário médio dos produtos (veja a célula B1 na Figura 6-5):

```
BDMÉDIA(Inventário4[#Tudo]; "Custo Unitário"; A3:G5)
```

Observe que expandi o intervalo `critério` para incluir as linhas 4 e 5.

DICA

O Excel oferece várias funções acima da média para calcular as médias, incluindo não apenas a função MÉDIA (claro), mas também MED e MODO. Elas são explicadas no Capítulo 11.

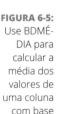

FIGURA 6-5: Use BDMÉDIA para calcular a média dos valores de uma coluna com base em critérios.

CAPÍTULO 6 **Analisando os Dados da Tabela com Funções** 127

Determinando os Valores Máximo e Mínimo de uma Coluna

Em geral, no trabalho de análise de dados, procurar valores atípicos é muito útil. Os *valores atípicos* são aqueles muito maiores ou menores que a média. Um modo de verificar esses valores anormais é encontrar os maiores e menores valores em uma coluna. Com certeza você pode calcular o máximo e o mínimo usando cada valor na coluna, mas se estiver interessado apenas naqueles que atendem a certos critérios, precisará de suas funções: BDMÁX e BDMÍN. Elas encontram o maior e o menor valores, respectivamente, na coluna da tabela para as linhas que correspondem ao critério especificado. As duas funções usam a mesma sintaxe padrão de função do banco de dados, como mostrado aqui:

```
BDMÁX(banco_dados; campo; critérios)
```

```
BDMÍN(banco_dados; campo; critérios)
```

Como exemplo de funcionamento das funções BDMÁX e BDMÍN, suponha que você tenha uma tabela de inventário com uma coluna Valor que é o produto do número de unidades em estoque e o custo unitário. (Por exemplo, um produto com 100 unidades em estoque e um custo unitário de R$5 tem um valor total de R$500.) Tenho uma pergunta para você: Quais são os valores máximo e mínimo desses itens na categoria Produto Perecível em estoque?

Para responder à pergunta anterior, você adiciona o texto Produto Perecível no cabeçalho Categoria no intervalo de critérios e acrescenta a expressão >0 abaixo do cabeçalho Em Estoque, como mostrado na Figura 6-6. Lembre-se de que, quando você insere várias condições em uma linha, o Excel combina apenas as linhas na tabela que atendem todas as condições. Portanto, no exemplo, peço ao Excel para procurar apenas os produtos que têm Produto Perecível na coluna Categoria e um valor maior que 0 na coluna Em Estoque. Veja as funções BDMÁX e BDMÍN que retornam o máximo e o mínimo, respectivamente, para esses produtos (veja as células B1 e B2 na Figura 6-6):

```
BDMÁX(Inventário5[#Tudo]; "Valor"; A4:G5)
BDMÍN(Inventário5[#Tudo]; "Valor"; A4:G5)
```

128   PARTE 1 **Introdução à Análise de Dados**

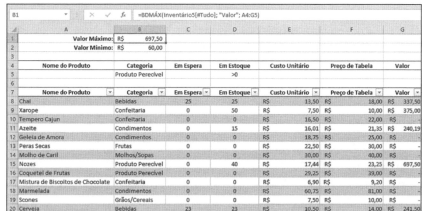

FIGURA 6-6: Use BDMÁX e BDMÍN para retornar o maior e o menor valores de uma coluna com base em critérios.

DICA

O Excel fornece várias outras funções para encontrar o valor máximo ou mínimo, inclusive MÁXIMO, MÁXIMOA, MÍNIMO e MÍNIMOA. Vá para o Capítulo 11 para obter mais informações sobre essas funções afins.

Multiplicando os Valores de uma Coluna

Muitos dados da tabela contêm os resultados de pesquisas ou votações, significando que seus valores são porcentagens. Um modo de interrogar tais dados é perguntar: Dadas duas porcentagens, qual é verdadeira na população pesquisada? Por exemplo, se sua pesquisa informa que 50% das pessoas gostam do item A e 50% gostam do item B, qual porcentagem de pessoas gostam dos itens A e B? Você consegue a resposta multiplicando as porcentagens, portanto, nesse caso, 25% da população pesquisada gostam de A e B.

É possível fazer esse tipo de multiplicação de tabelas usando a função BDMULTIPL, que tem a sintaxe comum:

```
BDMULTIPL(banco_dados; campo; critérios)
```

Por exemplo, a Figura 6-7 mostra os resultados de uma pesquisa que perguntou às pessoas se elas gostavam de determinados itens. Qual porcentagem de pessoas gosta de dois itens quaisquer? Para calcular, você configura um intervalo de critérios para o campo Item e adiciona os itens em linhas separadas abaixo do cabeçalho Item. Na Figura 6-7, é possível ver que adicionei `Cereal umedecido` na primeira linha e `Viajar` na segunda. Veja a função BDMULTIPL que calcula a resposta (veja a célula B1 na Figura 6-7):

```
BDMULTIPL(A6:B12; 2; A2:A4)
```

CAPÍTULO 6 **Analisando os Dados da Tabela com Funções** 129

	A	B	C
1	% das pessoas que gostam dos itens abaixo:	8,19%	
2	Item		
3	Cereais umedecidos		
4	Viajar		
5			
6	Item	% de pessoas que gostam:	
7	Tangerina	6,00%	
8	Soprador de folhas	0,01%	
9	Filhotes de cães	99,00%	
10	Cereais umedecidos	39,00%	
11	Viajar	21,00%	
12	Estatística	2,00%	
13			

B1 =BDMULTIPL(A6:B12; 2; A2:A4)

FIGURA 6-7: Use BDMULTIPL para multiplicar os valores da coluna com base em critérios.

Derivando o Desvio-padrão de uma Coluna

Uma das medidas estatísticas mais importantes é o *desvio-padrão*, que informa a variação dos valores em uma coleção segundo a média. Explico isso com mais detalhes no Capítulo 11, mas agora posso informar que um desvio-padrão baixo significa que os valores dos dados estão agrupados perto da média e um desvio-padrão alto, que eles se dispersam da média.

Para sua análise de dados da tabela, as funções BDEST e BDDESVPA calculam o desvio-padrão: BDEST calcula o desvio-padrão quando você trabalha com uma amostra da população e BDDESVPA calcula quando trabalha com a população inteira. Como nas outras funções estatísticas do banco de dados, o único recurso realmente útil de BDEST e BDDESVPA é que você pode especificar que deseja que o cálculo inclua apenas os registros da tabela que atendem aos critérios especificados.

LEMBRE-SE

As funções BDEST e BDDESVPA têm a mesma sintaxe:

```
=BDEST(banco_dados; campo; critérios)
=BDDESVPA(banco_dados; campo; critérios)
```

Por exemplo, na tabela de inventário, suponha que você queira saber o desvio-padrão da coluna Valor para os produtos na categoria Condimentos e onde essa coluna é maior que 0. Para configurar o cálculo, insira o texto Condimentos sob o cabeçalho Categoria do intervalo de critérios e a expressão >10 no cabeçalho Valor (veja a Figura 6-8), depois adicione a função BDEST (como mostrado na célula B1 na Figura 6-8):

```
BDEST(Inventário6[#Tudo]; "Valor"; A3:G4)
```

FIGURA 6-8:
Use BDEST (ou BDDES-VPA) para derivar o desvio-padrão dos valores da coluna com base em critérios.

DICA

Se quiser calcular os desvios-padrão sem aplicar critérios de seleção, use uma das funções estatísticas do Excel não para banco de dados, como DESVPAD, DESVPADA, DESVPADP ou DESVPADPA. No Capítulo 11, descrevo e mostro essas outras funções.

Calculando a Variância de uma Coluna

A *variância* de um conjunto é uma medida de dispersão dos dados. Ela é o quadrado do desvio-padrão, portanto raramente é usada porque não tem um sentido claro. (Por exemplo, o que significa dizer que um resultado é em "reais ao quadrado?".)

Porém, para finalizar, incluo o fato de que o Excel oferece as funções BDVAREST e BDVARP para calcular a variância. BDVAREST calcula a variância quando os dados são uma amostra de uma população maior e BDVARP calcula a população inteira. Como nas outras funções estatísticas do banco de dados, usar BDVAREST e BDVARP permite especificar que você deseja apenas os registros da tabela que atendam ao critério de seleção incluído nos cálculos.

LEMBRE-SE

Como nos cálculos do desvio-padrão, não selecione uma das duas funções de variância por capricho, pelo clima lá fora ou por como está se sentindo. Se você calcular uma variância usando uma amostra ou um subconjunto de itens do conjunto inteiro de dados ou população, use a função BDVAREST. Para calcular a variância quando lida com todos os itens na população, use BDVARP.

CAPÍTULO 6 **Analisando os Dados da Tabela com Funções** 131

As funções BDVAREST e BDVARP usam a mesma sintaxe:

```
=BDVAREST(banco_dados; campo; critérios)
=BDVARP(banco_dados; campo; critérios)
```

Por exemplo, na tabela de inventário, suponha que você queira saber a variância da coluna Custo Unitário dos produtos na categoria Misturas. Para configurar o cálculo, insira o texto Confeitaria sob o cabeçalho Categoria do intervalo de critérios (veja a Figura 6-9) e acrescente a função BDVAREST (como mostrado na célula B1 na Figura 6-8, mostrada antes):

```
BDVAREST(Inventário7[#Tudo]; "Custo Unitário"; A3:G4)
```

DICA

Se quiser calcular as variâncias sem aplicar os critérios de seleção, use uma das funções estatísticas do Excel não para banco de dados, como VAR, VARA, VARP ou VARPA. Explico essas outras funções de variância no Capítulo 11.

FIGURA 6-9: Use DVA-REST (ou BDVARP) para derivar a variância dos valores da coluna com base em critérios.

132 PARTE 1 **Introdução à Análise de Dados**

2

Analisando Dados com Tabelas e Gráficos Dinâmicos

NESTA PARTE...

Use Tabelas Dinâmicas para ter dados de tabelas cruzadas e novas ideias sobre suas informações.

Aumente o poder das Tabelas Dinâmicas do Excel criando suas próprias fórmulas personalizadas.

Exiba os dados de tabelas cruzadas para ter novas perspectivas sobre oportunidades e problemas.

Personalize os Gráficos Dinâmicos para assegurar que suas informações gráficas passem as mensagens certas.

> **NESTE CAPÍTULO**
>
> » **Conhecendo as Tabelas Dinâmicas**
>
> » **Usando uma tabela do Excel para criar uma Tabela Dinâmica**
>
> » **Criando uma Tabela Dinâmica com dados externos**
>
> » **Colocando "dinamismo" na Tabela Dinâmica**
>
> » **Agrupando e filtrando as Tabelas Dinâmicas**

Capítulo **7**

Criando e Usando Tabelas Dinâmicas

As tabelas do Excel e os bancos de dados externos podem conter milhares de registros. Temos que admitir: descobrir como examinar informações úteis com tantos dados irá mantê-lo acordado durante a noite ou causará pesadelos se você dormir. Quer um cochilo com qualidade? Não precisa tomar remédio para dormir quando o Excel oferece uma ferramenta de análise de dados poderosa e versátil chamada *Tabela Dinâmica,* que permite pegar esses milhares de registros e resumi-los em um formato conciso de tabela. Depois você poderá manipular o layout, ou o *pivô*, da Tabela Dinâmica para ver diferentes exibições de dados.

Este capítulo mostrará tudo o que é preciso saber para iniciar com o que é possivelmente a ferramenta de análise de dados mais útil do Excel. Você aprenderá a criar Tabelas Dinâmicas, como atualizá-las, transpô-las, agrupá-las, filtrá-las e muito mais.

Entendendo as Tabelas Dinâmicas

De modo geral, as Tabelas Dinâmicas têm uma grande quantidade de informações e condensam os dados em um relatório que conta algo útil ou interessante. Por exemplo, veja a tabela mostrada na Figura 7-1. Ela tem bem mais de 100 registros, cada um com um pedido de promoção de vendas. Não é uma tonelada de dados no esquema maior das coisas, mas tentar entender até esse conjunto de dados relativamente pequeno só olhando o conteúdo da tabela é improdutivo. Por exemplo, quantos fones de ouvido foram vendidos via publicidade na mídia social? Quem sabe? Ah, mas agora veja a Figura 7-2, que mostra uma Tabela Dinâmica criada a partir dos dados do pedido. Esse relatório coloca em tabela o número de unidades vendidas para cada produto com base em cada promoção. Com ela, pode-se ver rapidamente que 322 fones de ouvido foram vendidos pela mídia social. É *isso* que as Tabelas Dinâmicas fazem.

FIGURA 7-1: Alguns ótimos dados, mas como entendê-los?

	A	B	C	D	E	F
1	PROMOÇÃO DE VENDAS DE VERÃO - PEDIDOS					
2	Data	Produto	Quantidade	Valor	Promoção	Propaganda
3	01/06/2019	Capa para smartphone	11	R$ 119,70	Leve 10 pague 9	Mídias sociais
4	01/06/2019	Cabo HDMI	6	R$ 77,82	Desconto extra	Rede de blogs
5	01/06/2019	Carregador de carro USB	15	R$ 100,95	Desconto extra	Busca
6	01/06/2019	Cabo HDMI	11	R$ 149,71	Leve 10 pague 9	Rede de blogs
7	02/06/2019	Carregador de carro USB	22	R$ 155,40	Leve 10 pague 9	Rede de blogs
8	02/06/2019	Carregador de carro USB	3	R$ 20,19	Desconto extra	Busca
9	02/06/2019	Fones de ouvido	5	R$ 33,65	Desconto extra	Mídias sociais
10	02/06/2019	Capa para smartphone	22	R$ 239,36	Leve 10 pague 9	Busca
11	02/06/2019	Cabo HDMI	10	R$ 129,70	Desconto extra	Rede de blogs
12	05/06/2019	Carregador de carro USB	22	R$ 155,40	Leve 10 pague 9	Rede de blogs
13	05/06/2019	Capa para smartphone	8	R$ 82,96	Desconto extra	Mídias sociais
14	05/06/2019	Capa para smartphone	22	R$ 239,40	Leve 10 pague 9	Mídias sociais
15	05/06/2019	Fones de ouvido	55	R$ 388,50	Leve 10 pague 9	Rede de blogs
16	05/06/2019	Carregador de carro USB	25	R$ 168,25	Desconto extra	Busca
17	05/06/2019	Cabo HDMI	22	R$ 299,42	Leve 10 pague 9	Rede de blogs
18	06/06/2019	Carregador de carro USB	33	R$ 256,41	Leve 10 pague 9	Rede de blogs
19	06/06/2019	Capa para smartphone	11	R$ 119,70	Leve 10 pague 9	Rede de blogs

FIGURA 7-2: A Tabela Dinâmica cria ordem a partir de dados caóticos.

	A	B	C	D	E	F
1	Promoção	(Tudo)				
2						
3	Soma de Quantidade	Rótulos de Coluna				
4	Rótulos de Linha	Busca	Mídias sociais	Rede de blogs	Total Geral	
5	Cabo HDMI	587	402	719	1708	
6	Capa para smartphone	460	338	546	1344	
7	Carregador de carro USB	1012	752	1596	3360	
8	Fones de ouvido	562	322	555	1439	
9	Total Geral	2621	1814	3416	7851	
10						

As Tabelas Dinâmicas ajudam a analisar grandes quantidades de dados executando três operações: agrupando os dados em categorias, resumindo-os com cálculos e filtrando-os para mostrar apenas os registros com os quais você quer trabalhar:

136 PARTE 2 **Analisando Dados com Tabelas e Gráficos Dinâmicos**

» **Agrupar:** Uma Tabela Dinâmica é uma ferramenta de análise de dados poderosa em parte porque agrupa automaticamente grandes quantidades de dados em partes menores e mais gerenciáveis. Por exemplo, suponha que você tenha uma fonte de dados com um campo Região no qual cada item contém um dos quatro valores: leste, oeste, norte e sul. Os dados originais podem ter milhares de registros, mas se você construir a Tabela Dinâmica usando o campo Região, a tabela resultante terá apenas quatro linhas: uma para cada valor Região único em seus dados.

Também é possível criar seu próprio agrupamento depois de construir a Tabela Dinâmica. Por exemplo, se seus dados tiverem um campo País, você poderá criar a Tabela para agrupar todos os registros com o mesmo valor País. Quando terminar, poderá agrupar mais os valores País únicos em continentes: América, Europa etc.

» **Resumir:** Junto com o agrupamento de dados por valores únicos em um ou mais campos, o Excel também mostra cálculos de resumo para cada grupo. O cálculo padrão é a Soma, significando que para cada grupo, o programa totaliza todos os valores em um campo específico. Por exemplo, se seus dados tiverem um campo Região e um campo Vendas, a Tabela Dinâmica poderá agrupar os valores Região únicos e exibir o total dos valores Vendas para cada uma. O Excel também tem outros cálculos de resumo, inclusive Contagem, Média, Máximo, Mínimo e Desvio-padrão.

Ainda mais poderosa, uma Tabela Dinâmica pode exibir resumos para um grupo dividido em outro. Por exemplo, suponha que os dados das vendas também tenham um campo Produto. Você pode configurar uma Tabela para mostrar o total de Vendas para cada Produto, dividido por Região.

» **Filtrar:** Uma Tabela Dinâmica permite exibir apenas um subconjunto de dados. Por exemplo, por padrão, todos grupos da Tabela Dinâmica mostram valores únicos no campo. Porém, é possível manipular cada grupo para ocultar aqueles que você não deseja ver. Cada Tabela Dinâmica tem um filtro de relatório que permite aplicá-lo na Tabela inteira. Por exemplo, suponha que os dados das vendas também incluam um campo Cliente. Colocando esse campo no filtro de relatório da Tabela, você pode filtrar o relatório da Tabela Dinâmica para mostrar apenas os resultados de um único Cliente.

Explorando os Recursos da Tabela Dinâmica

Você pode ficar por dentro das Tabelas Dinâmicas muito rápido depois de aprender alguns conceitos-chave. É preciso entender os recursos que compõem uma Tabela Dinâmica típica, sobretudo as quatro áreas (linha, coluna, dados e filtro) às quais adicionar campos a partir de seus dados. A Figura 7-3 destaca os seguintes recursos:

CAPÍTULO 7 **Criando e Usando Tabelas Dinâmicas** 137

- » **Área Linha:** Mostra na vertical os valores únicos de um campo nos dados.
- » **Área Coluna:** Mostra na horizontal os valores únicos de um campo nos dados.
- » **Área Valor:** Mostra os resultados do cálculo que o Excel aplicou em um campo numérico nos dados.
- » **Cabeçalho do campo Linha:** Identifica o campo contido na área da linha. Você também usa esse cabeçalho para filtrar os valores do campo que aparecem na área da linha.
- » **Cabeçalho do campo Coluna:** Identifica o campo contido na área da coluna. Você também usa esse cabeçalho para filtrar os valores do campo que aparecem na área da coluna.
- » **Cabeçalho do campo Valor:** Especifica o cálculo (como a Soma) e o campo (como a Quantidade) usados na área do valor.
- » **Área Filtro:** Mostra uma lista suspensa que contém os valores únicos de um campo. Quando você seleciona um valor na lista, o Excel filtra os resultados da Tabela Dinâmica para incluir apenas os registros que correspondem ao valor selecionado.

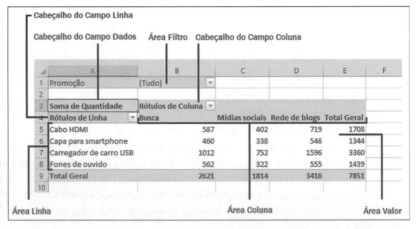

FIGURA 7-3: Recursos de uma Tabela Dinâmica típica.

Criando uma Tabela Dinâmica a partir de uma Tabela do Excel

Se os dados que você quer analisar existirem como tabela do Excel, será possível usar o comando Resumir com Tabela Dinâmica para criar rápido um relatório da Tabela com base nos dados. Só é preciso especificar o local dos dados de origem e escolher o local da Tabela Dinâmica resultante.

Veja as etapas a seguir:

1. **Selecione uma célula na tabela que deseja usar como os dados de origem.**

2. **Escolha Design da Tabela ⇨ Ferramentas ⇨ Resumir com Tabela Dinâmica.**

   Se seus dados estiverem em um intervalo normal do Excel, em vez de em uma tabela, você poderá ainda criar a Tabela Dinâmica. Selecione qualquer célula no intervalo e escolha Inserir ⇨ Tabelas ⇨ Tabela Dinâmica.

   DICA

   Enquanto tenho sua atenção, devo também mostrar o comando Tabelas Dinâmicas Recomendadas da guia Inserir. Ele mostra uma caixa de diálogo com vários layouts da Tabela predefinidos. Eles podem não significar nada para você agora se estiver começando a usar as Tabelas Dinâmicas, mas lembre-se deles quando avançar; essa função pode economizar tempo.

   A caixa de diálogo Criar Tabela Dinâmica aparecerá com o botão de opção Selecionar uma tabela ou intervalo marcado. A caixa Tabela/Intervalo deve mostrar o nome da tabela (ou o endereço do intervalo). Se não, ajuste o nome ou o endereço como precisar antes de prosseguir.

3. **Selecione o botão de opção Nova Planilha.**

   Como alternativa, se quiser adicionar a Tabela Dinâmica a um local existente, selecione o botão de opção Planilha Existente e use a caixa de intervalo Local para selecionar a planilha e a célula na qual deseja que a Tabela apareça.

4. **Clique em OK.**

   O Excel criará uma Tabela Dinâmica em branco e exibirá o painel Campos da Tabela Dinâmica, como mostrado na Figura 7-4. Ele tem duas áreas principais:

   - Uma lista dos cabeçalhos da coluna de sua tabela, cada um com uma caixa de seleção à esquerda. São os campos da Tabela Dinâmica.
   - Quatro caixas representando as quatro áreas da Tabela Dinâmica: Filtros, Colunas, Linhas e Valores. Para completar a Tabela, adicione um ou mais campos a uma dessas áreas (ou a todas).

5. **Arraste um campo de texto e solte-o dentro da área Linhas.**

   Por exemplo, usando os campos mostrados na Figura 7-4, você poderia soltar o campo Produto na área Linhas.

   O Excel adicionará os valores únicos do campo à área de linha da Tabela.

6. **Arraste um campo numérico e solte-o na área Valores.**

   Usando os campos mostrados na Figura 7-4, você poderia soltar o campo Quantidade na área Valores.

O Excel somará os valores numéricos com base nos valores da linha.

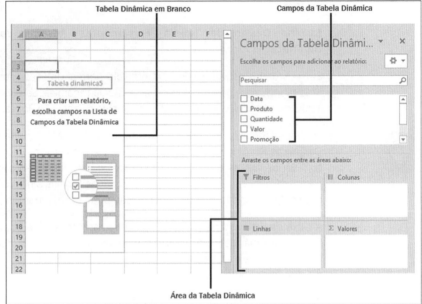

FIGURA 7-4: Você inicia com uma Tabela Dinâmica em branco e o painel Campos da Tabela Dinâmica.

7. **Se quiser, arraste os campos e solte-os na área Colunas e na área Filtros.**

   Por exemplo, usando os campos na Figura 7-4, você pode soltar o campo Publicidade na área Colunas e o campo Promoção na área Filtros.

   Sempre que você solta um campo na área, o Excel atualiza a Tabela Dinâmica para incluir os novos dados.

DICA

   O programa oferece algumas técnicas de atalho para criar as Tabelas Dinâmicas:

   - Marque a caixa de seleção para um campo de texto ou data para adicionar à área Linhas.

   - Marque a caixa de seleção para um campo numérico para adicioná-lo à área Valores.

   - Clique com o botão direito em um campo e selecione a área que deseja usar.

   A Figura 7-5 mostra uma Tabela Dinâmica completa, com campos em todas as quatro áreas. Note também que quando você seleciona uma célula dentro da Tabela, o Excel mostra a guia contextual Ferramentas da Tabela Dinâmica, que inclui duas guias (Análise e Design), que oferecem muitas coisas para manipular e formatar a Tabela.

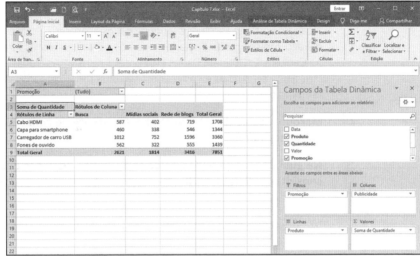

FIGURA 7-5: Recursos de uma Tabela Dinâmica Típica.

Para remover um campo da área Tabela Dinâmica, há dois caminhos:

» Arraste o campo para fora do painel Campos da Tabela Dinâmica.

» Clique no botão de campo no painel Campos da Tabela Dinâmica para abrir o menu de campos, então clique em Remover Campo.

Criando uma Tabela Dinâmica com Dados Externos

Os dados analisados podem não existir em um intervalo ou tabela do Excel, mas fora dele, em um sistema de gerenciamento de banco de dados relacional (RDBMS), como o Microsoft Access ou o SQL Server. Nesses programas, você pode configurar uma tabela, consulta ou outro objeto que defina os dados com os quais quer trabalhar. Depois, em vez de criar uma Tabela Dinâmica a partir dos dados dentro de uma planilha do Excel, crie-a usando uma fonte de dados externa. Isso permitirá criar relatórios a partir de conjuntos de dados muito grandes e sistemas de bancos de dados relacionais.

CAPÍTULO 7 **Criando e Usando Tabelas Dinâmicas** 141

Veja as etapas a seguir para criar uma Tabela Dinâmica baseada em uma fonte de dados externa:

1. **Escolha Dados ⇨ Obter e Transformar Dados ⇨ Obter Dados ⇨ De Outras Fontes ⇨ Do Microsoft Query.**

   A caixa de diálogo Escolher a fonte de dados aparecerá. Explico essa caixa de diálogo, tópicos gerais de dados externos e como definir as fontes de dados no Capítulo 4, "Obtendo Dados em Fontes Externas". As etapas a seguir repetem as da seção sobre como consultar uma fonte de dados no Capítulo 4, portanto pularei alguns detalhes.

2. **Marque a caixa de seleção Usar o Assistente de consulta para criar/editar consultas.**

3. **Na guia Bancos de dados, selecione o banco de dados que você quer consultar e clique em OK.**

   Se você escolher um dos tipos predefinidos de banco de dados, o Excel exibirá a caixa de diálogo Selecionar banco de dados. Nela, selecione o banco que deseja consultar e clique em OK.

   O Excel exibirá a caixa de diálogo Assistente de consulta – escolher colunas.

4. **Adicione as colunas com as quais quer trabalhar na lista Colunas na Consulta e clique no botão Avançar.**

   O Excel mostrará a caixa de diálogo Assistente de consulta – filtrar dados.

5. **(Opcional) Filtre seus dados com base em vários filtros selecionando os botões de opção E ou Ou, clique em Avançar.**

   Aparecerá a caixa de diálogo Assistente de consulta – ordem de classificação.

6. **(Opcional) Escolha uma ordem de classificação para os dados do resultado da consulta na caixa de diálogo Assistente de consulta – ordem de classificação e clique em Avançar.**

   O Excel mostrará a caixa de diálogo Assistente de consulta – concluir.

7. **Selecione o botão de opção Retornar dados para o Microsoft Excel e clique em Concluir.**

   Será mostrada a caixa de diálogo Importar dados, como na Figura 7-6.

142   PARTE 2 **Analisando Dados com Tabelas e Gráficos Dinâmicos**

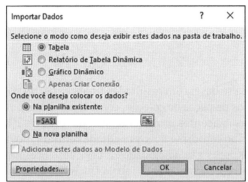

FIGURA 7-6: Importe os dados externos para um Relatório da Tabela Dinâmica.

8. **Selecione o botão de opção Relatório da Tabela Dinâmica, o botão Nova Planilha e clique em OK.**

   O Excel criará uma Tabela Dinâmica em branco e o painel Campos da Tabela Dinâmica.

9. **Arraste um campo de texto e solte-o dentro da área Linhas.**

   O programa adicionará os valores únicos do campo à área de linha da Tabela.

10. **Arraste um campo numérico e solte-o dentro da área Valores.**

    O Excel somará os valores numéricos com base nos valores da linha.

11. **Se quiser, arraste os campos e solte-os na área Colunas e na área Filtros.**

    Sempre que você solta um campo em uma área, o Excel atualiza a Tabela Dinâmica para incluir os novos dados.

LEMBRE-SE

Quando você cria uma Tabela Dinâmica a partir de dados externos, não precisa que eles sejam importados para o Excel. Pelo contrário, os dados externos estarão apenas na nova Tabela Dinâmica; você não verá os dados reais na pasta de trabalho.

PAPO DE ESPECIALISTA

A maior desvantagem de usar dados externos é que muitas vezes não há nenhum controle sobre sua fonte. Por exemplo, se você tentar atualizar a Tabela Dinâmica, como descrito na próxima seção, o Excel poderá exibir uma mensagem de erro. Se achar que o problema é uma mudança nos dados de login do banco de dados, clique em OK para abrir a caixa de diálogo Login e descubra o novo nome de login e senha com o administrador do banco de dados.

Também é possível que o problema seja que o arquivo do banco de dados foi movido ou renomeado. Clique em OK na mensagem de erro e clique em Banco de dados na caixa de diálogo Login. Depois, na caixa de diálogo Selecionar banco de dados, encontre e selecione o arquivo do banco de dados.

Atualizando os Dados da Tabela Dinâmica

Se sua Tabela Dinâmica se baseia em resultados financeiros, respostas de pesquisa ou banco de dados de peças de coleção, como livros raros ou joias de zircônia cúbica, os dados subjacentes provavelmente não serão estáticos. Ou seja, eles mudam com o tempo conforme novos resultados entram, novas pesquisas são realizadas e novos itens são adicionados à coleção. Você pode assegurar que a análise de dados representada pela Tabela Dinâmica continuará recente atualizando a Tabela Dinâmica.

O Excel tem dois métodos para atualizar uma Tabela Dinâmica: manual e automático. Uma atualização manual é a que você faz, em geral, quando sabe que os dados de origem mudaram ou se simplesmente quer ter certeza de que os dados mais recentes serão refletidos no relatório da Tabela. Uma atualização automática é a que o Excel faz para você.

Atualizando manualmente os dados da Tabela Dinâmica

Para atualizar manualmente os dados da Tabela Dinâmica, há duas opções:

» **Atualizar uma Tabela Dinâmica:** Selecione qualquer célula dentro da Tabela e escolha Análise de Tabela Dinâmica ⇨ Dados ⇨ Atualizar. Você também pode pressionar Alt+F5.

» **Atualizar cada Tabela Dinâmica na pasta de trabalho:** Selecione uma célula dentro de qualquer Tabela e escolha Análise de Tabela Dinâmica ⇨ Dados ⇨ Atualizar ⇨ Atualizar Tudo. Também é possível atualizar todas as Tabelas Dinâmicas pressionando Ctrl+Alt+F5.

O Excel será obediente e atualizará os dados da Tabela.

Atualizando automaticamente os dados da Tabela Dinâmica

Veja as etapas a seguir para convencer o Excel a atualizar automaticamente os dados da Tabela Dinâmica:

1. **Selecione qualquer célula dentro da Tabela Dinâmica.**

2. **Escolha Análise de Tabela Dinâmica ⇨ Tabela Dinâmica ⇨ Opções.**

DICA

Você também pode clicar com o botão direito em qualquer célula na Tabela e escolher Opções da Tabela Dinâmica.

Aparecerá a caixa de diálogo Opções da Tabela Dinâmica.

3. **Clique na guia Dados.**

4. **Marque a caixa de seleção Atualizar dados ao abrir o arquivo, como na Figura 7-7, e clique em OK.**

   De agora em diante, o Excel atualizará automaticamente os dados da Tabela sempre que você abrir a pasta de trabalho.

DICA

Se a Tabela for baseada em dados externos, você poderá configurar um cronograma que a atualizará automaticamente em um intervalo específico. Selecione qualquer célula dentro da Tabela Dinâmica e escolha Análise de Tabela Dinâmica⇨Dados⇨Atualizar⇨Propriedades da Conexão. Na caixa de diálogo Propriedades da Conexão, marque a caixa de seleção Atualizar a cada, use os botões de rotação para especificar o intervalo de atualização, em minutos, depois clique em OK.

CUIDADO

Note que, quando você configura uma atualização automática, pode ser melhor não ter os dados de origem atualizados com muita frequência. Dependendo de onde estão os dados e com quantos você trabalha, a atualização pode demorar um pouco, podendo deixar o restante do seu trabalho lento.

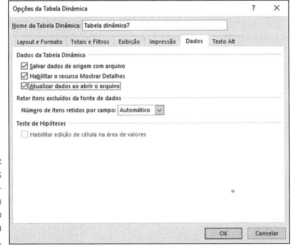

FIGURA 7-7: Importe os dados externos para um Relatório da Tabela Dinâmica.

Adicionando Vários Campos a uma Área da Tabela Dinâmica

Você pode adicionar dois ou mais campos a qualquer área da Tabela Dinâmica. Ter vários campos é um recurso poderoso que permite fazer mais análise dos dados exibindo-os de modo diferente. Por exemplo, suponha que você esteja analisando os resultados de uma campanha de vendas que fez diferentes promoções em vários tipos de anúncios. Uma Tabela Dinâmica básica pode mostrar as vendas por produto (o campo da linha) de acordo com o anúncio usado (campo da coluna). Você também pode estar interessado em ver, para cada produto, a diminuição das vendas para cada promoção. É possível fazer isso adicionando o campo Promoção à área de linha.

LEMBRE-SE

O Excel não o limita a apenas dois campos em determinada área. Dependendo de seus requisitos para a análise de dados, fique à vontade para adicionar três, quatro ou mais campos a qualquer área da Tabela Dinâmica.

Selecione uma célula na Tabela e use qualquer técnica a seguir para adicionar outro campo à área da Tabela Dinâmica:

» **Adicionar um campo à área Linhas:** No painel Campos da Tabela Dinâmica, marque a caixa de seleção do campo de texto ou data que deseja adicionar.

» **Adicionar um campo à área Valor:** No painel Campos da Tabela Dinâmica, marque a caixa de seleção do campo numérico que deseja adicionar.

» **Adicionar um campo a qualquer área:** No painel Campos da Tabela Dinâmica, arraste o campo e solte-o dentro da caixa da área na qual deseja que ele apareça.

DICA

Depois de acrescentar um segundo campo à área de linha ou coluna, você poderá mudar as posições dele para alterar a exibição da Tabela Dinâmica. No painel Campos da Tabela, arraste o botão do campo que deseja tirar da caixa Linhas ou Colunas e solte o campo acima ou abaixo de um botão do campo existente.

Quando adicionar um segundo campo à área de valor, o Excel moverá os rótulos, como a Soma da Quantidade e a Soma do R$ Líquido, para a área da coluna para ter uma referência mais fácil. Isso também se reflete no acréscimo de um botão Valores na seção da caixa Colunas do painel Campos da Tabela Dinâmica. Isso permite transpor os valores no relatório, como descrevo na próxima seção.

Transpondo um Campo para uma Área Diferente

Uma Tabela Dinâmica é uma ferramenta de análise de dados poderosa porque pode ter centenas ou até milhares de registros e resumi-los em um relatório compacto e compreensível. Porém, diferentemente da maioria dos outros recursos de análise de dados no Excel, essa Tabela não é uma coleção estática de células da planilha. Pelo contrário, você pode mover os campos de uma Tabela Dinâmica de uma área para outra. Mover os campos para várias áreas permite exibir seus dados de diferentes perspectivas, o que pode melhorar muito a análise deles. Mover um campo em uma Tabela Dinâmica é chamado de *transpor* os dados.

O modo mais comum de transpor os dados é mover os campos entre as áreas de linha e coluna. Contudo, também é possível transpor movendo o campo de linha ou coluna para a área de filtro. De qualquer modo, você pode fazer a transposição arrastando o campo de sua caixa atual no painel Campos da Tabela Dinâmica e soltando-o dentro da área que desejar.

Você pode mover qualquer campo de linha, coluna ou filtro para área de valor da Tabela Dinâmica. Mover um campo para esse local pode parecer estranho porque os campos de linha, coluna e página quase sempre são valores de texto e o cálculo da área de valor padrão é a Soma. Como somar valores de texto? Não é possível, claro. Mas o cálculo de resumo da Tabela Dinâmica do Excel para os valores de texto é a Contagem. Portanto, por exemplo, se você arrastar o campo Promoção e soltá-lo dentro da área de valor, o Excel criará um segundo campo de valor chamado Contagem da Promoção.

Agrupando Valores da Tabela Dinâmica

Para tornar uma Tabela Dinâmica com um grande número de itens de linha e coluna mais fácil de trabalhar, agrupe os itens. Por exemplo, você pode agrupar os meses em trimestres, reduzindo o número de itens de doze para quatro. Do mesmo modo, um relatório que lista dezenas de países pode agrupá-los por continente, diminuindo o número de itens para quatro ou cinco, dependendo de onde estão localizados. Enfim, se você usar um campo numérico na área de linha ou coluna, poderá ter centenas de itens, um para cada valor numérico. É possível melhorar o relatório criando apenas alguns intervalos numéricos.

Agrupando valores numéricos

Agrupar valores numéricos é útil quando se usa um campo numérico em um campo de linha ou coluna. O Excel permite especificar intervalos numéricos nos quais os itens do campo são agrupados. Por exemplo, suponha que você tenha uma Tabela Dinâmica de dados da fatura que mostram o preço estendido (campo de linha) e o vendedor (campo de coluna). Seria útil agrupar os preços estendidos em intervalos e contar o número de faturas que cada vendedor processou em cada intervalo.

Siga estas etapas para agrupar os valores numéricos em um campo da Tabela Dinâmica:

1. **Selecione qualquer item no campo numérico que deseja agrupar.**

2. **Escolha Análise ➪ Agrupar ➪ Agrupar Campo.**

    Aparecerá a caixa de diálogo Agrupamento, como mostrado na Figura 7-8.

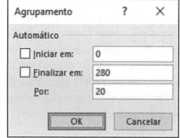

FIGURA 7-8: Caixa de diálogo Agrupamento.

3. **Use a caixa de texto Iniciar em para inserir o valor numérico inicial.**

    Uma alternativa é marcar a caixa de seleção Iniciar em para que o Excel extraia o valor mínimo dos itens numéricos e coloque-o na caixa de texto.

4. **Use a caixa de texto Finalizar em para inserir o valor numérico final.**

    A alternativa é marcar a caixa de seleção Finalizar em para que o Excel extraia o valor máximo dos itens numéricos e coloque-o na caixa de texto.

5. **Na caixa de texto Por, insira o tamanho que deseja usar para cada agrupamento.**

6. **Clique em OK.**

    O Excel agrupará os valores numéricos.

Agrupando valores de data e hora

Se a Tabela Dinâmica incluir um campo com dados de data e hora, você poderá usar o recurso de agrupamento do Excel para consolidar os dados em grupos mais gerenciáveis e úteis. Siga estas etapas:

1. **Selecione qualquer item no campo de data ou hora que deseja agrupar.**

2. **Escolha Análise de Tabela Dinâmica ⇨ Agrupar ⇨ Agrupar Campo.**

   A caixa de diálogo Agrupamento será exibida.

3. **Na caixa de texto Iniciar em, insira a data ou a hora inicial.**

   Também é possível marcar a caixa de seleção Iniciar em para que o Excel extraia a data ou hora mais inicial e coloque esse valor na caixa de texto.

4. **Use a caixa de texto Finalizar em para inserir a data ou hora final.**

   Uma alternativa é marcar a caixa de seleção Finalizar em para o Excel extrair a data ou hora mais final e colocar esse valor na caixa de texto.

5. **Na lista Por, selecione o agrupamento desejado, como Meses para a data ou Horas para o tempo.**

   Se você selecionar Dias, também poderá usar os botões de rotação Número de Dias para definir os dias que deseja usar para o intervalo do grupo.

   Para usar vários grupos, selecione cada tipo que deseja usar.

6. **Clique em OK.**

   O Excel agrupará os valores de data ou hora.

Agrupando valores de texto

Um problema comum que surge ao trabalhar com as Tabelas Dinâmicas é que muitas vezes você precisa consolidar os itens, mas não tem nenhum campo correspondente nos dados. Por exemplo, os dados podem ter um campo País, mas e se você precisar consolidar os resultados da Tabela Dinâmica por continente? Sua fonte de dados provavelmente não incluirá um campo Continente. Do mesmo modo, os dados de origem podem incluir os nomes dos funcionários, mas você precisa consolidá-los de acordo com as pessoas às quais estão subordinados. O que acontecerá se os dados de origem não incluírem, digamos, um campo Supervisor?

A solução nos dois casos é usar o recurso Agrupamento para criar grupos personalizados. Para os dados do país, você pode criar grupos personalizados chamados América, Europa etc. Para os funcionários, crie um grupo personalizado para cada supervisor.

Veja as etapas a seguir para criar um grupo personalizado para os valores de texto:

1. **Selecione os itens que você deseja incluir no grupo.**

2. **Escolha Análise de Tabela Dinâmica ⇨ Agrupar ⇨ Agrupar Seleção.**

   O Excel criará um novo grupo chamado Grupo*n* (em que *n* significa que é o *enésimo* grupo criado; o primeiro é o Grupo 1, o segundo é o Grupo 2 etc.) e reestruturará a Tabela Dinâmica.

3. **Selecione a célula que contém o rótulo do grupo, digite um novo nome e pressione Enter.**

   O grupo será renomeado pelo Excel.

4. **Repita as Etapas de 1 a 3 para os outros itens no campo até ter criado todos os grupos.**

Filtrando os Valores da Tabela Dinâmicas

Por padrão, cada relatório da Tabela Dinâmica exibe um resumo de todos os registros em seus dados de origem. Em geral, é o que você deseja ver. Contudo, pode haver situações em que é preciso focar mais algum aspecto dos dados. Você pode focar um item específico de um dos campos dos dados de origem aproveitando o campo de filtro do relatório da Tabela Dinâmica.

Aplicando um filtro do relatório

Suponha que você esteja lidando com uma Tabela Dinâmica que resume os dados de milhares de faturas de clientes em um período de tempo. Uma Tabela básica pode informar a quantidade total vendida para cada produto que você tem. É interessante, mas e se você quiser ver a quantidade total vendida para cada produto em um país específico? Se o campo Produto estiver na área de linha da Tabela Dinâmica, você poderá adicionar o campo País à área de coluna. Porém, também é possível ter dezenas de países e adicionar o campo à área de coluna não é uma solução eficiente. Pelo contrário, você pode acrescentar o campo País ao filtro de relatório e pedir ao Excel para exibir o total vendido para cada produto do país específico no qual está interessado.

Siga estas etapas para aplicar o filtro de relatório da Tabela Dinâmica:

1. **Selecione a seta suspensa do campo de filtro.**

   O Excel exibirá uma lista dos valores de campo do filtro do relatório.

2. **Selecione o filtro que deseja exibir.**

   Na Figura 7-9, uso a lista do filtro do relatório para escolher Canadá.

   Se quiser exibir os dados de dois ou mais filtros do relatório, marque a caixa de seleção Selecionar vários itens e repita a Etapa 2 para selecionar outros filtros do relatório.

   Para retornar mais tarde e exibir todos os itens no campo do relatório, selecione (Tudo) na lista suspensa do campo do filtro.

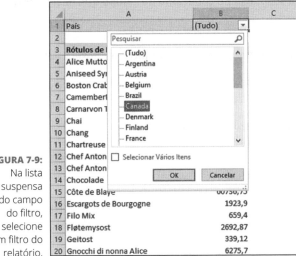

FIGURA 7-9: Na lista suspensa do campo do filtro, selecione um filtro do relatório.

3. **Selecione OK.**

   O Excel filtrará a Tabela Dinâmica para mostrar apenas os dados do filtro do relatório selecionado.

Filtrando itens da linha ou da coluna

Por padrão, a Tabela Dinâmica mostra todos os itens em qualquer campo de linha e coluna adicionado ao layout do relatório. Em geral, ver todos os itens é o desejado porque o motivo de tal Tabela é resumir todos os dados na origem. Mas às vezes, você pode não querer ver cada item. Por exemplo, em um relatório da Tabela Dinâmica que inclui itens do campo Nome do Produto na área de linha, pode querer ver apenas os produtos com nomes que começam com a letra G ou que contêm a palavra *tofu*.

Quando você modifica um relatório da Tabela para mostrar apenas um subconjunto de itens da linha ou da coluna, está aplicando um *filtro de rótulo* no relatório, que é diferente de um *filtro do relatório*, que filtra a Tabela Dinâmica inteira, como descrito na seção anterior. O Excel oferece vários filtros de rótulo para o texto, inclusive, É igual a, É diferente de, Começa com, Termina com, Contém, É maior que e É menor que.

Se o relatório da Tabela Dinâmica incluir um campo de data na área de linha ou coluna, você poderá aplicar um filtro de data nele. O Excel tem muitos filtros de data diferentes, inclusive, Antes, Depois, Está entre, Hoje, Ontem, Semana Passada, Mês Passado, Último Trimestre, Este Ano e Desde o Início do Ano.

Siga estas etapas para aplicar o filtro do rótulo nos itens da linha ou da coluna:

1. **Clique na seta suspensa no cabeçalho do campo que deseja filtrar.**

Aparecerá o menu Classificar e Filtrar do campo.

2. **Selecione Filtros do Rótulo e o tipo de filtro de deseja aplicar, como Começa com.**

Aparecerá a caixa de diálogo Filtro do Rótulo.

3. **Digite o critério do filtro e clique em OK.**

Alguns filtros, como Está entre, exigem dois valores de critérios.

O Excel filtrará o relatório da Tabela Dinâmica.

Para remover um filtro de linha ou coluna, clique na seta suspensa no cabeçalho do campo e selecione Limpar Filtro de *Campo*, em que *Campo* é o nome do campo filtrado.

Filtrando os valores da Tabela Dinâmica

O Excel permite aplicar *filtros de valor* que restringem os valores vistos na área de valor. Por exemplo, você pode querer ver apenas os valores maiores que uma certa quantia ou que ficam entre duas quantias específicas. O Excel tem vários filtros de valor, inclusive, É igual a, É diferente de, É maior que, É maior ou igual a, É menor que, É menor ou igual a, Está entre e Está fora.

Do mesmo modo, você pode estar interessado apenas nos valores mais altos ou baixos que aparecem na Tabela Dinâmica. Por exemplo, pode querer ver somente os 10 primeiros. É possível gerar esse relatório usando o Filtro 10 Primeiros do Excel, que filtra a Tabela para mostrar apenas os 10 primeiros itens baseados nos valores no campo valor.

Por exemplo, suponha que você tenha um relatório da Tabela Dinâmica baseado em um banco de dados de faturas que mostra as vendas totais de cada produto. O relatório básico mostra todos os produtos, mas se estiver interessado apenas nos melhores desempenhos do ano, poderá ativar o recurso Filtrar 10 Primeiros para ver os 10 produtos mais vendidos. Apesar do nome, o recurso pode exibir além dos 10 primeiros valores de dados. Você pode especificar qualquer número entre 1 e 2.147.483.647 e pedir ao Excel para mostrar os últimos valores também.

Siga estas etapas para aplicar um filtro de valor na Tabela Dinâmica:

1. **Clique na seta suspensa no cabeçalho de qualquer campo de linha ou coluna.**

O menu Classificar e Filtrar do campo será exibido.

2. **Selecione Filtros de Valor e o tipo de filtro que deseja aplicar, como 10 Primeiros.**

Aparecerá a caixa de diálogo desse filtro de valor, por exemplo, a caixa Filtrar 10 Primeiros.

3. **Digite o critério do filtro e clique em OK.**

O Excel filtrará o relatório da Tabela Dinâmica.

Para remover um filtro de valor, clique na seta suspensa no cabeçalho do campo filtrado e escolha Filtros de Valor ⇨ Limpar Filtro.

Filtrando uma Tabela Dinâmica com uma segmentação de dados

Como mencionado antes no capítulo, você pode filtrar uma Tabela Dinâmica usando um filtro de relatório, aplicado na Tabela inteira, ou um filtro de rótulo ou de valor, aplicado apenas no campo de filtro. Se é aplicado na Tabela inteira ou apenas no campo de filtro, o filtro é útil somente com a Tabela na qual está definido. Porém, é comum precisar do mesmo filtro em vários relatórios da Tabela Dinâmica. Por exemplo, se você é o gerente de vendas responsável pelas vendas em certos países, pode precisar filtrar uma Tabela para mostrar os dados apenas desses países. Da mesma forma, se trabalha com um subconjunto da linha de produtos de sua empresa, pode ter que filtrar os relatórios da Tabela para mostrar os resultados apenas desses produtos.

Aplicar esses tipos de filtros em uma ou duas Tabelas Dinâmicas não é difícil nem demorado, mas se você tiver que aplicar o mesmo filtro sempre de novo, o processo perderá a graça rápido. Para evitar a repetição, o Excel tem um recurso chamado *segmentação de dados.* Essa segmentação é muito parecida com um filtro de relatório, exceto que é independente de qualquer Tabela

Dinâmica. Isso significa que é possível usar uma única segmentação para filtrar várias Tabelas. Perfeito!

Primeiro, veja as etapas a seguir para criar uma segmentação de dados e filtrar uma Tabela Dinâmica:

1. **Selecione uma célula na Tabela Dinâmica.**

2. **Escolha Análise de Tabela Dinâmica ⇨ Filtrar ⇨ Inserir Segmentação de Dados.**

   A caixa de diálogo Inserir segmentação de dados será exibida, mostrando uma caixa de seleção para cada campo no relatório da Tabela.

3. **Marque a caixa de seleção ao lado de cada campo para o qual deseja criar uma segmentação, depois clique em OK.**

   O Excel exibirá uma segmentação de dados para cada campo selecionado. Cada segmentação é uma caixa contendo uma lista dos itens de seu campo associado. Por padrão, todos os itens na segmentação são selecionados, portanto nenhum filtro foi aplicado ainda na Tabela Dinâmica. Sua missão é usar a segmentação para selecionar os itens do campo que você deseja ver na Tabela.

   E mais, a guia contextual Ferramentas da Segmentação de dados aparece quando uma segmentação tem o foco e é possível usar os controles na guia Opções para personalizar cada segmentação.

4. **Selecione um item do campo que você deseja incluir no filtro.**

   Se quiser incluir vários itens no filtro, segure a tecla Ctrl, selecione cada item e solte a tecla. Uma alternativa é clicar no botão Seleção Múltipla, (veja a Figura 7-10; você também pode ativar a Seleção Múltipla pressionando Alt+S).

   O Excel filtrará a Tabela Dinâmica com base nos itens do campo selecionados em cada segmentação. A Figura 7-10 mostra um exemplo.

DICA

Se um campo tiver muitos itens, poderá ser preciso rolar a segmentação para encontrar o item desejado. Nesse caso, configurar a segmentação para exibir seus itens em várias colunas geralmente facilita. Selecione o título da segmentação a escolher, clique na guia Opções e nos botões de rotação Coluna para definir o número de colunas.

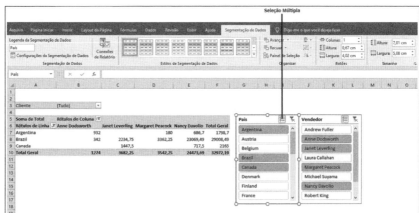

FIGURA 7-10: O Excel filtra a Tabela Dinâmica para mostrar apenas os itens selecionados em cada segmentação de dados.

Se você achar que não precisa mais usar uma segmentação de dados, deve removê-la para não tumultuar a janela da Tabela Dinâmica. Selecione a segmentação e pressione Delete ou clique com o botão direito nela e escolha Remover *Segmentação,* em que *Segmentação* é o nome dado (geralmente o nome do campo). Se quiser apenas ocultar temporariamente a segmentação, escolha qualquer uma, selecione Opções ➪ Painel de Seleção para exibir o painel de tarefas Seleção, depois clique no ícone de olho ao lado da segmentação para ocultá-la.

CAPÍTULO 7 **Criando e Usando Tabelas Dinâmicas**   155

PARTE 2 **Analisando Dados com Tabelas e Gráficos Dinâmicos**

NESTE CAPÍTULO

» **Experimentando alguns cálculos de resumo da Tabela Dinâmica**

» **Trabalhando com subtotais da Tabela Dinâmica**

» **Usando cálculos personalizados da Tabela Dinâmica**

» **Criando campos e itens calculados e personalizados da Tabela Dinâmica**

Capítulo **8**

Fazendo Cálculos na Tabela Dinâmica

O poder e a flexibilidade quase absurdos de uma Tabela Dinâmica são opostos à relativa simplicidade do que ela realmente faz, que é pegar uma montanha de dados e transformá-los em um pequeno relatório. Com esse relatório, a parte divertida começa quando você transpõe seus campos, agrupa seus itens e o filtra (tudo descrito em detalhes no Capítulo 7). Transpor, agrupar e filtrar representam os aspectos mais visíveis da capacidade de uma Tabela Dinâmica, mas muitas coisas impressionantes acontecem nos bastidores também. Esses recursos "ocultos" incluem muitos cálculos que o Excel faz para resumir todos os dados de modo tão conciso. Essa visão do poder do cálculo bruto é muito impressionante, mas você realmente pode controlar esse poder para seus próprios fins.

Neste capítulo, você examinará a Tabela Dinâmica para conferir seu mecanismo de cálculo. Explorará como os cálculos funcionam, trocará algumas partes para experimentar cálculos diferentes e até aprenderá a aumentar a eficiência com seus próprios cálculos. Vrumm vrumm!

Lidando com os Cálculos de Resumo da Tabela Dinâmica

O cálculo que o Excel usa para preencher a área de dados da Tabela Dinâmica é chamado de *cálculo de resumo*. Na maioria das vezes, o cálculo Soma padrão dará conta do recado, mas o Excel tem muitas opções para levar esse cálculo de resumo a um nível analítico mais alto. As próximas seções mostrarão as opções.

Mudando o cálculo de resumo da Tabela Dinâmica

O cálculo de resumo padrão depende do tipo de campo que você adiciona à área de dados:

» Se você adicionar um campo numérico à área de dados, o Excel usará a Soma como o cálculo de resumo padrão.

» Se usar um campo de texto, usará Contagem como o cálculo de resumo padrão.

Soma e Contagem não são as únicas opções de cálculo. Se sua análise de dados precisar de um cálculo diferente, será possível configurar o campo de dados para usar qualquer um dos 11 cálculos de resumo predefinidos do Excel. Veja a lista completa:

» **Média:** Calcula o valor médio em um campo numérico.

» **Contagem:** Exibe o número total de células no campo de origem.

» **Contar Números:** Exibe o número total de valores numéricos no campo de origem.

» **Máx:** Exibe o maior valor em um campo numérico.

» **Mín:** Exibe o menor valor em um campo numérico.

» **Mult:** Multiplica os valores em um campo numérico.

» **Desvpad:** Calcula o desvio-padrão de uma amostra populacional, informando a variação dos valores no campo de origem em relação à média.

» **Desvpadp:** Calcula o desvio-padrão quando os valores no campo de dados representam a população inteira.

» **Soma:** Adiciona os valores em um campo numérico.

158   PARTE 2 **Analisando Dados com Tabelas e Gráficos Dinâmicos**

» **Var:** Calcula a variância de uma amostra populacional, que é o quadrado do desvio-padrão.

» **Varp:** Calcula a variância quando os valores no campo de dados representam a população inteira.

Veja as etapas a seguir para experimentar um cálculo de resumo diferente:

1. **Selecione qualquer célula no campo de dados.**

2. **Escolha Análise de Tabela Dinâmica ⇨ Campo Ativo ⇨ Configurações do Campo.**

   A caixa de diálogo Configurações do Campo de Valor aparecerá com a guia Resumir valores por exibida, como na Figura 8-1.

3. **Na lista Resumir campo de valor por, selecione o cálculo de resumo que deseja usar.**

4. **Clique em OK.**

   O Excel irá recalcular os resultados da Tabela Dinâmica e renomear o rótulo do campo de valor para refletir o novo cálculo de resumo.

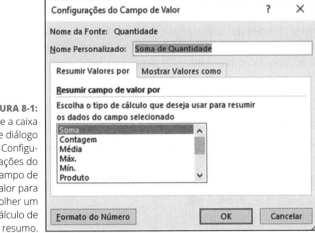

FIGURA 8-1: Use a caixa de diálogo Configurações do Campo de Valor para escolher um cálculo de resumo.

DICA

Outro modo de mudar o cálculo de resumo da Tabela Dinâmica é clicar com o botão direito em qualquer célula no campo de valor, escolher o comando Resumir valores por e selecionar o cálculo que você deseja usar no submenu que aparece. Se não encontrar o cálculo, escolha o comando Mais opções para abrir a caixa de diálogo Configurações do Campo de Valor.

CAPÍTULO 8 **Fazendo Cálculos na Tabela Dinâmica** 159

Quando você cria sua Tabela Dinâmica, pode achar que os resultados não servem. Por exemplo, os números podem ficar pequenos demais. Nesse caso, verifique o cálculo de resumo que o Excel aplicou no campo para ver se está usando Contagem, em vez de Soma. Se o campo de dados incluir uma ou mais células de texto, uma ou mais células em branco, o padrão do Excel será a função de resumo Contagem, não Soma. Se o campo for numérico, verifique os dados para saber se qualquer valor de texto ou célula em branco aparece.

Quando adiciona um segundo campo à área de linha ou coluna, o Excel exibe um subtotal para cada item no campo externo. (O *campo externo* é o "mais distante" da área de valor: o campo mais à esquerda se você tiver dois campos na área de linha; o campo mais acima se tiver dois campos na área de coluna. O outro campo é chamado de *campo interno* porque está "mais próximo" da área de valor.) Por padrão, os subtotais mostram a soma dos resultados de dados de cada item do campo externo. Porém, os mesmos 11 cálculos de resumo, da Média até Varp, também estão disponíveis para os subtotais.

Experimentando o cálculo de resumo da diferença

Os cálculos de resumo predefinidos, Soma, Contagem etc., são aplicados em um campo inteiro. Todavia, uma grande parte da análise de dados envolve comparar um item com outro. Se você estiver analisando as vendas para os clientes, por exemplo, saber quanto vendeu este ano será útil, mas ainda mais útil será comparar as vendas deste ano com a do último ano. As vendas aumentaram ou diminuíram? Quanto? As vendas aumentaram ou diminuíram com todos os clientes ou apenas com alguns? São perguntas fundamentais que ajudam os gerentes a administrarem os departamentos, divisões e empresas.

O Excel oferece dois cálculos da diferença que podem ajudar nessa análise:

» **Diferença de:** Compara um item numérico com outro e retorna a diferença entre eles

» **Diferença da % de:** Compara um item numérico com outro e retorna a diferença da porcentagem entre eles

Antes de configurar um cálculo da diferença, você precisa decidir qual campo na Tabela Dinâmica usar como o campo de comparação, ou *campo base,* e qual item nesse campo usar como a base para todas as comparações, chamado de *item base.* Por exemplo, veja a Figura 8-2, que usa o campo Data do Pedido para mostrar as vendas em 2019 e 2018. Nesse exemplo, a Data do Pedido é o campo base e 2018 é o item base.

FIGURA 8-2:
Uma Tabela Dinâmica que mostra as vendas em dois anos: 2018 e 2019.

Soma de Valor Parcial	Data do Pedido		
Cliente	2018	2019	Total Geral
Alfreds Futterkiste	R$ 2.250,50	R$ 2.022,50	R$ 4.273,00
Ana Trujillo Emparedados y helados	R$ 603,20	R$ 799,75	R$ 1.402,95
Antonio Moreno Taquería	R$ 1.063,20	R$ 5.960,77	R$ 7.023,97
Around the Horn	R$ 6.983,75	R$ 6.406,90	R$ 13.390,65
Berglunds snabbköp	R$ 11.078,57	R$ 13.849,01	R$ 24.927,58
Blauer See Delikatessen	R$ 2.160,00	R$ 1.079,80	R$ 3.239,80
Blondel père et fils	R$ 10.716,20	R$ 7.817,88	R$ 18.534,08
Bólido Comidas preparadas	R$ 1.206,00	R$ 3.026,85	R$ 4.232,85
Bon app'	R$ 10.754,89	R$ 11.208,35	R$ 21.963,24
Bottom-Dollar Markets	R$ 13.171,35	R$ 7.630,25	R$ 20.801,60
B's Beverages	R$ 2.910,40	R$ 3.179,50	R$ 6.089,90
Cactus Comidas para llevar	R$ 1.576,80	R$ 238,00	R$ 1.814,80
Centro comercial Moctezuma	R$ 100,80		R$ 100,80
Chop-suey Chinese	R$ 5.832,48	R$ 6.516,40	R$ 12.348,88

Veja as etapas a seguir para aplicar um cálculo de resumo da diferença em uma Tabela Dinâmica:

1. **Selecione qualquer célula no campo de valor.**

2. **Escolha Análise de Tabela Dinâmica➪ Campo Ativo➪ Configurações do Campo.**

    Aparecerá a caixa de diálogo Configurações do Campo de Valor com a guia Resumir valores por exibida.

3. **Clique na guia Mostrar valores como.**

4. **Na lista Mostrar valores como, selecione Diferença de.**

    Se quiser ver a diferença em termos de porcentagem, selecione % Diferença de.

    DICA

    Outro modo de selecionar o cálculo Resumo da Diferença é clicar com o botão direito em qualquer célula no campo de valor, selecionar Mostrar valores como e selecionar Diferença de.

5. **Na lista Campo base, selecione o campo a partir do qual deseja que o Excel calcule a diferença.**

6. **Na lista Item base, selecione o item.**

    A Figura 8-3 mostra uma guia Mostrar valores como completa para a Tabela Dinâmica de exemplo.

7. **Clique em OK.**

    O Excel irá recalcular os resultados para mostrar o cálculo de resumo da diferença. A Figura 8-4 mostra a Tabela Dinâmica da Figura 8-2 com o cálculo Diferença de aplicado.

CAPÍTULO 8 **Fazendo Cálculos na Tabela Dinâmica** 161

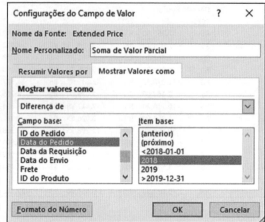

FIGURA 8-3: Use a caixa de diálogo Configurações do Campo de Valor para escolher um cálculo de resumo.

FIGURA 8-4: Tabela Dinâmica da Figura 8-2 agora usando o cálculo Diferença de.

Aplicando um cálculo de resumo da porcentagem

Ao analisar os dados, comparar dois ou mais itens como uma porcentagem muitas vezes é útil porque os cálculos da porcentagem permitem comparações de similares entre os valores. Por exemplo, se a Tabela Dinâmica mostra as vendas trimestrais por região (veja a Figura 8-5), você pode querer saber como os resultados no segundo, terceiro e quarto trimestres se comparam, como porcentagem, com os resultados do primeiro.

Esse tipo de comparação parece difícil, mas é possível usar os cálculos de porcentagem do Excel para exibir os itens de dados rapidamente como uma porcentagem de algum outro item ou uma porcentagem do total na linha, coluna ou Tabela Dinâmica atual. O Excel tem sete cálculos de porcentagem que podem ajudá-lo a fazer esse tipo de análise:

FIGURA 8-5: Uma Tabela Dinâmica que mostra as vendas trimestrais por região.

Soma das Vendas	Trimestre ▾				
Região ▾	1 TRI	2 TRI	3 TRI	4 TRI	Total Geral
Leste	R$ 377.568,00	R$ 343.706,00	R$ 368.121,00	R$ 374.260,00	R$ 1.463.655,00
Centro Oeste	R$ 321.220,00	R$ 307.992,00	R$ 365.790,00	R$ 370.213,00	R$ 1.365.215,00
Sul	R$ 346.345,00	R$ 330.999,00	R$ 376.658,00	R$ 355.542,00	R$ 1.409.544,00
Oeste	R$ 411.647,00	R$ 390.493,00	R$ 361.091,00	R$ 314.653,00	R$ 1.477.884,00
Total Geral	R$ 1.456.780,00	R$ 1.373.190,00	R$ 1.471.660,00	R$ 1.414.668,00	R$ 5.716.298,00

» **% de:** Retorna a porcentagem de cada valor em relação a um item base selecionado.

» **% do total de linhas:** Retorna a porcentagem que cada valor em uma linha representa do valor total da linha.

» **% do total de colunas:** Retorna a porcentagem que cada valor em uma coluna representa do valor total da coluna.

» **% do total geral:** Retorna a porcentagem que cada valor representa do total geral da Tabela Dinâmica.

» **% do total de linhas-pai:** Se você tem vários campos na área da linha, esse cálculo retorna a porcentagem que cada valor em uma linha interna representa em relação ao total do item-pai na linha externa.

» **% do total de colunas-pai:** Se tem vários campos na área da coluna, esse cálculo retorna a porcentagem que cada valor em uma coluna interna representa em relação ao total do item-pai na coluna externa.

» **% do total de pais:** Se tem vários campos na área da linha ou da coluna, esse cálculo retorna a porcentagem de cada valor em relação a um campo base selecionado na linha ou na coluna externa.

Se você usar o cálculo % de ou % do total de pais, deverá também escolher um campo base e item base sobre o qual o Excel irá calcular as porcentagens.

Veja as etapas a seguir para aplicar um cálculo de resumo da porcentagem:

1. **Selecione qualquer célula no campo de valor.**

2. **Escolha Análise de Tabela Dinâmica⇨Campo Ativo⇨Configurações do Campo.**

A caixa de diálogo Definições do Campo de Valor aparecerá com a guia Resumir valores por exibida.

3. **Clique na guia Mostrar valores como.**

CAPÍTULO 8 **Fazendo Cálculos na Tabela Dinâmica** 163

4. **Na lista Mostrar valores como, selecione o cálculo da porcentagem que você deseja usar.**

Se você selecionar % de ou % do total de pais, continue na Etapa 5; do contrário, vá para a Etapa 7.

5. **Na lista Campo base, selecione o campo a partir do qual deseja que o Excel calcule as porcentagens.**

6. **Na lista Item base, selecione o item.**

7. **Clique em OK.**

O Excel irá recalcular os resultados da Tabela Dinâmica para mostrar o cálculo de resumo da porcentagem. A Figura 8-6 mostra a Tabela da Figura 8-2 com o cálculo % de aplicado.

FIGURA 8-6:
A Tabela
Dinâmica da
Figura 8-5,
agora usando o cálculo
% de.

Soma das Vendas	Trimestre ▾				
Região ▾	1 TRI	2 TRI	3 TRI	4 TRI	Total Geral
Leste	100,00%	91,03%	97,50%	99,12%	
Centro Oeste	100,00%	95,88%	113,88%	115,25%	
Sul	100,00%	95,57%	108,75%	102,66%	
Oeste	100,00%	94,86%	87,72%	76,44%	
Total Geral	100,00%	94,26%	101,02%	97,11%	

Adicionando um cálculo de resumo do total acumulado

Um *total acumulado* é a soma cumulativa dos valores que aparecem em certo conjunto de dados. A maioria dos totais acumulados ocorre em um período de tempo. Por exemplo, suponha que você tenha 12 meses de vendas. Em um cálculo do total acumulado, o primeiro valor é o primeiro mês de vendas, o segundo valor é a soma do primeiro e segundo meses, o terceiro valor é a soma dos três primeiros meses etc.

Você usa um total acumulado na análise de dados quando precisa ver uma captura dos dados gerais em vários pontos. Por exemplo, suponha que você tenha um orçamento de vendas para cada mês. Conforme o ano fiscal avança, comparar o total acumulado dos valores do orçamento com o total acumulado das vendas reais informa como seu departamento ou empresa está em relação ao orçamento. Se as vendas ficam consistentemente abaixo do orçamento, você pode considerar reduzir os preços, oferecendo aos clientes descontos extras ou aumentando a publicidade do produto.

164 PARTE 2 **Analisando Dados com Tabelas e Gráficos Dinâmicos**

Criar um total acumulado parece ser um bom trabalho para uma fórmula complexa do Excel executar. Com certeza você poderia criar essa fórmula, mas tenho a satisfação de informar que não é preciso se preocupar, pois o Excel tem um cálculo Soma Acumulada em predefinido que você pode aplicar nos resultados da Tabela Dinâmica. Sem problema nem confusão.

O resumo Soma acumulada em se aplica não apenas ao cálculo Soma, mas também aos cálculos afins, como Contagem e Média.

Antes de configurar a Tabela Dinâmica para usar um cálculo de resumo Total acumulado em, você deve escolher o campo no qual basear o acumulado, chamado de *campo base*. Geralmente é o campo de data, mas você também pode criar totais acumulados com base em outros, como cliente, divisão, produto etc.

Veja as etapas a seguir para aplicar um cálculo de resumo Total acumulado em na Tabela Dinâmica:

1. **Selecione qualquer célula no campo de valor.**

2. **Escolha Análise de Tabela Dinâmica⇨Campo Ativo⇨Configurações do Campo.**

    Aparecerá a caixa de diálogo Configurações do campo de valor com a guia Resumir valor por exibida.

3. **Clique na guia Mostrar valores como.**

4. **Na lista Mostrar valores como, selecione Total acumulado em.**

    Se quiser ver o total acumulado em termos de porcentagem, selecione % do total acumulado.

    Outro modo de selecionar o cálculo de resumo Total acumulado em é clicar com o botão direito em qualquer célula no campo de valor e escolher Mostrar valores como ⇨ Soma Acumulada em.

5. **Na lista Campo base, selecione o campo a partir do qual deseja que o Excel faça os totais acumulados.**

6. **Clique em OK.**

    O Excel irá recalcular os resultados da Tabela Dinâmica para mostrar as somas acumuladas. A Figura 8-8 mostra a Tabela da Figura 8-7 com o cálculo Soma Acumulada em aplicado.

FIGURA 8-7: Uma Tabela Dinâmica mostrando os totais dos pedidos por mês.

Rótulos de Linha ▾	Soma de Valor Parcial
jan	R$ 53.981,61
fev	R$ 42.386,08
mar	R$ 41.921,21
abr	R$ 53.032,95
mai	R$ 50.506,46
jun	R$ 39.637,61
jul	R$ 44.811,34
ago	R$ 53.497,15
set	R$ 55.629,24
out	R$ 65.354,48
nov	R$ 44.928,54
dez	R$ 71.398,41
Total Geral	**R$ 617.085,08**

FIGURA 8-8: A Tabela Dinâmica da Figura 8-7 com o cálculo Somas Acumuladas aplicado.

Rótulos de Linha ▾	Soma de Valor Parcial
jan	R$ 53.981,61
fev	R$ 96.367,69
mar	R$ 138.288,90
abr	R$ 191.321,85
mai	R$ 241.828,31
jun	R$ 281.465,92
jul	R$ 326.277,26
ago	R$ 379.774,41
set	R$ 435.403,65
out	R$ 500.758,13
nov	R$ 545.686,67
dez	R$ 617.085,08
Total Geral	

Criando um cálculo de resumo do índice

Um dos aspectos mais críticos da análise de dados é determinar a importância relativa dos resultados dos cálculos. Essa determinação é muito importante em uma Tabela Dinâmica, cujos resultados resumem uma grande quantidade de dados, mas, na superfície, não dão nenhuma dica quanto à importância relativa dos vários resultados da área de valor.

Por exemplo, suponha que a Tabela Dinâmica mostre as unidades vendidas para várias categorias de produto, divididas por região (veja a Figura 8-9). Suponha ainda que, em São Paulo, foram vendidas 73 unidades de produtos perecíveis e 211 unidades de frutos do mar. Isso significa que as vendas de frutos do mar são relativamente mais importantes no mercado de São Paulo do que as vendas de produtos perecíveis? Não necessariamente. Para determinar a importância relativa, você deve levar em conta o quadro geral, como, por exemplo, as unidades totais vendidas dos produtos perecíveis e dos frutos do mar em todos os estados. Suponha que o total de produtos perecíveis seja de 145 unidades e o total de frutos do mar seja de 757 unidades. Nesse caso, é possível ver que as 73 unidades de produtos perecíveis vendidas em São Paulo representam uma parte muito maior de vendas dos produtos perecíveis totais do que as 211 unidades de frutos do mar de São Paulo. Uma análise correta também levaria em conta as unidades totais vendidas em São Paulo e as unidades totais vendidas no geral (o Total geral da Tabela Dinâmica).

FIGURA 8-9: Uma Tabela Dinâmica mostrando as unidades vendidas por categoria e região.

Soma de Quantidade	Região			
Categoria	RJ	SP	MG	Total Geral
Carne/Aves	21	137	50	208
Bebidas	140	235	5	380
Confeitaria	152	217	90	459
Frutos do Mar	60	211	95	366
Grãos/Cereais	105	154	35	294
Condimentos	131	126	65	322
Laticínios	84	196	159	439
Produtos Perecíveis	15	73		88
Total Geral	708	1349	499	2556

Determinar a importância relativa dos resultados de uma Tabela Dinâmica parece complexo e complicado, mas o Excel oferece o cálculo do Índice predefinido, que lida com tudo sem problemas. O cálculo do Índice determina a *média ponderada*, ou seja, a média considera a importância relativa de cada valor — de cada célula nos resultados da Tabela.

PAPO DE ESPECIALISTA

Coloque seu chapéu de matemático porque esta é a fórmula que o Excel usa:

```
(Valor Célula) * (Total Geral) / (Total Linha) * (Total Coluna)
```

Nos resultados do cálculo do Índice, quanto maior o valor, mais importante é a célula no relatório geral da Tabela Dinâmica.

Siga estas etapas para aplicar o cálculo de resumo do Índice na Tabela:

1. **Selecione qualquer célula no campo de valor.**

2. **Escolha Análise de Tabela Dinâmica ➪ Campo Ativo ➪ Configurações do Campo.**

    Aparecerá a caixa de diálogo Configurações do Campo de Valor com a guia Resumir valor por exibida.

3. **Clique na guia Mostrar valores como.**

4. **Na lista Mostrar valores como, selecione Índice.**

    Uma alternativa é clicar com o botão direito no campo de valor e escolher Mostrar valores como ➪ Índice.

DICA

5. **Clique em OK.**

    O Excel irá recalcular os resultados da Tabela Dinâmica para mostrar os resultados do Índice.

DICA

Trabalhar com os resultados de cálculo do Índice será muito mais fácil se você formatar o campo de dados para mostrar apenas duas casas decimais. Selecione qualquer célula no campo de valor, escolha Análise⇨Configurações do Campo, clique em Formato do Número, selecione Número na lista Categoria, verifique se 2 aparece no campo Casas decimais, clique em OK e depois em OK de novo.

A Figura 8-10 mostra a Tabela Dinâmica da Figura 8-9 com o cálculo do Índice aplicado. Observe que, sob São Paulo, o valor do índice para a categoria Produto Perecível é 1,57, ao passo que o valor do índice para Frutos do Mar é 1,09, informando que as vendas dos produtos perecíveis em São Paulo é relativamente mais importante do que a de frutos do mar.

Soma de Quantidade	Região			
Categoria	RJ	SP	MG	Total Geral
Carne/Aves	0,36	1,25	1,23	1,00
Bebidas	1,33	1,17	0,07	1,00
Confeitaria	1,20	0,90	1,00	1,00
Frutos do Mar	0,59	1,09	1,33	1,00
Grãos/Cereais	1,29	0,99	0,61	1,00
Condimentos	1,47	0,74	1,03	1,00
Laticínios	0,69	0,85	1,86	1,00
Produtos Perecíveis	0,62	1,57	0,00	1,00
Total Geral	1,00	1,00	1,00	1,00

FIGURA 8-10: A Tabela Dinâmica da Figura 8-9, com o cálculo do índice aplicado.

Trabalhando com os Subtotais da Tabela Dinâmica

Ao adicionar um segundo campo à área de linha ou coluna, como descrito no Capítulo 7, o Excel mostra os subtotais para os itens no campo externo. Disponibilizar esses subtotais do campo externo é um componente útil da análise de dados porque mostra não apenas como os dados se dividem de acordo com os itens no segundo campo (interno), mas também o total dos itens para cada um deles no primeiro campo (externo). O Excel permite acrescentar vários subtotais e desativar aqueles que você não deseja ver. As duas seções a seguir fornecem os detalhes.

Desativando os subtotais de um campo

Se você melhorar as coisas e acrescentar um terceiro campo à área de linha ou coluna, o Excel mostrará dois conjuntos de subtotais: um para o segundo campo (central) e outro para o primeiro (externo). E para cada campo extra adicionado à área, o programa acrescentará sem problemas ainda outro conjunto de subtotais.

Acredite se quiser, uma Tabela Dinâmica exibindo dois ou mais conjuntos de subtotais em uma área não é fácil de ler. Faça um favor a si mesmo e reduza a complexidade do layout da Tabela desativando os subtotais para um ou mais campos. Veja como:

1. **Selecione qualquer célula no campo com o qual deseja trabalhar.**

2. **Escolha Análise de Tabela Dinâmica⇨Campo Ativo⇨Configurações do Campo.**

   A caixa de diálogo Configurações do Campo aparecerá com a guia Subtotais e Filtros exibida.

3. **No grupo Subtotais, selecione o botão de opção Nenhum.**

   Uma alternativa é clicar com o botão direito em qualquer célula no campo e cancelar a seleção do comando "*Campo*" do Subtotal, em que *Campo* é o nome dele.

4. **Clique em OK.**

   O Excel ocultará os subtotais do campo.

Exibindo vários subtotais de um campo

Ao adicionar um segundo campo à área de linha ou coluna, como discuto no Capítulo 7, o Excel exibe um subtotal para cada item no campo externo e esse subtotal usa o cálculo Soma. Se você preferir ver a Média para cada item ou a Contagem, poderá mudar o cálculo de resumo do campo; veja a seção "Mudando o cálculo de resumo da Tabela Dinâmica", anteriormente neste capítulo.

Porém, uma tarefa comum na análise de dados é observar itens de vários pontos de vista diferentes. Ou seja, você estuda os resultados vendo não apenas um único cálculo do resumo, mas vários: Soma, Média, Contagem, Máx., Mín. etc.

Isso é demais, mas não é tão fácil trocar de um cálculo de resumo para outro. Para não ter problemas, o Excel permite exibir vários subtotais para cada campo, com cada subtotal usando um cálculo de resumo diferente. É verdade. Você pode usar quantos dos 11 cálculos de resumo predefinidos do programa precisar. Dito isso, devo mencionar que usar Desvpad e Desvpadp ao mesmo tempo não faz sentido, porque o primeiro é para os dados de amostra e o último é para os dados de população. O mesmo acontece para os cálculos de Var e Varp.

Tudo bem, veja as etapas a seguir para acrescentar vários subtotais a um campo:

1. **Selecione qualquer célula no campo com o qual deseja trabalhar.**

2. **Escolha Análise⇨Configurações do Campo.**

A caixa de diálogo Configurações do Campo aparecerá com a guia Subtotais e Filtros exibida.

3. **No grupo Subtotais, selecione o botão de opção Personalizados.**

4. **Na lista que aparece abaixo das opções Personalizados, selecione todos os cálculos que deseja exibidos como um subtotal.**

DICA

Uma alternativa é clicar com o botão direito no campo e cancelar a seleção do comando "*Campo*" do Subtotal, em que *Campo* é o nome dele.

5. **Clique em OK.**

O Excel recalculará a Tabela Dinâmica para mostrar os subtotais selecionados. A Figura 8-11 mostra uma Tabela de exemplo mostrando os subtotais Soma, Média, Máx. e Mín.

Nome da empresa	Soma de Valor Parcial
⊞ Comércio Mineiro	R$ 1.128,00
⊟ Família Arquibaldo	
10414	R$ 224,83
10512	R$ 525,30
10581	R$ 310,00
10650	R$ 1.779,20
10725	R$ 287,80
Família Arquibaldo Soma	R$ 3.127,13
Família Arquibaldo Média	R$ 240,55
Família Arquibaldo Máx.	R$ 779,00
Família Arquibaldo Mín.	R$ 28,00

FIGURA 8-11: Uma Tabela Dinâmica com vários subtotais.

Introdução aos Cálculos Personalizados

Um *cálculo personalizado* é uma fórmula que você mesmo define para produzir os valores da Tabela Dinâmica que não apareceriam no relatório caso usasse apenas os dados de origem e os cálculos de resumo predefinidos do Excel. Os cálculos personalizados permitem estender a análise de dados para incluir os resultados ajustados à sua empresa, departamento ou caprichos diários do seu chefe.

Por exemplo, suponha que a Tabela Dinâmica mostre as vendas dos funcionários por trimestre e você queira dar um bônus de 10% a cada funcionário com vendas acima de R$50.000 em qualquer trimestre. Isso é demais! Para ajudar, é possível criar um cálculo personalizado que verifica as vendas superiores a R$50.000 e multiplica por 0,1 para chegar ao bônus.

Um cálculo personalizado é uma fórmula do Excel aplicada nos dados de origem para produzir um resultado de resumo. Em outras palavras, na maioria dos casos, o cálculo personalizado é igual aos cálculos de resumo predefinidos da Tabela Dinâmica do Excel, exceto que você mesmo define as particularidades dele. Como você está criando a fórmula, pode usar grande parte de sua capacidade, tendo uma enorme flexibilidade para criar cálculos personalizados que se adéquem às suas necessidades de análise de dados. E colocando esses cálculos na própria Tabela, em vez de adicioná-los aos dados de origem, é possível atualizar facilmente os cálculos quando necessário e gerar de novo os resultados do relatório.

Fórmulas para cálculos personalizados

Os cálculos personalizados são fórmulas com certas restrições; veja a seção "Entendendo os limites do cálculo personalizado" mais adiante neste capítulo para mais detalhes. Uma fórmula de cálculo personalizado sempre começa com um sinal de igual (=), seguido de um ou mais operandos e operadores:

» **Operandos:** Os valores que a fórmula usa como material bruto para o cálculo. Em um cálculo personalizado da Tabela Dinâmica, os operandos podem ser números, funções da planilha ou campos de sua fonte de dados.

» **Operadores:** Os símbolos que a fórmula usa para fazer o cálculo. Em um cálculo personalizado da Tabela, os operadores disponíveis incluem adição (+), subtração (–), multiplicação (*), divisão (/) e comparação, como maior que (>) e menor ou igual a (<=).

Verificando os tipos de cálculo personalizado

Ao criar um cálculo personalizado para uma Tabela Dinâmica, o Excel oferece dois tipos:

» **Campo calculado:** Um novo campo de dados no qual os valores são o resultado de uma fórmula de cálculo personalizado. Você pode exibir o campo calculado com outro campo de dados ou sozinho. Um campo calculado é um cálculo de resumo personalizado, portanto, em quase todos os casos, ele referencia um ou mais campos nos dados de origem. Veja a seção "Inserindo um Campo Calculado Personalizado" mais adiante neste capítulo.

CAPÍTULO 8 **Fazendo Cálculos na Tabela Dinâmica** 171

» **Item calculado:** Um novo item em um campo de linha ou coluna no qual os valores são o resultado de um cálculo personalizado. Nesse caso, a fórmula do item calculado referencia um ou mais itens no mesmo campo. Veja a seção "Inserindo um Item Calculado Personalizado" mais adiante neste capítulo para saber mais sobre como trabalhar com um item calculado personalizado.

Entendendo os limites do cálculo personalizado

Os cálculos personalizados, sendo campos ou itens calculados, são acréscimos poderosos à sua caixa de ferramentas de análise da Tabela Dinâmica. Embora as fórmulas do cálculo personalizado pareçam fórmulas comuns da planilha, não é possível presumir que você pode fazer tudo com uma fórmula personalizada da Tabela como faz com uma fórmula da planilha. Na verdade, o Excel impõe vários limites para as fórmulas personalizadas.

O maior limite inerente nos cálculos personalizados é que, com exceção dos valores constantes, como números, você não pode referenciar nada fora dos dados de origem da Tabela:

» Não é possível usar uma referência de célula, endereço ou nome do intervalo como um operando em uma fórmula de cálculo personalizado.

» Não é possível usar nenhuma função da planilha que exija uma referência da célula, intervalo ou nome definido. Porém, ainda é possível usar muitas funções de planilha do Excel, substituindo um campo ou item da Tabela Dinâmica por uma referência da célula ou nome do intervalo. Por exemplo, se quiser um item calculado que retorna a média dos itens denominados Jan, Fev e Mar, você pode usar a seguinte fórmula:

```
=MÉDIA(Jan, Fev, Mar)
```

» Não é possível usar os subtotais, totais brutos, totais da coluna ou Total Geral da Tabela Dinâmica como um operando em uma fórmula de cálculo personalizado.

Também é preciso entender como as referências para outros campos da Tabela Dinâmica funcionam em seus cálculos e quais limites existem ao usar as referências do campo:

» **Referências do campo:** Quando você referencia um campo da Tabela Dinâmica na fórmula, o Excel interpreta isso como a *soma* dos valores desse campo. Por exemplo, a fórmula =Vendas + 1 não adiciona 1 a cada valor de Vendas e retorna a soma dos resultados; ou seja, o Excel não interpreta

172 PARTE 2 Analisando Dados com Tabelas e Gráficos Dinâmicos

a fórmula como =Soma de (Vendas + 1). Pelo contrário, ela adiciona 1 à soma dos valores de Vendas e o Excel interpreta a fórmula como =(Soma de Vendas) + 1.

» **Problemas de referência do campo:** O fato de que o padrão do Excel é um cálculo de Soma ao referenciar outro campo no cálculo personalizado pode trazer problemas. A dificuldade é que somar certos tipos de dados não faz sentido. Por exemplo, suponha que você tenha dados de origem do inventário com os campos UnidadesemEstoque e PreçoUnitário e deseja calcular o valor total do inventário, portanto, cria um campo personalizado baseado na seguinte fórmula:

```
=UnidadesemEstoque * PreçoUnitário
```

Infelizmente, essa fórmula não funciona porque o Excel trata o operando PreçoUnitário como a Soma do PreçoUnitário. "Somar" os preços não faz sentido, por isso a fórmula produz um resultado incorreto.

Enfim, o Excel impõe os seguintes limites para o uso dos itens calculados:

» Uma fórmula para um item calculado não pode referenciar itens de nenhum campo, exceto aquele no qual o item calculado está.

» Você não pode inserir um item calculado em uma Tabela Dinâmica que tenha, pelo menos, um campo agrupado. É preciso desagrupar todos os campos da Tabela antes de inserir um item calculado.

» Não é possível agrupar um campo em uma Tabela que tenha, pelo menos, um item calculado.

» Não é possível inserir um item calculado em um campo de filtro. E mais, não é possível mover um campo de linha ou coluna com um item calculado na área do filtro.

» Não é possível inserir um item calculado na Tabela na qual um campo foi usado mais de uma vez.

» Não é possível inserir um item calculado em uma Tabela que usa os cálculos de resumo da Média, Desvpad, Desvpadp, Var ou Varp.

Inserindo um Campo Calculado Personalizado

Um campo calculado personalizado é muito parecido com uma fórmula da planilha do Excel, mas você não insere a fórmula para um campo calculado em uma célula da planilha. Pelo contrário, o Excel tem o recurso Campo Calculado,

CAPÍTULO 8 **Fazendo Cálculos na Tabela Dinâmica**   173

que fornece uma caixa de diálogo para nomear o campo e construir a fórmula. Então, o programa armazena-a com o resto dos dados da Tabela Dinâmica.

Veja as etapas a seguir para inserir um campo calculado personalizado em uma Tabela Dinâmica:

1. **Selecione qualquer célula dentro da área de valor da Tabela Dinâmica.**

2. **Escolha Análise de Tabela Dinâmica ⇨ Cálculos ⇨ Campos, Itens e Conjuntos ⇨ Campo Calculado.**

   A caixa de diálogo Inserir campo calculado aparecerá.

3. **Na caixa de texto Nome, insira um nome para o campo calculado.**

4. **Na caixa de texto Fórmula, inicie a fórmula.**

   Comece com um sinal de igual (=) e adicione quaisquer limites ou funções da planilha de que precisa para começar.

5. **Quando chegar no ponto da fórmula onde precisa adicionar um campo, selecione-o na lista Campos e clique em Inserir campo.**

   Também é possível clicar duas vezes no campo para adicioná-lo à fórmula.

6. **Continue criando a fórmula repetindo a Etapa 5 para adicionar os campos necessários.**

7. **Com a fórmula completa, clique em Adicionar.**

   A Figura 8-12 mostra uma fórmula de exemplo para um campo calculado personalizado. Nesse caso, a fórmula usa uma função SE() para verificar se o campo PreçoEstendido é maior que 50.000. Se for, ela retornará o valor PreçoEstendido multiplicado por 0,1; do contrário, retornará 0.

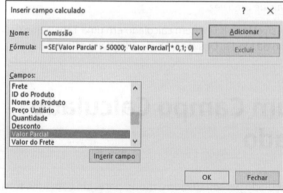

FIGURA 8-12: Um campo calculado personalizado pronto para a inserção na Tabela Dinâmica.

8. **Clique em OK.**

   O Excel adicionará o campo calculado à área de dados da Tabela, como mostrado na Figura 8-13. O programa acrescenta o campo calculado ao painel Campos da Tabela Dinâmica.

Vendedor	Soma de Valor Parcial	Soma de Comissão
Nancy	R$ 93.148,04	R$ 9.314,80
Laura	R$ 56.032,60	R$ 5.603,26
Margarete	R$ 128.809,78	R$ 12.880,98
André	R$ 70.444,14	R$ 7.044,41
Roberto	R$ 60.471,19	R$ 6.047,12
Janete	R$ 108.026,13	R$ 10.802,61
Anna	R$ 26.310,39	R$ -
Michel	R$ 43.126,37	R$ -
Sérgio	R$ 30.716,44	R$ -
Total Geral	R$ 617.085,08	R$ 61.708,51

FIGURA 8-13: O campo calculado personalizado em ação.

CUIDADO

Ao adicionar um campo calculado à Tabela Dinâmica, o Excel também aplica o cálculo personalizado ao valor Total Geral (consulte a Figura 8-13). Infelizmente, esse total é muitas vezes impreciso e você deve ter cuidado para não achar que está correto. O problema é que não é uma soma dos valores no campo calculado, como se pode pensar. Ao contrário, o Excel aplica a fórmula do campo calculado à soma de qualquer campo ou campos referenciados na fórmula. No exemplo mostrado na Figura 8-13, ele aplica a fórmula ao valor Total Geral do campo Valor Parcial, que não é o modo correto de calcular a comissão total. Se você quiser ver o total correto do campo calculado, configure uma fórmula fora da Tabela Dinâmica que soma os valores.

Inserindo um Item Calculado Personalizado

Se a análise de dados requerer resultados da Tabela Dinâmica indisponíveis usando apenas os campos da fonte de dados e os cálculos de resumo predefinidos do Excel, tudo bem. Você pode inserir um item calculado que usa uma fórmula personalizada para derivar os resultados necessários. Perfeito!

Um item calculado usa uma fórmula parecida com a fórmula da planilha do Excel, mas você não a insere para um item calculado em uma célula da planilha. Em vez disso, o Excel tem o comando Item Calculado, que exibe uma caixa de diálogo na qual você nomeia o item e cria a fórmula. Então, ele armazena a fórmula com o resto dos dados da Tabela Dinâmica.

O recurso Item Calculado cria apenas um item em um campo. Porém, fique à vontade para adicionar quantos itens calculados quiser. Por exemplo, suponha que você queira comparar as vendas de itens não veganos (como carne vermelha, frango, laticínio e frutos do mar) com os veganos (grãos, cereais, produtos perecíveis e bebidas). Uma abordagem seria criar um item calculado que retorna as vendas médias dos itens não veganos e um segundo item calculado que retorna as vendas médias daqueles veganos.

Veja as etapas a seguir para inserir um item calculado personalizado em uma Tabela Dinâmica:

1. **Selecione qualquer célula dentro do campo no qual deseja inserir o item.**

2. **Escolha Análise de Tabela Dinâmica ⇨ Cálculos ⇨ Campos, Itens e Conjuntos ⇨ Item Calculado.**

Aparecerá a caixa de diálogo Inserir item calculado.

3. **Na caixa de texto Nome, insira um nome para o campo calculado.**

4. **Na caixa de texto Fórmula, inicie a fórmula.**

Comece com um sinal de igual (=) e adicione quaisquer constantes ou funções da planilha necessárias para iniciar.

5. **Quando chegar no ponto da fórmula no qual precisa acrescentar um campo, selecione-o na lista Campos e clique em Inserir campo.**

Você também pode clicar duas vezes no campo para adicioná-lo à fórmula.

6. **Quando chegar no ponto da fórmula no qual precisa acrescentar um item, selecione-o na lista Campos e clique em Inserir item.**

Também é possível clicar duas vezes no item para adicioná-lo à fórmula.

7. **Continue criando a fórmula, repetindo as Etapas 5 e 6 para adicionar campos e itens quando necessário.**

8. **Quando a fórmula estiver completa, clique em Adicionar.**

A Figura 8-14 mostra uma fórmula de exemplo para um item calculado personalizado. Nesse caso, uso a função MÉDIA() para calcular a média das várias categorias de alimentos não veganos.

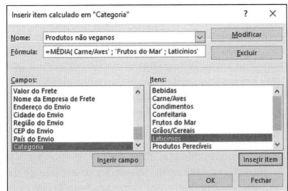

FIGURA 8-14: Um item calculado personalizado pronto para a ação.

9. **Clique em OK.**

10. **Clique em OK mais uma vez.**

    O Excel adicionará o item calculado ao campo da Tabela Dinâmica. A Figura 8-15 mostra dois itens calculados adicionados ao campo de linha da Tabela. Observe também que, ao selecionar um item calculado personalizado, o Excel mostra a fórmula personalizada dele na barra Fórmula.

FIGURA 8-15: Dois itens calculados personalizados adicionados à área de linha.

Rótulos de Linha	Soma de Valor Parcial
Bebidas	R$ 103.924,29
Carne/Aves	R$ 80.975,11
Condimentos	R$ 55.368,56
Confeitaria	R$ 82.657,70
Frutos do Mar	R$ 66.959,22
Grãos/Cereais	R$ 56.871,82
Laticínios	R$ 115.387,62
Produtos Perecíveis	R$ 54.940,76
Produtos não veganos	R$ 87.773,98
Produtos veganos	R$ 70.752,63
Total Geral	R$ 775.611,69

B12 = MÉDIA('Carne/Aves';'Frutos do Mar';Laticínios)

Editando um Cálculo Personalizado

Quando você adiciona um cálculo personalizado a uma Tabela Dinâmica, primeiro o Excel verifica a fórmula para assegurar que ela não tenha erros de sintaxe (como uma vírgula ou parênteses que faltam nem operandos ilegais), como endereços de célula, campo ou nomes do item desconhecidos, nem funções não suportadas pelos cálculos personalizados. Se o programa encontrar um erro, exibirá uma caixa de diálogo para alertá-lo e se recusará a adicionar o cálculo personalizado à Tabela.

Porém, só porque uma fórmula não tem erros de sintaxe ou operandos ilegais não significa, necessariamente, que seus resultados estão corretos. Em um campo calculado, você pode ter usado a função errada para o resultado que busca. Em um item calculado envolvendo vários itens de campo, pode ter esquecido algum item sem querer.

Por outro lado, sua fórmula pode trabalhar perfeitamente, mas pode não ser mais o resultado necessário, caso as necessidades da análise de dados tenham mudado. Por exemplo, você pode ter um campo calculado que determina se os funcionários receberam um bônus buscando as vendas superiores a R$50.000. Se esse limite mudar para R$75.000, o campo calculado não produzirá mais os resultados desejados.

Se o cálculo personalizado contiver algum erro ou as necessidades da análise de dados mudarem, o Excel permite editar a fórmula para produzir o resultado desejado. Veja como editar um cálculo personalizado:

1. **Para editar um campo calculado, selecione qualquer célula dentro da área de dados da Tabela Dinâmica.**

   Para editar um item calculado, selecione qualquer célula dentro do campo que contenha os itens calculados.

2. **Escolha Análise de Tabela Dinâmica ⇨ Cálculos ⇨ Campos, Itens e Conjuntos ⇨ Campo Calculado.**

   Será exibida a caixa de diálogo Inserir campo calculado.

   Para editar um item calculado, escolha Análise de Tabela Dinâmica ⇨ Cálculos ⇨ Campos, Itens e Conjuntos ⇨ Item Calculado para abrir a caixa de diálogo Inserir item calculado.

3. **Na lista Nome, selecione o cálculo que deseja excluir.**

4. **Edite a fórmula.**

5. **Clique em Modificar.**

6. **Clique em OK.**

   O Excel atualizará os resultados do cálculo personalizado.

DICA

Você também pode editar um item calculado selecionando o resultado dele. A fórmula aparecerá na barra Fórmula do Excel e será possível editá-lo nela.

Excluindo um Cálculo Personalizado

Nem sempre os cálculos personalizados continuam sendo uma parte permanente de um relatório da Tabela Dinâmica. Por exemplo, é comum adicionar temporariamente à Tabela um campo calculado ou item para testar os dados e obter um número para usar em outro lugar. Do mesmo modo, você pode criar diversas versões de um cálculo personalizado e querer manter apenas a versão final. Enfim, embora os cálculos personalizados sejam uma ferramenta poderosa, eles não podem fazer tudo, portanto, você pode achar que um cálculo não oferece a resposta que busca ou não o ajuda na análise dos dados.

Para todas essas situações, o Excel permite excluir os campos calculados ou itens desnecessários seguindo estas etapas:

1. **Selecione qualquer célula na Tabela Dinâmica.**

2. **Para excluir um campo calculado, escolha Análise de Tabela Dinâmica ⇨ Cálculos ⇨ Campos, Itens e Conjuntos ⇨ Campo Calculado.**

A caixa de diálogo Inserir campo calculado será exibida.

Para excluir um item calculado, escolha Análise de Tabela Dinâmica ⇨ CálculosC ⇨ Campos, Itens e Conjuntos ⇨ Item Calculado para abrir a caixa de diálogo Inserir item calculado.

3. **Na lista Nome, selecione o cálculo que deseja excluir.**

4. **Clique em Excluir.**

5. **Clique em OK.**

O Excel removerá o cálculo personalizado.

CAPÍTULO 8 **Fazendo Cálculos na Tabela Dinâmica** 179

PARTE 2 Analisando Dados com Tabelas e Gráficos Dinâmicos

NESTE CAPÍTULO

» **Cumprimentando o Gráfico Dinâmico**

» **Aprendendo a diferença entre Tabela Dinâmica e Gráfico Dinâmico**

» **Lidando com Gráficos Dinâmicos**

» **Deixando os Gráficos Dinâmicos bonitos**

Capítulo **9**

Criando Gráficos Dinâmicos

Se uma Tabela Dinâmica agrada o lado esquerdo do seu cérebro, ou seja, o lado analítico que gosta de números, o Gráfico Dinâmico provavelmente agradará o lado direito, o lado visual que gosta de padrões. É porque um Gráfico Dinâmico está para uma Tabela Dinâmica assim como um gráfico normal está para um intervalo. Isso significa que o Gráfico é uma representação gráfica da Tabela Dinâmica. O Gráfico permite visualizar os resultados da Tabela exibindo os resultados da área de valor em forma de gráfico.

Porém, você também pode dizer que um Gráfico Dinâmico está para um gráfico normal assim como uma Tabela Dinâmica está para um intervalo normal. Em outras palavras, o Gráfico vai além das capacidades de um simples gráfico porque ele vem com grande parte dos mesmos recursos que tornam as Tabelas Dinâmicas tão poderosas: é possível filtrar os resultados para ver apenas os dados necessários e você pode transpor os dados de uma área do Gráfico para outra e conseguir o layout que deseja. Neste capítulo, você descobrirá o que são Gráficos Dinâmicos, aprenderá a criá-los e explorará modos de aproveitá-los ao máximo.

Apresentando o Gráfico Dinâmico

Como é de se esperar, os Gráficos Dinâmicos têm vários elementos em comum com as Tabelas Dinâmicas, mas também existem algumas diferenças principais. A lista a seguir explica essas diferenças e apresenta alguns conceitos importantes do Gráfico:

» **Categorias de Gráfico (Eixo X):** Como uma Tabela Dinâmica, um Gráfico Dinâmico agrupa automaticamente grandes quantidades de dados em grupos menores e mais gerenciáveis. Por exemplo, se você tiver dados com um campo Categoria contendo valores como Bebidas, Condimentos, Misturas etc. e criar um Gráfico Dinâmico usando esse campo, o gráfico resultante exibirá uma categoria (valor do eixo X) para cada valor do campo Categoria único. Equivale a um campo de linha na Tabela Dinâmica.

» **Série de Dados do Gráfico:** Também como em uma Tabela Dinâmica, é possível dividir os dados em um segundo campo. Por exemplo, seus dados podem ter um campo Data do Pedido. Se você adicionar esse campo ao Gráfico Dinâmico, o Excel criará uma série de dados para cada valor único nesse campo. Equivale a um campo de coluna em uma Tabela Dinâmica.

» **Valores do Gráfico (Eixo Y):** Você não pode ter uma Tabela Dinâmica sem um campo de valor, assim como não pode no Gráfico Dinâmico. Quando você adiciona um campo numérico para o cálculo de resumo, o Excel exibe os resultados como valores gráficos (eixo Y). Equivale a um campo de valor em uma Tabela Dinâmica.

» **Gráficos Dinâmicos:** Talvez a maior diferença entre um Gráfico Dinâmico e um normal é que cada Gráfico é um objeto dinâmico que pode ser reconfigurado quando necessário, como é feito na Tabela Dinâmica. Você pode transpor os campos de uma área do gráfico para outra, adicionar campos a diferentes áreas gráficas e colocar vários campos em qualquer área do gráfico.

» **Filtragem:** Como em uma Tabela Dinâmica, você pode usar valores únicos em outro campo para filtrar os resultados que aparecem no Gráfico Dinâmico. Por exemplo, se os dados de origem têm um campo País, é possível adicioná-lo ao Gráfico e usá-lo para filtrar os resultados e mostrar apenas aqueles de um país específico. Equivale a um campo de filtro em uma Tabela Dinâmica.

Entendendo os prós e os contras do Gráfico Dinâmico

Os Gráficos Dinâmicos têm vantagens e desvantagens, e entender seus pontos fortes e fracos pode ajudar a decidir quando e se deve usá-los.

No lado positivo, um Gráfico Dinâmico é uma ferramenta de análise de dados poderosa porque combina os pontos fortes das capacidades gráficas do Excel, inclusive a maioria das opções disponíveis nos gráficos normais, com os recursos de uma Tabela Dinâmica. E mais, criar um Gráfico básico é tão simples quanto criar uma Tabela. Na verdade, se você tiver uma Tabela Dinâmica, poderá criar o Gráfico Dinâmico equivalente pressionando uma única tecla.

No lado negativo, os Gráficos Dinâmicos compartilham as mesmas ressalvas dos gráficos normais, sobretudo o fato de que se você não escolher o tipo de gráfico ou layout correto, seus dados não serão compreendidos de imediato. E mais, um Gráfico Dinâmico pode rapidamente ficar muito confuso quando se tem vários campos Categoria ou Série de Dados. Por fim, eles têm os limites inerentes que restringem as opções e a formatação que podem ser aplicadas. Explico esses limites um pouco mais adiante neste capítulo.

Fazendo um tour no Gráfico Dinâmico

Os Gráficos Dinâmicos têm parte da mesma terminologia vista no Capítulo 7 quanto às Tabelas Dinâmicas, inclusive os conceitos de *filtro do relatório, área de valor* e *botão do campo*. Porém, os Gráficos também usam vários termos únicos que você precisa entender para tirar o proveito máximo deles (veja a Figura 9-1):

» **Botões do campo:** O Gráfico Dinâmico inclui um botão para cada campo, como um campo Categoria, Série de Dados ou Filtro do Relatório. Cada botão exibe uma lista suspensa com valores únicos do campo que você usa para filtrar os dados do Gráfico.

» **Itens da categoria:** Os valores de campo únicos que definem as categorias do gráfico.

» **Eixo da categoria:** O eixo X do gráfico (ou seja, horizontal) que exibe os itens da categoria.

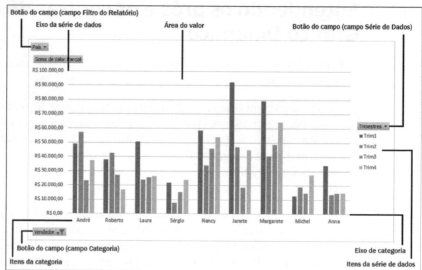

FIGURA 9-1: Visão ampliada para ver o cenário do Gráfico Dinâmico.

> » **Itens da série de dados:** Os valores exclusivos do campo que definem a série de dados do gráfico. Os nomes do item aparecem na legenda do gráfico.
>
> » **Eixo da série de dados:** O eixo Y do gráfico (vertical) que exibe os valores dos itens da série de dados.
>
> » **Área do valor:** Exibe os resultados gráficos do cálculo que o Excel aplicou em um campo numérico nos dados.

Uma das principais fontes de confusão do Gráfico Dinâmico é o fato de que o Excel usa uma terminologia diferente com Tabelas e Gráficos Dinâmicos. Nos dois, você tem uma área de valor que contém os resultados numéricos e um filtro do relatório que pode usar para filtrar os dados. Mas é importante entender como o Excel mapeia as áreas de linha e coluna da Tabela para o Gráfico:

> » **Área da linha versus eixo da categoria:** Em uma Tabela Dinâmica, a área da linha contém os valores únicos que o Excel extraiu de um campo nos dados de origem. O equivalente do Gráfico Dinâmico é o eixo da categoria, que corresponde ao eixo X do gráfico. Ou seja, cada valor único do campo de origem tem um valor do eixo da categoria correspondente.
>
> » **Área da coluna versus eixo da série:** Em uma Tabela Dinâmica, a área da coluna contém os valores únicos que o Excel extraiu de um campo nos dados de origem. O equivalente do Gráfico Dinâmico é o eixo da série, que corresponde ao eixo Y do gráfico. Ou seja, cada valor único do campo de origem tem uma série de dados correspondente.

Entendendo os limites do Gráfico Dinâmico

Os Gráficos Dinâmicos são um acréscimo poderoso ao seu kit de ferramentas da análise de dados, mas nem sempre são a solução ideal. O Excel tem regras rígidas para quais partes de um relatório da Tabela Dinâmica correspondem às partes do layout do Gráfico. Mover um campo de uma parte do Gráfico para outra pode resultar facilmente em um layout sem sentido ou difícil de entender.

Você também tem vários limites que controlam os tipos de gráficos que pode criar e as opções de formatação que pode aplicar:

>> **Tipos de gráfico:** O Excel oferece muitos tipos de gráficos e você pode mudar o tipo de Gráfico Dinâmico padrão para outro mais adequado às suas necessidades; veja a seção "Mudando o tipo de Gráfico Dinâmico", mais adiante neste capítulo. Entretanto, os três tipos que você não pode aplicar em um Gráfico são Bolha, XY (Dispersão) e Estoque.

>> **Adicionar e remover campos:** Depois de criar o Gráfico Dinâmico, contanto que esteja trabalhando com o gráfico em si, não é possível adicionar nem remover os campos. Se quiser reconfigurar os campos do Gráfico, você terá que adicionar ou remover usando a Tabela Dinâmica subjacente.

>> **Transpor campos:** Não é possível transpor de uma parte do Gráfico Dinâmico para outra. Se quiser transpor um campo, terá que usar a Tabela Dinâmica subjacente.

Felizmente, esses limites do Gráfico não são difíceis na maioria das situações, portanto, não são um obstáculo para impedi-lo de aproveitar os poderes analíticos e de visualização do Gráfico Dinâmico.

Criando um Gráfico Dinâmico

O Excel tem três modos de criar um Gráfico Dinâmico. Parece muito, mas é importante? Provavelmente não, mas você deve, pelo menos, estar familiarizado com todos os três métodos descritos nas próximas seções.

Criando um Gráfico Dinâmico a partir de uma Tabela Dinâmica

Não gosto de usar a palavra "fácil" para descrever algo relacionado a computadores, porque o que é fácil para uma pessoa é difícil para outra. Mas, se você já tem uma Tabela Dinâmica, criar um Gráfico Dinâmico para visualizar os dados da Tabela chega a ser tão fácil quanto entrar no mundo da análise de dados. Por quê? Convencer o Excel a criar um Gráfico Dinâmico requer só duas etapas:

1. Selecione qualquer célula na Tabela Dinâmica.

2. Pressione F11.

Sim, é só isso. O Excel criará uma nova folha e exibirá o Gráfico Dinâmico e o painel Campos do Gráfico Dinâmico.

Incorporando um Gráfico Dinâmico na planilha de uma Tabela Dinâmica

Quando você cria um Gráfico Dinâmico diretamente a partir de uma Tabela Dinâmica pressionando F11, como descrito na seção anterior, o Excel coloca o gráfico em uma nova folha. Em geral, é a melhor solução porque dá mais espaço para exibir e manipular o Gráfico Dinâmico. Muitas vezes, exibir o Gráfico com sua Tabela associada é útil. Por exemplo, quando você muda a exibição da Tabela Dinâmica, o Excel muda automaticamente a exibição do Gráfico do mesmo modo. Em vez de trocar de uma folha para outra e comparar os resultados, ter o Gráfico Dinâmico na mesma planilha permite comparar os dois de imediato. Perfeito.

Criar um novo Gráfico Dinâmico na mesma planilha como uma Tabela Dinâmica existente é chamado de *incorporar* o Gráfico. Veja as etapas a seguir para incorporar um Gráfico Dinâmico:

1. Selecione qualquer célula na Tabela Dinâmica.

2. Escolha Análise de Tabela Dinâmica⇨Ferramentas⇨Gráfico Dinâmico.

A caixa de diálogo Inserir Gráfico aparecerá.

3. Na lista dos tipos de gráfico no lado esquerdo da caixa, selecione o desejado.

LEMBRE-SE

Você não pode usar o tipo gráfico XY (Dispersão), Bolha ou Estoque com um Gráfico Dinâmico.

O Excel exibirá um ou mais subtipos de gráfico para o tipo selecionado.

4. À direita da caixa de diálogo, selecione o subtipo desejado.

5. Clique em OK.

O Excel irá incorporar o Gráfico Dinâmico na planilha da Tabela.

O Excel incorpora o Gráfico Dinâmico no centro da área visível da planilha. Na maioria dos casos, esse local significa que o novo Gráfico sobrepõe a Tabela Dinâmica existente, dificultando mais a comparação. Para resolver o problema, é possível mover ou redimensionar o Gráfico:

» Para mudar o Gráfico Dinâmico de lugar, mova o ponteiro do mouse sobre uma parte vazia da área do gráfico e arraste o objeto gráfico para a nova posição.

» Para redimensionar o Gráfico, selecione e mova o ponteiro do mouse para qualquer uma das alças de seleção que aparecem nos cantos e laterais da área do gráfico. Arraste a alça para o tamanho desejado.

LEMBRE-SE

Se você já tiver um Gráfico Dinâmico em uma folha separada, poderá incorporá-lo na planilha da Tabela Dinâmica. Descrevo como funciona mais adiante neste capítulo, na seção "Movendo um Gráfico Dinâmico para outra folha".

Criando um Gráfico Dinâmico a partir de uma tabela do Excel

Se os dados que você quer resumir e visualizar existem como uma tabela do Excel, é possível criar um Gráfico Dinâmico diretamente a partir desses dados. Observe também que esse método funciona se seus dados existem como um intervalo do Excel, em vez de uma tabela. Veja as etapas a seguir:

1. Selecione uma célula na tabela que deseja usar como os dados de origem.

Se estiver usando um intervalo, selecione qualquer célula nele.

2. Escolha Inserir ⇨ Gráficos ⇨ Gráfico Dinâmico.

Aparecerá a caixa de diálogo Criar Gráfico Dinâmico, com o botão de opção Selecionar uma tabela ou intervalo selecionado. A caixa Tabela/Intervalo deverá mostrar o nome da sua tabela (ou o endereço do intervalo). Se não, ajuste o nome ou o endereço quando necessário antes de continuar.

3. Selecione o botão de opção Nova Planilha.

Como alternativa, se você quiser adicionar a Tabela Dinâmica a um local existente, selecione o botão Planilha Existente e na caixa de intervalo Local, selecione a planilha e a célula na qual deseja que a Tabela apareça.

4. **Clique em OK.**

   O Excel criará uma Tabela Dinâmica e um Gráfico incorporado, ambos em branco, e exibirá o painel Campos do Gráfico Dinâmico, como na Figura 9-2. Esse painel contém duas áreas principais:

   - Uma lista dos cabeçalhos da coluna de sua tabela, cada um com uma caixa de seleção à esquerda. São os campos do Gráfico (e da Tabela).

   - Quatro caixas representando as quatro áreas do Gráfico: Filtros, Legenda (Série), Eixo (Categorias) e Valores. Para terminar o Gráfico, acrescente um ou mais campos a algumas ou a todas as áreas.

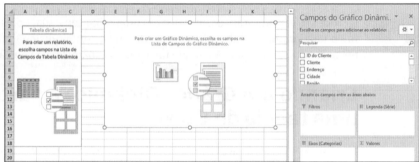

FIGURA 9-2: O Excel inicia com uma Tabela e um Gráfico Dinâmicos em branco, e o painel Campos do Gráfico Dinâmico.

5. **Arraste um campo de texto e solte-o dentro da área Eixo (Categorias).**

   O Excel adicionará um botão do campo ao eixo (X) da categoria do Gráfico.

6. **Arraste um campo numérico e solte-o dentro da área Valores.**

   O Excel somará os valores numéricos com base nos valores da linha.

7. **Se quiser, arraste os campos e solte-os na área Legenda (Série) e na área Filtros.**

   Sempre que você arrasta um campo para uma área, o Excel atualiza a Tabela Dinâmica para incluir os novos dados. A Figura 9-3 mostra um Gráfico Dinâmico (e Tabela) completo, com campos apenas nas caixas Eixo (Categorias), Valores e Filtros. Note também que quando você seleciona o Gráfico, o Excel exibe a guia contextual Ferramentas do Gráfico Dinâmico, que inclui três guias (Análise, Design e Formato), com opções para manipular e formatar o Gráfico.

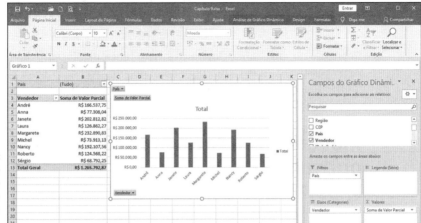

FIGURA 9-3:
Um Gráfico Dinâmico incorporado e sua Tabela Dinâmica.

Se o Gráfico Dinâmico incluir apenas o campo Categoria, o Excel exibirá os resultados usando um gráfico de barras padrão. Se ele incluir um campo Categoria e um campo de série, o programa exibirá os resultados com um gráfico de colunas agrupadas. Explico como exibir um Gráfico Dinâmico usando um tipo diferente de gráfico na seção "Mudando o tipo de Gráfico Dinâmico", mais adiante neste capítulo.

PAPO DE ESPECIALISTA

O gráfico de colunas agrupadas é uma ótima maneira de visualizar os resultados bidimensionais da Tabela Dinâmica, mas decifrá-lo nem sempre é fácil, sobretudo se você tem muitas séries de dados, significando que grande parte das colunas em cada categoria é bem pequena. Para entender melhor o gráfico, você pode querer saber quais dados são representados por colunas específicas.

Você pode descobrir as particularidades de cada coluna movendo o ponteiro sobre a coluna na área de plotagem. O Excel exibirá um banner com os dados no seguinte formato:

```
Série "Item da Série" Ponto "Item da Categoria" Valor: Valor
```

Aqui, `Item da Série` é um item do campo da série, `Item da Categoria` é um item do campo Categoria e `Valor` é o valor do ponto de dados. Por exemplo, se o campo Transportadora tiver um item chamado United Package, o campo Vendedor tiver um item Steven Buchanan e o valor for 488, o banner mostrará:

```
Série "United Package" Ponto "Steven Buchanan" Valor: 488
```

CAPÍTULO 9 **Criando Gráficos Dinâmicos** 189

Trabalhando com Gráficos Dinâmicos

Depois de ter um Gráfico Dinâmico ativo e funcionando, você deve querer deixá-lo como está. É perfeito, porém é mais provável que queira aproveitar os muitos modos que o Excel oferece para manipular e formatar um Gráfico. No restante deste capítulo, mostrarei algumas técnicas para lidar com os Gráficos.

Movendo um Gráfico Dinâmico para outra folha

Na seção "Criando um Gráfico Dinâmico a partir de uma Tabela Dinâmica", anteriormente neste capítulo, descrevo como criar um novo Gráfico em uma folha separada. Mas, em algumas situações, essa folha pode não ser conveniente. Por exemplo, se você quer comparar o Gráfico e sua Tabela Dinâmica associada, essa comparação fica mais difícil se o Gráfico e a Tabela estiverem em folhas separadas. Do mesmo modo, pode preferir colocar todos os Gráficos em uma única folha para poder compará-los ou para ser fácil encontrá-los. Por fim, se planeja criar vários Gráficos Dinâmicos, pode não querer bagunçar a pasta de trabalho com folhas separadas.

A solução em todos esses casos é mover o Gráfico, ou os Gráficos, para sua planilha preferida. Para esse nobre fim, siga estas etapas para mover o Gráfico Dinâmico para um novo local:

1. **Selecione o Gráfico que deseja mover.**

2. **Escolha Design ⇨ Local ⇨ Mover Gráfico.**

    A caixa de diálogo Mover Gráfico aparecerá.

3. **Selecione o botão de opção Objeto em e abra a lista suspensa para selecionar a folha para onde deseja mover o Gráfico (veja a Figura 9-4).**

4. **Clique em OK.**

    O Excel moverá o Gráfico Dinâmico para o local especificado.

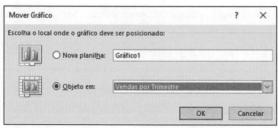

FIGURA 9-4: Use a caixa de diálogo Mover Gráfico para mover um Gráfico Dinâmico para outra planilha.

DICA

As etapas nesta seção se aplicam aos Gráficos Dinâmicos incorporados em folhas separadas e aos objetos do Gráfico incorporados em planilhas. Para os últimos, você pode usar uma segunda técnica. Selecione o Gráfico e escolha Página Inicial ⇨ Área de Transferência ⇨ Recortar (ou pressione Ctrl+X) para remover o Gráfico e armazená-lo na Área de Transferência do Windows. Troque para a folha onde deseja o Gráfico movido. Se estiver movendo o Gráfico Dinâmico para uma planilha, selecione a célula na qual deseja que o canto superior esquerdo do gráfico apareça. Escolha Página Inicial ⇨ Área de Transferência ⇨ Colar (ou Ctrl+V). O Excel colará o objeto do Gráfico na folha. Mova e redimensione esse objeto como quiser.

Filtrando um Gráfico Dinâmico

Por padrão, cada relatório do Gráfico mostra um resumo de todos os registros nos dados de origem. Em geral, é o que você deseja ver. Mas há situações que requerem focar mais algum aspecto dos dados. Você pode focar um item específico de um dos campos dos dados de origem aproveitando o filtro do relatório do Gráfico.

Por exemplo, suponha que esteja lidando com um Gráfico que resume os dados de milhares de faturas de clientes em um período de tempo. Um Gráfico básico poderia informar as unidades totais vendidas para cada categoria de produto. Mas e se você quiser ver as unidades vendidas para cada produto em um país específico? Se o campo Produto estiver na área Eixo (Categoria) do Gráfico, você poderá adicionar o campo País à área Legenda (Série). Porém, isso pode envolver dezenas de países, portanto, não é um modo eficiente de seguir. Ao contrário, é possível adicionar esse campo à área Filtro do Relatório. Você poderá informar o Excel para exibir o total vendido de cada produto do país específico no qual está interessado.

Como outro exemplo, suponha que você fez uma campanha de marketing no trimestre anterior e preparou um plano de incentivo para os vendedores pelo qual eles poderiam receber bônus pelas vendas, pelo menos, de algumas unidades específicas. Suponha também que tenha um Gráfico Dinâmico mostrando a soma das unidades vendidas para cada produto. Para ver os números de certo funcionário, é possível adicionar o campo Vendedor à área Filtro do Relatório e selecionar o funcionário com o qual deseja trabalhar.

Vejas as etapas a seguir para filtrar o Gráfico Dinâmico:

1. **Clique no botão Filtro do Relatório do Gráfico.**

O Excel exibirá uma lista dos itens do campo Filtro do Relatório.

2. **Selecione o item que deseja exibir, como mostrado na Figura 9-5.**

Se quiser exibir os dados de dois ou mais itens, marque a caixa de seleção Selecionar vários itens e repita a Etapa 2 para escolher outros itens.

3. **Clique em OK.**

   O Excel filtrará o Gráfico Dinâmico para mostrar apenas os dados para o item (ou itens) selecionado(s).

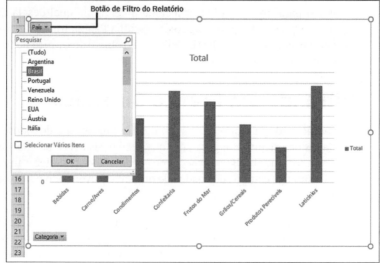

FIGURA 9-5: Pressione o botão do campo Filtro do Relatório e selecione um item.

Se você quiser voltar a ver todos os itens, selecione o botão do campo Filtro do Relatório, escolha (Tudo) e clique em OK.

Também é possível filtrar os itens na área Eixo (Categorias). Por exemplo, em um Gráfico Dinâmico que inclui os itens do campo Nome do Produto na área da linha, você pode querer ver apenas os produtos com nomes que começam com a letra G ou têm a palavra *tofu*. Pode fazer isso aplicando um filtro em um campo Categoria. O Excel tem vários filtros de texto, inclusive É igual a, É diferente de, Começa com, Termina com, Contém, É maior do que, É menor do que. Se o campo usa datas, aplique um filtro de data como Antes, Ontem, Mês passado e Este ano.

No Gráfico Dinâmico, clique no botão do campo com o qual deseja trabalhar e escolha o comando Filtros do Rótulo ou Filtros de Data. Na lista exibida, selecione o tipo de filtro que deseja aplicar, como Começa com. Digite o critério do filtro e clique em OK.

Mudando o tipo de Gráfico Dinâmico

Se você não incluir um campo de série no Gráfico, o Excel exibirá o relatório usando colunas normais, que são úteis para comparar os valores nos itens do campo Categoria. Se incluir um campo de série no Gráfico, o Excel mostrará o relatório com colunas agrupadas, com cada categoria exibindo várias colunas com cores diferentes agrupadas lado a lado, uma para cada item no campo. Essas colunas agrupadas são úteis para comparar os valores de série de cada item na categoria.

Embora esses tipos de gráfico padrão sejam bons para muitas aplicações, nem sempre são a melhor escolha. Por exemplo, se você não tiver um campo de série e quiser ver a contribuição relativa de cada item da categoria para o total, um gráfico de pizza seria melhor. Se estiver mais interessado em mostrar a tendência dos resultados com o tempo, um gráfico de linhas normalmente é o ideal.

Seja qual for sua necessidade, o Excel permite mudar o tipo padrão do Gráfico Dinâmico para qualquer um a seguir: Coluna, Barra, Linhas, Pizza, Área, Rosca, Radar, Superfície, Cilindro, Cone ou Pirâmide.

LEMBRE-SE

O programa não permite usar os seguintes tipos com um Gráfico Dinâmico: XY (Dispersão), Bolha ou Estoque.

Siga estas etapas para mudar o tipo de Gráfico Dinâmico:

1. **Selecione o Gráfico Dinâmico.**
2. **Escolha Design ➪ Tipo ➪ Alterar Tipo de Gráfico.**

   Será exibida a caixa de diálogo Alterar Tipo de Gráfico.

3. **Na lista dos tipos de gráfico à esquerda da caixa de diálogo Inserir Gráfico, selecione o tipo que deseja usar.**

   O Excel exibirá os subtipos de gráfico disponíveis.

4. **No lado direito da caixa Inserir Gráfico, selecione o subtipo que deseja usar.**
5. **Clique em OK.**

   O Excel exibirá de novo o Gráfico Dinâmico com o novo tipo. Por exemplo, a Figura 9-6 mostra o Gráfico da Figura 9-5 exibido com o tipo Gráfico de pizza.

CAPÍTULO 9 **Criando Gráficos Dinâmicos** 193

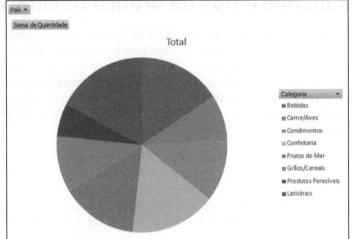

FIGURA 9-6:
O Gráfico Dinâmico da Figura 9-5 agora exibido como Gráfico de pizza.

Adicionando rótulos de dados ao Gráfico Dinâmico

Dependendo do tipo de gráfico escolhido, aumentar o gráfico com valores reais do relatório geralmente é útil. Por exemplo, com um gráfico de pizza, você pode adicionar a cada fatia o valor, assim como a porcentagem que o valor representa do total geral. Na maioria dos casos, também pode adicionar os nomes da série e da categoria.

Para adicionar esses rótulos de dados ao Gráfico, siga estas etapas:

1. **Selecione o gráfico.**

2. **Escolha Design ⇨ Layout de Gráfico ⇨ Adicionar Elemento de Gráfico ⇨ Rótulos de Dados.**

    O Excel exibirá um menu dos tipos de rótulos de dados.

3. **Selecione a posição do rótulo que deseja usar: Centro, Extremidade Interna, Extremidade Externa, Melhor Ajuste (disponível apenas com certos tipos) ou Texto Explicativo de Dados.**

    Você também pode selecionar Mais Opções do Rótulo de Dados para abrir o painel Formatar Rótulos de Dados e marcar a caixa de seleção Valor. Dependendo dos dados, também pode conseguir marcar as caixas Nome da Série, Nome da Categoria e Porcentagem.

Classificando o Gráfico Dinâmico

Quando você cria um Gráfico Dinâmico e inclui um campo de série, o Excel mostra a série de dados com base na ordem dos itens do campo, como aparecem na Tabela Dinâmica. Ou seja, quando você vai da esquerda para a direita nos itens no campo de coluna da Tabela, a série de dados se move da esquerda para a direita no campo de série da Tabela (ou de baixo para cima se estiver vendo a legenda do Gráfico). Essa ordem padrão da série é boa na maioria das aplicações, mas você pode preferir mudá-la. No gráfico de colunas agrupadas padrão, por exemplo, pode preferir inverter a série de dados para que eles apareçam da direita para a esquerda.

Do mesmo modo, as categorias do Gráfico aparecem na mesma ordem, como no campo de linha da Tabela Dinâmica subjacente. Nesse caso, você pode preferir exibir as categorias em alguma ordem personalizada. Por exemplo, pode querer reorganizar os nomes dos funcionários para que aqueles com o mesmo supervisor ou que trabalhem na mesma divisão fiquem juntos.

Primeiro, veja as etapas a seguir para classificar os itens da série de dados:

1. **Selecione o Gráfico Dinâmico.**

2. **Escolha o botão do campo Série de Dados do Gráfico.**

O Excel exibirá uma lista de opções de classificação para o campo. Essas opções variam dependendo do tipo de dados do campo:

- **Para um campo de texto:** Classificar de A a Z (ascendente) e Classificar de Z a A (descendente).

- **Para um campo de data:** Classificar do Mais Antigo para o Mais Novo (ascendente) e Classificar do Mais Novo para o Mais Antigo (descendente).

- **Para um campo numérico:** Classificar do Menor para o Maior (ascendente) e Classificar do Maior para o Menor (descendente).

3. **Selecione a ordem de classificação que deseja usar.**

O Excel exibirá de novo o Gráfico Dinâmico usando a nova ordem da série.

CLASSIFICANDO MANUALMENTE SÉRIES OU CATEGORIAS DE DADOS

Além das ordens de classificação ascendente ou descendente mostradas nesta seção, o Excel também permite classificar manualmente os itens das séries ou categorias. Porém, o programa não oferece um método para classificar manualmente esses itens direto no Gráfico Dinâmico. Pelo contrário, você deve classificar manualmente os dados na própria Tabela Dinâmica. Quando faz isso, o Excel aplica de modo automático a nova ordem de classificação no Gráfico.

Para classificar manualmente os itens da série de dados, selecione a Tabela Dinâmica subjacente do Gráfico e escolha o rótulo do item do campo de coluna que deseja mover. Mova o ponteiro do mouse para a borda direita da célula do rótulo (o ponteiro muda para uma cruz) e arraste o rótulo para a esquerda ou direita, para a nova posição.

Para classificar manualmente as categorias, exiba a Tabela subjacente do Gráfico e selecione o rótulo do item do campo de linha que deseja mover. Mova o ponteiro do mouse para a borda inferior da célula do rótulo (ele muda para uma cruz) e arraste o rótulo para cima ou para baixo, para a nova posição.

Quando voltar para o Gráfico, você verá que os itens das séries ou categorias de dados agora aparecem na nova ordem de classificação.

Siga estas etapas para classificar os itens da categoria:

1. **Selecione o Gráfico Dinâmico.**

2. **Selecione o botão do campo Categoria do Gráfico.**

O Excel exibirá uma lista de opções de classificação para o campo.

As opções de classificação variam dependendo do tipo de dados do campo e as possíveis opções são as mesmas da Etapa 2 mencionadas antes.

3. **Selecione a ordem de classificação que deseja usar.**

O Excel mostrará de novo o Gráfico usando a nova ordem dos campos.

Adicionando títulos do Gráfico Dinâmico

Por padrão, o Excel não acrescenta nenhum título ao Gráfico Dinâmico. Essa ausência de títulos não é muito importante para a maioria dos Gráficos porque os nomes do campo e os rótulos do item normalmente fornecem contexto suficiente para entender o relatório. Porém, os dados usados podem ter nomes do campo ocultos ou nomes do item codificados, portanto, o Gráfico padrão pode ser difícil de decifrar. Nesse caso, você pode adicionar títulos para tornar o relatório mais compreensível.

O Excel tem três títulos do Gráfico Dinâmico:

» Um título geral, que fica acima ou sobreposto à área de plotagem do gráfico.

» Um título do eixo (X) da categoria, que fica abaixo dos itens da categoria.

» Um título do eixo (Y) da série de dados, que fica à esquerda dos rótulos desse eixo.

Você pode adicionar um ou mais títulos ao Gráfico. E, embora o Excel não permita mover os títulos para um local diferente, é possível mexer na fonte, borda, fundo e alinhamento do texto.

CUIDADO

A desvantagem de adicionar títulos do Gráfico Dinâmico é que a maioria ocupa espaço na área do gráfico, significando que há menos espaço para exibir o Gráfico em si. (A exceção é um título geral sobreposto na área de plotagem.) Normalmente esse espaço reduzido não é um problema com um Gráfico simples, mas, se você tiver um complexo, sobretudo se tiver muitos itens de categoria, pode ser melhor não mostrar os títulos, ou exibir apenas um ou dois.

Para resolver o problema do título do Gráfico, veja como adicionar um título geral:

1. **Selecione o Gráfico Dinâmico.**

2. **Escolha Design ➪ Layout de Gráfico ➪ Adicionar Elemento de Gráfico ➪ Título do Gráfico.**

3. **Selecione o tipo de título que deseja adicionar.**

    Além de Nenhum, há duas opções:

    - **Acima do Gráfico:** Coloca o título acima da área de plotagem do Gráfico, centralizado no Gráfico.

    - **Sobreposto Centralizado:** Coloca o título centralizado na área de plotagem do Gráfico.

    O Excel adiciona um título padrão ao Gráfico. O título que ele acrescenta depende dos dados, mas em geral é algo genérico como "Título do Gráfico" ou "Total".

4. **Selecione o título do gráfico.**

5. **Insira o título que você quer usar.**

6. Clique ou toque fora do título do gráfico para defini-lo.

Veja as etapas a seguir para adicionar um título do eixo:

1. Selecione o Gráfico Dinâmico.

2. Escolha Design⇨Layout de Gráfico⇨Adicionar Elemento de Gráfico⇨Títulos dos Eixos.

3. Selecione o tipo do título que deseja adicionar.

Há duas opções:

- **Horizontal Principal:** Adiciona um título do eixo (X) da categoria.

- **Vertical Principal:** Adiciona um título do eixo (Y) da série de dados.

O Excel adicionará um título do eixo padrão ao Gráfico Dinâmico. O título geralmente é algo genérico, como "Título do Eixo".

4. Selecione o título.

5. Insira o título que deseja usar.

6. Clique ou toque fora do título do gráfico para defini-lo.

Para formatar um título do gráfico, selecione-o e escolha Formatar⇨Seleção Atual⇨Formatar Seleção. O painel exibido tem duas guias:

» **Opções de Título:** Essa guia tem três subguias: Linha de Preenchimento (use as seções Preenchimento e Borda para formatar o fundo e as bordas do título), Efeitos (use as seções Sombra, Brilho, Bordas Suaves e Formato 3D para aplicar esses efeitos no título) e Propriedades de Tamanho (use as opções Alinhamento para alinhar o título).

» **Opções de Texto:** Essa guia tem três subguias: Estrutura de Tópicos de Preenchimento de Texto (use as seções Preenchimento do Texto e Contorno do Texto para formatar o contorno e o fundo do texto do título), Efeitos do Texto (use as seções Sombra, Reflexo, Brilho, Bordas Suaves, Formato 3D e Rotação 3D para aplicar esses filtros no texto do título) e Caixa de Texto (use as opções Caixa de Texto para alinhar o texto do título).

Para editar um título, clique duas vezes nele ou clique com o botão direito e selecione Editar Texto.

O Excel possui três métodos para remover um título do Gráfico Dinâmico:

» Siga as etapas nesta seção e no menu de opções do título, selecione Nenhum.

» Clique com o botão direito no título que deseja remover e escolha o comando Excluir.

» Selecione o título que quer remover e pressione a tecla Delete.

Movendo a legenda do Gráfico Dinâmico

A legenda do Gráfico Dinâmico mostra os itens do campo da série com uma caixa colorida que informa qual série pertence a qual item. Por padrão, o Excel mostra a legenda à direita da área de plotagem. Essa posição normalmente é melhor porque não interfere nos outros elementos gráficos, como os títulos (descritos na seção anterior, "Adicionando títulos do Gráfico Dinâmico") ou os rótulos do eixo.

Porém, exibir a legenda à direita significa que ela ocupa um espaço que seria usado pelo Gráfico. Se você tiver vários itens de categoria no relatório do Gráfico Dinâmico, poderá preferir exibir a legenda acima ou abaixo da área de plotagem para o Gráfico ter mais espaço horizontal.

O Excel permite mover a legenda para uma das cinco posições em relação à área de plotagem: direita, esquerda, inferior, superior e canto superior direito. Ele também tem a opção de fazer a legenda sobrepor o gráfico, ou seja, o Excel não redimensiona a área de plotagem para acomodar a legenda. Essa posição é útil se você tem um espaço em branco no gráfico (por exemplo, no topo), no qual pode colocar a legenda para ela não ocultar nenhum dado do gráfico.

Siga estas etapas para definir a posição da legenda do Gráfico Dinâmico:

1. **Selecione o Gráfico.**

2. **Escolha Design⇨Layout de Gráfico⇨Adicionar Elemento de Gráfico⇨Legenda.**

   Se quiser, é possível selecionar uma posição predefinida da legenda: Direita, Superior, Esquerda ou Inferior.

3. **Selecione Mais Opções de Legenda.**

   O painel Formatar Legenda será exibido com a guia Opções de Legenda.

CAPÍTULO 9 **Criando Gráficos Dinâmicos** 199

4. **Clique na subguia Opções de Legenda e selecione o botão de opção para a posição desejada.**

Para exibir a legenda sobrepondo o gráfico, desmarque a caixa de seleção Mostrar a legenda sem sobrepor o gráfico.

O Excel moverá a legenda para a nova posição.

Em alguns casos, você pode preferir não exibir a legenda. Por exemplo, se o Gráfico Dinâmico não tiver um campo de série, o Excel ainda exibirá uma legenda para a "série" padrão chamada Total. Essa legenda não é útil, portanto, você pode conseguir um espaço extra do gráfico ocultando-a. Para tanto, siga as Etapas 1 e 2 anteriores para exibir o menu Legenda e selecione Nenhum. Uma alternativa é clicar com o botão direito nela e escolher o comando Excluir.

Exibindo uma tabela de dados com o Gráfico Dinâmico

A função de um Gráfico Dinâmico é combinar os efeitos de visualização de um gráfico do Excel com as capacidades de transposição e filtragem de uma Tabela Dinâmica. A parte da visualização ajuda na análise dos dados porque permite fazer comparações imediatas entre séries e categorias, e permite exibir pontos de dados relativos a outras partes do relatório.

Mas, embora a visualização dos dados seja útil, não tem muita precisão porque você não vê os dados subjacentes. O Excel possui várias maneiras de resolver esse problema, inclusive criando o Gráfico Dinâmico na mesma planilha da Tabela Dinâmica (veja a seção "Incorporando um Gráfico Dinâmico na planilha de uma Tabela Dinâmica"), movendo o gráfico para a planilha da Tabela (veja a seção "Movendo um Gráfico Dinâmico para outra folha") e exibindo os rótulos dos dados (veja a seção "Adicionando rótulos de dados ao Gráfico Dinâmico") anteriormente neste capítulo.

Outro método é exibir a tabela de dados com o Gráfico Dinâmico. Uma *tabela de dados do Gráfico Dinâmico* exibe as categorias do gráfico como colunas e a série de dados como linhas, com as células preenchidas com valores de dados reais. Como esses valores aparecem diretamente abaixo do gráfico, a tabela de dados oferece um modo fácil de combinar um relatório visual com os detalhes dos dados subjacentes. Para exibir uma tabela de dados com o Gráfico Dinâmico, siga estas etapas:

1. **Selecione o Gráfico.**

2. **Escolha Design⇨Layout de Gráfico⇨Adicionar Elemento de Gráfico⇨Tabela de Dados.**

200   PARTE 2 **Analisando Dados com Tabelas e Gráficos Dinâmicos**

Selecione uma tabela predefinida:

- **Com chaves de legenda:** Exibe a tabela de dados com os mesmos quadrados coloridos que aparecem na legenda para identificar cada série.

- **Nenhuma chave de legenda:** Exibe a tabela de dados sem quadrados coloridos.

O Excel mostra a tabela de dados abaixo do Gráfico Dinâmico. A Figura 9-7 traz um exemplo.

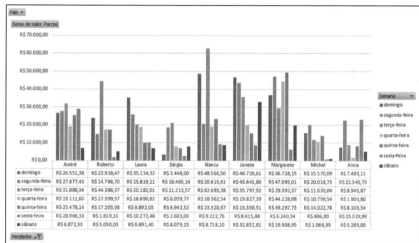

FIGURA 9-7: Uma tabela de dados mostrada abaixo do Gráfico Dinâmico.

CAPÍTULO 9 **Criando Gráficos Dinâmicos** 201

202   PARTE 2 Analisando Dados com Tabelas e Gráficos Dinâmicos

3
Descobrindo as Ferramentas Avançadas da Análise de Dados

NESTA PARTE...

Use as funções da planilha e recursos gráficos avançados do Excel para controlar as tendências com o tempo e prever valores futuros.

Aproveite o poder de mais de 70 funções estatísticas do Excel para calcular as médias, determinar a ordem e os percentis, medir as dispersões e analisar as distribuições.

Tenha informações extras para os dados usando fórmulas, funções e o suplemento Ferramentas de Análise para criar histogramas, calcular as médias móveis, usar a suavização exponencial e realizar uma amostra inteligente.

Use ferramentas de regressão e correlação, a ferramenta de análise de dados ANOVA e as ferramentas de teste z, teste t e Fourier para fazer uma análise estatística inferencial.

> **NESTE CAPÍTULO**
>
> » Representando com gráfico a tendência geral de um conjunto de valores
>
> » Calculando valores que mostram a tendência dos dados
>
> » Representando com gráfico dados históricos em períodos futuros
>
> » Calculando valores futuros com alguns dados históricos
>
> » Representando com gráfico tendências exponenciais, logarítmicas, de potência e polinomiais; e o que são

Capítulo **10**

Controlando Tendências e Fazendo Previsões

A o analisar dados, certamente ajuda fazer cálculos básicos como a soma e a média, e resumi-los usando as funções do banco de dados do Excel, ou, melhor ainda, construindo uma Tabela ou Gráfico Dinâmico. Tudo bem. Porém, por mais úteis que sejam essas ferramentas, elas não podem responder a uma pergunta aparentemente fundamental: Fornecidos alguns dados históricos (poderiam ser lucros, vendas, despesas, defeitos ou reclamações do cliente), qual é a direção geral deles? Os lucros estão aumentando? Os defeitos estão diminuindo? As vendas são cíclicas (digamos, baixas no inverno, mas sobem no verão)? Responder a essas perguntas requer uma *análise de tendência*, e neste capítulo você descobrirá as poderosas ferramentas do Excel que não só ajudam a ver as tendências ocultas nos dados, como também permitem fazer previsões dos valores futuros. É tudo muito esperto, como você verá logo.

Plotando uma Linha de Tendência de Melhor Ajuste

Se você quiser entender a tendência geral exibida por um conjunto de dados, o modo mais fácil é usar um gráfico para plotar uma *linha de tendência de melhor ajuste*. É uma linha reta que passa pelos pontos de dados do gráfico, em que as diferenças entre os pontos acima e abaixo da linha se cancelam.

Uma linha de tendência de melhor ajuste é um exemplo de *análise de regressão*, que é uma ferramenta estatística para analisar a relação entre dois fenômenos, com um dependendo do outro. Por exemplo, as vendas de imóveis dependem das taxas de juros:

» Quando as taxas de juros diminuem, as vendas de imóveis aumentam.

» Quando essas taxas aumentam, as vendas caem.

No jargão da análise de regressão, as vendas de imóveis são conhecidas como *variável dependente* e as taxas de juros são a *variável independente*.

Quando se trabalha com dados históricos, por exemplo, as vendas em um período de tempo, o tempo é a variável independente, e o item medido (como as vendas) é a variável dependente.

LEMBRE-SE

Para adicionar uma linha de tendência de melhor ajuste, você deve plotar a série de dados como um gráfico XY (Dispersão).

Se você já criou um gráfico do Excel para seus dados, veja as etapas a seguir para plotar uma linha de tendência de melhor ajuste nele:

1. **Clique no gráfico para selecioná-lo.**

2. **Se ele tiver várias séries de dados, clique na série que deseja analisar.**

3. **Escolha Design do Gráfico ⇨ Layout de Gráfico ⇨ Adicionar Elemento de Gráfico ⇨ Linha de Tendência ⇨ Mais Opções da Linha de Tendência.**

   O painel Formatar Linha de Tendência aparecerá.

4. **Clique na guia Opções da Linha de Tendência.**

5. **Selecione o botão de opção Linear.**

   O Excel plotará a linha de tendência de melhor ajuste.

6. **(Opcional) Marque a caixa de seleção Exibir Equação no Gráfico.**

   Se você só quiser ver a linha de tendência, vá para as Etapas 6 e 7, que introduzem um pouco de matemática na análise de tendência. É uma matemática útil, portanto, se estiver interessado, faça as Etapas 6 e 7, depois leia minha explicação sobre o que significam os números após essas etapas.

7. **(Opcional) Marque a caixa de seleção Exibir valor de R-quadrado no gráfico.**

8. **Clique em Fechar.**

   O Excel exibirá a equação de regressão e o valor de R^2 (descrito abaixo). A Figura 10-1 mostra um gráfico com a linha de tendência plotada, a equação de regressão e o valor de R^2.

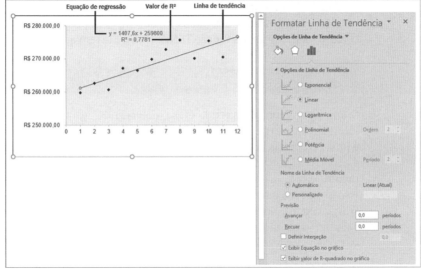

FIGURA 10-1: Um gráfico com uma linha de tendência e alguns números específicos.

PAPO DE ESPECIALISTA

Tudo bem. O que acontece com esses números assustadores adicionados ao gráfico acima da linha de tendência na Figura 10-1? A linha superior é chamada de *equação de regressão* e a linha inferior, de *valor de R^2*.

A equação de regressão informa a relação exata entre as variáveis dependente e independente. Com a *regressão linear*, em que a linha de tendência de melhor ajuste é reta, a equação de regressão fica assim:

$$y = mx + b$$

CAPÍTULO 10 **Controlando Tendências e Fazendo Previsões** 207

y é variável dependente, x é a variável independente, m é a inclinação da linha de tendência e b é o valor inicial da tendência.

R^2 é o *coeficiente de determinação*, que é o quadrado da correlação, e informa o quanto a linha de tendência se ajusta bem aos dados. Em geral, quanto mais R^2 está próximo de 1, melhor o ajuste. Os valores de R^2 abaixo de 0,7 significam que a linha não é um ajuste muito bom para os dados. Continuo explicando a correção no Capítulo 11.

Calculando os Valores de Melhor Ajuste

Se a análise requer valores de tendência exatos, você pode plotar a linha de tendência de melhor ajuste e usar a equação de regressão para calcular os valores. Mas, se os valores dos dados mudarem, será preciso recalculá-los. Uma solução melhor é usar a função TENDÊNCIA. Ela tem quatro argumentos:

```
TENDÊNCIA(val_conhecidos_y; [val_conhecidos_x];
   [novos_valores_x])
```

O único argumento requerido é `val_conhecidos_y`, que é uma referência do intervalo ou matriz de valores dependentes. O argumento `val_conhecidos_x` é uma referência do intervalo ou matriz dos valores independentes (o padrão é a matriz {1,2,3,...,n}, em que n é o número de `val_conhecidos_y`). O argumento `novos_valores_x` é para a previsão, por isso não é requerido. (Explico isso um pouco adiante na seção "Calculando os Valores Lineares Previstos".) O argumento `constante` determina o intercepto-y: FALSO o coloca em 0 e VERDADEIRO (o padrão) calcula o intercepto-y com base nos `val_conhecidos_y`. (O *intercepto- y* é o valor de y em que a linha de tendência cruza o eixo y.)

Veja o procedimento a seguir para calcular os valores de melhor ajuste usando a função TENDÊNCIA:

1. **Selecione as células nas quais você deseja que os valores de melhor ajuste apareçam.**

2. **Digite =tendência(.**

3. **Digite uma referência ou a matriz que represente os valores dependentes.**

4. **Digite ponto e vírgula e uma referência ou matriz que represente os valores independentes.**

5. **Se preferir usar um ponto inicial 0 para tendência, digite dois pontos e vírgulas e FALSO.**

208   PARTE 3 **Descobrindo as Ferramentas Avançadas da Análise de Dados**

6. **Digite).**

7. **Pressione e segure Ctrl+Shift, depois, pressione Enter.**

   O Excel calculará os valores de tendência de melhor ajuste e irá inseri-los como uma matriz.

A Figura 10-2 mostra uma planilha que lista as vendas (coluna D) em três anos por trimestre fiscal. A matriz TENDÊNCIA está na coluna F, e é possível ver que a variável dependente (ou seja, as vendas) é referenciada pelo intervalo D2:D13 e a variável independente (os números do período) é referenciada pelo intervalo C2:C13.

FIGURA 10-2: Uma matriz dos valores de tendência de melhor ajuste (coluna F).

	A	B	C	D	E	F
1	Vendas		Período	Atual	Tendência (Equação)	Tendência
2		1º Trimestre	1	R$ 259.846,00	R$ 261.207,60	R$ 261.207,81
3	Ano Fiscal	2º Trimestre	2	R$ 262.587,00	R$ 262.615,20	R$ 262.615,43
4	2017	3º Trimestre	3	R$ 260.643,00	R$ 264.022,80	R$ 264.023,06
5		4º Trimestre	4	R$ 267.129,00	R$ 265.430,40	R$ 265.430,69
6		1º Trimestre	5	R$ 266.471,00	R$ 266.838,00	R$ 266.838,31
7	Ano Fiscal	2º Trimestre	6	R$ 269.843,00	R$ 268.245,60	R$ 268.245,94
8	2018	3º Trimestre	7	R$ 272.803,00	R$ 269.653,20	R$ 269.653,56
9		4º Trimestre	8	R$ 275.649,00	R$ 271.060,80	R$ 271.061,19
10		1º Trimestre	9	R$ 270.117,00	R$ 272.468,40	R$ 272.468,81
11	Ano Fiscal	2º Trimestre	10	R$ 275.315,00	R$ 273.876,00	R$ 273.876,44
12	2019	3º Trimestre	11	R$ 270.451,00	R$ 275.283,60	R$ 275.284,07
13		4º Trimestre	12	R$ 276.543,00	R$ 276.691,20	R$ 276.691,69

Fórmula em F2: {=TENDÊNCIA(D2:D13;C2:C13)}

LEMBRE-SE

No exemplo mostrado na Figura 10-2, os valores independentes são os números do período 1, 2, 3 etc. Porém, são os valores padrão para o argumento `val_conhecidos_x`, portanto, tecnicamente você pode omitir esse argumento no exemplo.

Para se "divertir", a coluna E mostra os valores de tendência de melhor ajuste calculados com a equação de regressão exibida antes na Figura 10-1:

```
y = 1407,6x + 259800
```

Por exemplo, para calcular y para o período 1 (célula C2), a célula E2 contém a seguinte fórmula:

```
y = 1407,6 * C2 + 259800
```

Na maior parte, os resultados nas Colunas E e F são idênticos, mas nem sempre. Por que não? A função TENDÊNCIA usa uma maior precisão do que a equação de regressão. Por exemplo, enquanto a equação de regressão usa 1407,6 para a inclinação da linha de tendência, o valor real (usado pela TENDÊNCIA) é 1407,625874.

CAPÍTULO 10 **Controlando Tendências e Fazendo Previsões** 209

PAPO DE ESPECIALISTA

USANDO PROJ.LIN PARA OBTER VALORES EXATOS PARA A EQUAÇÃO DE REGRESSÃO

Como sei o valor exato da inclinação da linha de tendência? Usei a função PROJ. LIN do Excel, que consegue calcular não apenas a inclinação (m), mas também o intercepto-y (b), que você pode usar para adicionar a equação de regressão geral (y = mx + b) para calcular os valores de tendência individuais. Essa função tem a seguinte sintaxe:

> PROJ.LIN(val_conhecidos_y; [val_conhecidos_x]; [constante], [estatísticas])

Os três primeiros argumentos (val_conhecidos_y, val_conhecidos_x e constante) são idênticos aos usados na função TENDÊNCIA. Um quarto argumento, estatística, é um valor booleano opcional que determina se PROJ.LIN retorna a estatística de regressão adicional além da inclinação e da interceptação. O padrão é FALSO. Ao usar PROJ.LIN sem esse argumento (ou com estatística definida para FALSO), insira a função como uma matriz 1x2, na qual o valor na primeira coluna é a inclinação da linha de tendência e o valor na segunda é o intercepto. Com o argumento estatística definido para VERDADEIRO, insira a função como uma matriz 5x2. Note que, na matriz maior, o valor de R^2 (o coeficiente de determinação) é dado na primeira coluna da terceira linha.

Plotando os Valores Previstos

Até agora, mencionei dois modos de determinar o valor de R^2 (o coeficiente de determinação) que informa se as variáveis dependente e independente estão bem correlacionadas:

» Faça o gráfico da linha de tendência de melhor ajuste e marque a caixa de seleção Exibir valor de R-quadrado no gráfico.

» Use a função PROJ.LIN com o argumento estatística definido para VERDADEIRO e leia o valor de R^2 na primeira coluna da terceira linha.

Se você achar que o método indica que as variáveis dependente e independente estão bem correlacionadas (ou seja, o valor de R^2 é 0,7 ou maior), comemore e aproveite a correlação para prever os valores futuros.

Parece mágica, mas é só estatística. O segredo aqui é supor que os fatores maiores implícitos nos dados existentes permanecerão mais ou menos constantes por vários períodos na previsão. Se você adquirir outra empresa ou se livrar de linhas de produtos, qualquer previsão feita baseada em antigos dados provavelmente será inútil.

Com esse aviso em mente, o modo mais simples de calcular os valores previstos é usar um gráfico para estender a linha de tendência de melhor ajuste em um ou mais períodos no futuro. Observe que para trabalhar com essa linha e usá-la para plotar os valores previstos, você deve plotar a série de dados como um gráfico XY (Dispersão).

Veja as etapas a seguir:

1. **Clique no gráfico para selecioná-lo.**

2. **Se o gráfico tiver várias séries de dados, clique na série que deseja analisar.**

3. **Escolha Design do Gráfico ⇨ Layout de Gráfico ⇨ Adicionar Elemento de Gráfico ⇨ Linha de Tendência ⇨ Mais Opções de Linha de Tendência.**

   O painel Formatar Linha de Tendência aparecerá.

4. **Clique na guia Opções da Linha de Tendência.**

5. **Selecione o botão de opção Linear.**

   O Excel fará o gráfico da linha de tendência de melhor ajuste.

6. **Na seção Previsão, use a caixa de texto Avançar para digitar o número de unidades que você quer projetar a linha de tendência no futuro.**

   O Excel estenderá a linha de tendência de melhor ajuste como mostrado na Figura 10-3.

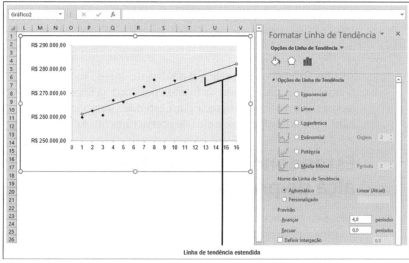

FIGURA 10-3: Uma linha de tendência de melhor ajuste estendida quatro períodos no futuro.

CAPÍTULO 10 **Controlando Tendências e Fazendo Previsões** 211

7. (Opcional) Marque a caixa de seleção Exibir equação no gráfico.

8. (Opcional) Marque a caixa de seleção Exibir valor de R-quadrado no gráfico.

9. Clique em Fechar.

   O Excel exibirá a equação de regressão e o valor R² ao lado da linha de tendência estendida.

PAPO DE ESPECIALISTA

Outro modo de produzir valores da variável dependente prevista é calculá-los diretamente com a equação de regressão que o Excel gera ao marcar a caixa de seleção Exibir equação no gráfico no painel Formatar Linha de Tendência. A equação geral para um modelo linear fica assim:

```
y = mx + b
```

y é a variável dependente, x é a variável independente, m é a inclinação da linha de tendência e b é o valor inicial da tendência. Tanto m quanto b são constantes, portanto para calcular o valor da variável dependente para o próximo período na previsão, substitua x pelo valor da variável independente desse período.

Estendendo uma Tendência Linear

Com uma *tendência linear*, a variável dependente está relacionada com a variável independente em uma quantidade constante. Por exemplo, você pode achar que as vendas de imóveis (variável dependente) aumentam em 100.000 unidades sempre que as taxas de juros (variável independente) diminuem em 1%. Do mesmo modo, pode achar que a receita da empresa (variável dependente) aumenta em R$250.000 para cada R$50.000 gastos em publicidade (variável independente).

Se a previsão fizer parte de sua análise de dados, você poderá aproveitar uma relação linear para prever os futuros períodos. O Excel fornece algumas ferramentas que você poderá usar para estender uma tendência linear em um ou mais períodos no futuro: a alça de preenchimento e o comando Série.

Estendendo uma tendência linear com a alça de preenchimento

A alça de preenchimento do Excel, o quadradinho verde que aparece no canto inferior direito da célula ou do intervalo selecionado, tem muitas funções, mas talvez o uso mais surpreendente dessa ferramenta útil seja estender uma tendência linear em um ou mais períodos no futuro. Veja como funciona:

1. **Selecione os dados existentes.**

   A alça aparecerá no canto inferior direito do intervalo selecionado.

2. **Clique e arraste a alça de preenchimento para estender a seleção no número de períodos no futuro que você quer prever.**

   O Excel estenderá os dados existentes com os valores previstos.

Estendendo uma tendência linear com o comando Série

O segundo método que o Excel oferece para estender uma tendência linear é o comando Série. Funciona assim:

1. **Selecione os dados existentes e as células nas quais deseja que os dados previstos apareçam.**

2. **Escolha Página Inicial ⇨ Edição ⇨ Preencher ⇨ Série.**

   O Excel exibirá a caixa de diálogo Série mostrada na Figura 10-4. Observe que ele preenche automaticamente a caixa de texto Incremento com a inclinação da linha de tendência dos dados existentes.

3. **Selecione o botão de opção Autopreenchimento.**

4. **Clique em OK.**

   O Excel estenderá a tendência linear existente com os valores previstos.

FIGURA 10-4: Caixa de diálogo Série: sua melhor amiga, a tendência de melhor ajuste.

CAPÍTULO 10 **Controlando Tendências e Fazendo Previsões** 213

DICA

Se sua análise de dados precisar que você veja os valores reais que compõem uma tendência linear, o comando Série poderá ajudar:

1. **Copie os dados históricos para uma linha ou coluna próxima.**
2. **Selecione o intervalo que inclui os dados históricos copiados e as células em branco que conterão as projeções.**
3. **Escolha Página Inicial ⇨ Edição ⇨ Preencher ⇨ Série.**

    O Excel exibirá a caixa de diálogo Série.
4. **Selecione o botão de opção Linear.**
5. **Marque a caixa de seleção Tendência.**
6. **Clique em OK.**

    O Excel substituirá os dados históricos copiados pelos números da tendência de melhor ajuste e projetará a tendência nas células em branco.

Calculando os Valores Lineares Previstos

Se sua análise precisar de valores de previsão exatos, você poderá estender a linha de tendência de melhor ajuste e usar a equação de regressão para calcular os valores ou poderá usar a alça de preenchimento ou o comando Série para estender a tendência linear. São métodos fáceis, mas, se os valores históricos mudarem, será preciso repetir esses procedimentos para recalcular os valores previstos. Uma solução mais eficiente é usar a função TENDÊNCIA. Veja uma recapitulação da sintaxe:

```
TENDÊNCIA(val_conhecidos_y; [val_conhecidos_x], [novos_
    valores_x], [constante])
```

Nessa situação, você precisa usar a TENDÊNCIA não apenas com o argumento `val_conhecidos_y` (uma referência para os valores dependentes) e o argumento `val_conhecidos_x` opcional (uma referência para os valores independentes), mas também com o argumento `novos_valores_x`. Esse argumento é uma referência do intervalo ou matriz que representa os novos valores independentes para os quais você deseja os valores dependentes previstos.

Veja o procedimento a seguir para calcular os valores de tendência linear previstos usando a função TENDÊNCIA:

1. **Selecione as células nas quais deseja os valores previstos.**

2. **Digite =tendência(.**

3. **Digite uma referência ou uma matriz que represente os valores dependentes.**

4. **Digite ponto e vírgula e uma referência ou matriz que represente os valores independentes.**

5. **Digite ponto e vírgula e uma referência ou matriz que represente os novos valores independentes.**

6. **Se preferir usar um ponto inicial de tendência 0, digite ponto e vírgula, depois** `FALSO`**.**

7. **Digite).**

8. **Pressione e segure Ctrl+Shift, depois pressione Enter.**

O Excel calculará os valores de tendência previstos e irá inseri-los como uma matriz.

A Figura 10-5 mostra uma planilha que lista as vendas históricas (D2:D13) em três anos por trimestre fiscal. A matriz de previsão TENDÊNCIA está em D14:D17.

FIGURA 10-5: Uma matriz de valores de tendência previstos (veja o intervalo D14:D17).

	A	B	C	D
1	**Vendas**		**Período**	**Atual**
2		1º Trimestre	1	R$ 259.846,00
3	**Ano Fiscal**	2º Trimestre	2	R$ 262.587,00
4	**2017**	3º Trimestre	3	R$ 260.643,00
5		4º Trimestre	4	R$ 267.129,00
6		1º Trimestre	5	R$ 266.471,00
7	**Ano Fiscal**	2º Trimestre	6	R$ 269.843,00
8	**2018**	3º Trimestre	7	R$ 272.803,00
9		4º Trimestre	8	R$ 275.649,00
10		1º Trimestre	9	R$ 270.117,00
11	**Ano Fiscal**	2º Trimestre	10	R$ 275.315,00
12	**2019**	3º Trimestre	11	R$ 270.451,00
13		4º Trimestre	12	R$ 276.543,00
14		1º Trimestre	13	R$ 278.099,32
15	**Ano Fiscal**	2º Trimestre	14	R$ 279.506,94
16	**2020**	3º Trimestre	15	R$ 280.914,57
17	**(Projetado)**	4º Trimestre	16	R$ 282.322,20
18				

D14 — {=TENDÊNCIA(D2:D13;C2:C13;C14:C17)}

Valores previstos

CAPÍTULO 10 **Controlando Tendências e Fazendo Previsões** 215

PAPO DE ESPECIALISTA

Ao usar a função PROJ.LIN para calcular a inclinação (m) e o intercepto-y da tendência linear (b), você pode utilizar esses resultados para prever novos valores. Ou seja, dado um valor x independente, o valor dependente previsto é dado pela equação de regressão:

```
y = mx + b
```

Também é possível calcular um valor de tendência linear previsto usando a função PREVISÃO.LINEAR, que tem três argumentos:

```
PREVISÃO.LINEAR(x; val_conhecidos_y; val_conhecidos_x)
```

x é o novo valor independente para o qual você deseja prever um novo valor dependente, `val_conhecidos_y` e `val_conhecidos_x` são iguais na função TENDÊNCIA, exceto que em PREVISÃO.LINEAR, o argumento `val_conhecidos_x` é obrigatório.

Plotando uma Linha de Tendência Exponencial

Até agora, expliquei como fazer a análise de regressão apenas com dados lineares, que mudam de modo constante. Mas você também pode aplicar essa análise em dados não lineares, nos quais a linha de tendência não é uma reta.

Um exemplo comum de dados não lineares é uma tendência *exponencial*, que sobe e desce a uma taxa crescente. É chamada de exponencial porque a linha de tendência lembra o gráfico de um número sendo elevado a valores cada vez mais altos de um exponente. Por exemplo, a série 2^1, 2^2, 2^3 começa devagar (2, 4, 8 etc.), mas quando chega a 2^{20}, o valor da série sobe para 1.048.576 e 2^{100} é um número com 31 dígitos!

Para visualizar tal tendência, você pode plotar uma *linha de tendência exponencial*. É uma linha curva que passa pelos pontos de dados onde as diferenças entre os pontos em um lado da linha e do outro se cancelam.

Veja as etapas a seguir para plotar uma linha de tendência exponencial:

1. **Clique no gráfico para selecioná-lo.**
2. **Se o gráfico tiver várias séries de dados, clique na série que deseja analisar.**

3. **Escolha Design do Gráfico ⇨ Layout de Gráfico ⇨ Adicionar Elemento de Gráfico ⇨ Linha de Tendência ⇨ Mais Opções da Linha de Tendência.**

   Será exibido o painel Formatar Linha de Tendência.

4. **Clique na guia Opções da Linha de Tendência.**

5. **Selecione o botão de opção Exponencial.**

   O Excel fará o gráfico da linha de tendência exponencial.

6. **(Opcional) Marque a caixa de seleção Exibir equação no gráfico.**

   Se você só quiser ver a linha de tendência, pule as Etapas 6 e 7.

7. **(Opcional) Marque a caixa de seleção Exibir valor de R-quadrado no gráfico.**

8. **Clique em Fechar.**

   O Excel exibirá a equação de regressão e o valor de R^2 (descrito abaixo). A Figura 10-6 mostra um gráfico com a linha de tendência exponencial plotada, a equação de regressão e o valor de R^2.

Na regressão não linear, quando a linha de tendência de melhor ajuste é uma curva exponencial, a equação de regressão tem a seguinte forma geral:

$$y = be^{mx}$$

y é a variável dependente, x é a variável independente, b e m são constantes, e é uma constante (aproximadamente 2,71828) que representa a base do logaritmo natural.

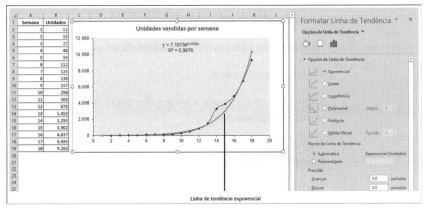

FIGURA 10-6: Gráfico com uma linha de tendência exponencial.

Calculando os Valores da Tendência Exponencial

Examinar uma linha de tendência exponencial, como visto na seção anterior, é um modo divertido de passar o tempo. A linha é uma ótima ferramenta visual, mas não ajudará se você precisar de valores de tendência exponencial exatos. Sim, você pode plotar a linha de tendência e usar a versão exponencial da equação de regressão para calcular os valores exatos:

```
y = be^mx
```

Porém, se os valores dos dados mudarem, será preciso plotar de novo a linha e recalcular os valores da tendência. Trabalho demais!

Uma solução melhor é usar a função CRESCIMENTO, que tem quatro argumentos:

```
CRESCIMENTO(val_conhecidos_y; [val_conhecidos_x]; [novos_
    valores_x]; [constante])
```

O argumento *val_conhecidos_y* é obrigatório e é uma referência para os valores dependentes. O argumento *val_conhecidos_x* é uma referência para os valores independentes (o padrão é a matriz {1,2,3,...,n}, na qual n é o número de *val_conhecidos_y*). O argumento *novos_valores_x* é uma referência para os novos valores independentes, para os quais você deseja valores dependentes previstos. O argumento *constante* determina o valor de b na equação de regressão exponencial: FALSO coloca em 1 e VERDADEIRO (o padrão) calcula b com base nos *val_conhecidos_y*.

Estas são as etapas a seguir para calcular os valores de tendência exponencial usando a função CRESCIMENTO:

1. **Selecione as células nas quais deseja os valores exponenciais.**

2. **Digite =crescimento(.**

3. **Digite ponto e vírgula e uma referência ou matriz que represente os valores dependentes.**

4. **Digite ponto e vírgula e uma referência ou matriz que represente os valores independentes.**

5. **Digite ponto e vírgula e uma referência ou matriz que represente os novos valores independentes.**

USANDO PROJ.LOG PARA OBTER VALORES EXATOS PARA A EQUAÇÃO DE REGRESSÃO EXPONENCIAL

PAPO DE ESPECIALISTA

Você pode usar a função PROJ.LOG para calcular as constantes m e b da equação de tendência exponencial, que poderá adicionar a equação, $y = be^{mx}$ para calcular os valores de tendência individuais. PROJ.LOG usa a sintaxe mostrada aqui:

```
PROJ.LOG(val_conhecidos_y; [val_conhecidos_x]; [constante];
[estatística])
```

Os três primeiros argumentos (`val_conhecidos_y`, `val_conhecidos_x` e `constante`) são os mesmos usados na função CRESCIMENTO. Um quarto argumento, chamado `estatística`, é um valor booleano opcional que determina se PROJ.LOG retorna uma estatística de regressão adicional. O padrão é FALSO. Quando você usar PROJ.LOG sem o argumento `estatística` (ou com `estatística` definido para FALSO), insira a função como uma matriz 1x2, na qual o valor na segunda coluna é b; para derivar m, você deve usar a função LN para obter o logaritmo natural do valor na primeira coluna da matriz. Com o argumento `estatística` definido para VERDADEIRO, insira a função como uma matriz 5x2. Note que na matriz maior, o valor de R^2 (o coeficiente de determinação) é dado na primeira coluna da terceira linha.

6. **Se preferir usar um ponto inicial de tendência 1, digite ponto e vírgula e** FALSO.

7. **Digite).**

8. **Pressione e segure Ctrl+Shift, depois pressione Enter.**

   O Excel calculará os valores de tendência exponencial e irá inseri-los como uma matriz.

A Figura 10-7 mostra uma planilha que lista as unidades vendidas (coluna B) em 18 semanas. A matriz CRESCIMENTO para a tendência histórica está na coluna C e você pode ver que a variável dependente (ou seja, as unidades vendidas) é referenciada pelo intervalo B3:B20 e a variável independente (os números da semana), pelo intervalo A3:A20.

FIGURA 10-7: Uma matriz de valores de tendência exponencial (coluna C) e os valores da previsão (coluna F).

	A	B	C	D	E	F
1	Dados Históricos				Dados Futuros	
2	Semana	Unidades	Tendência		Semana	Previsão
3	1	11	11		19	
4	2	15	16		20	
5	3	27	24		21	
6	4	44	36		22	
7	5	59	54			
8	6	112	81			
9	7	125	121			
10	8	136	182			
11	9	157	272			
12	10	298	408			
13	11	503	610			
14	12	875	914			
15	13	1.452	1.369			
16	14	3.293	2.049			
17	15	3.902	3.069			
18	16	4.837	4.596			
19	17	6.693	6.882			
20	18	9.283	10.306			

LEMBRE-SE

No exemplo mostrado na Figura 10-7, os valores independentes são os números da semana 1, 2, 3 etc. Mas são os valores padrão para o argumento `val_conhecidos_x`, portanto, tecnicamente, você poderia omitir esse argumento no exemplo.

Plotando uma Linha de Tendência Logarítmica

Uma *tendência logarítmica* é quando os dados sobem ou descem muito rápido no início, mas diminuem de velocidade e estabilizam com o tempo. Um exemplo de tendência logarítmica é o padrão de vendas de um novo produto com alta antecipação, que normalmente vende em grandes quantidades por um curto período de tempo e depois estabiliza.

Para visualizar tal tendência, você pode plotar uma *linha de tendência logarítmica*. É uma linha curva que passa por pontos de dados, em que as diferenças entre os pontos em um lado da linha e os do outro se cancelam.

Veja as etapas a seguir para plotar uma linha de tendência logarítmica:

1. **Clique no gráfico para selecioná-lo.**

2. **Se o gráfico tiver várias séries de dados, clique na série que deseja analisar.**

3. **Escolha Design do Gráfico ➪ Layout do Gráfico ➪ Adicionar Elemento de Gráfico ➪ Linha de Tendência ➪ Mais Opções da Linha de Tendência.**

   O painel Formatar Linha de Tendência aparecerá.

4. **Clique na guia Opções da Linha de Tendência.**

5. **Selecione o botão de opção Logarítmica.**

   O Excel irá plotar a linha de tendência logarítmica.

6. **(Opcional) Marque a caixa de seleção Exibir equação no gráfico.**

   Se você apenas quiser ver a linha de tendência, pule as Etapas 6 e 7.

7. **(Opcional) Marque o quadro de seleção Exibir valor de R-quadrado no gráfico.**

8. **Clique em Fechar.**

   O Excel exibirá a equação de regressão e o valor de R^2 (descrito abaixo). A Figura 10-8 mostra um gráfico com a linha de tendência logarítmica plotada, a equação de regressão e o valor de R^2.

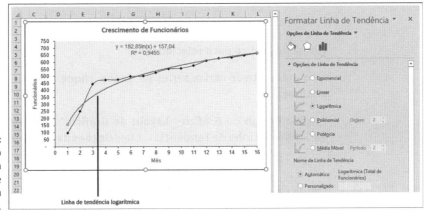

FIGURA 10-8: Gráfico com uma linha de tendência logarítmica.

Quando a linha de tendência de melhor ajuste é uma curva logarítmica, a equação de regressão tem a seguinte forma geral:

```
y = m * ln(x) + b
```

y é a variável dependente, x é a variável independente, b e m são constantes, ln é o logaritmo natural, para o qual você pode usar a função LN do Excel.

PAPO DE ESPECIALISTA

O programa não tem uma função que calcula os valores de b e m diretamente. Mas, você poderá usar a função PROJ.LIN se "endireitar" a curva logarítmica usando uma escala logarítmica para os valores independentes:

```
{=PROJ.LIN(val_conhecidos_y; [LN(val_conhecidos_x)];
   [constante]; [estatísticas])}
```

Plotando uma Linha de Tendência de Potência

Em muitos casos, o melhor ajuste é fornecido por uma *tendência de potência*, na qual os dados aumentam ou diminuem de forma constante. Tal tendência não é exponencial nem logarítmica claramente, uma vez que ambas implicam um comportamento extremo, no final da tendência (no caso da exponencial) ou no início (no caso da logarítmica). Exemplos de tendências de potência incluem receitas, lucros e margens em empresas bem-sucedidas, todas mostrando aumentos constantes na taxa de crescimento, ano após ano.

Uma tendência potência parece linear, mas plotar a *linha de tendência de potência* mostra uma linha de melhor ajuste curva passando pelos pontos de dados. Na análise de tais dados, em geral, é melhor experimentar primeiro uma linha de tendência linear. Se não for um bom ajuste, troque para uma linha de tendência de potência.

Siga estas etapas para plotar uma linha de tendência de potência:

1. **Clique no gráfico para selecioná-lo.**

2. **Se o gráfico tiver várias séries de dados, clique na série que deseja analisar.**

3. **Escolha Design do Gráfico ➪ Layout de Gráfico ➪ Adicionar Elemento de Gráfico ➪ Linha de Tendência ➪ Mais Opções da Linha de Tendência.**

   O painel Formatar Linha de Tendência será exibido.

4. **Clique na guia Opções da Linha de Tendência.**

5. **Selecione o botão de opção Potência.**

   O Excel plotará a linha de tendência de potência.

6. **(Opcional) Marque o quadro de seleção Exibir equação no gráfico.**

   Se quiser ver apenas a linha de tendência, pule as Etapas 6 e 7.

7. **(Opcional) Marque o quadro de seleção Exibir valor de R-quadrado no gráfico.**

8. **Clique em Fechar.**

   O Excel exibirá a equação de regressão e o valor de R^2 (descrito abaixo). A Figura 10-9 mostra um gráfico com a linha de tendência potência plotada, equação de regressão e valor de R^2.

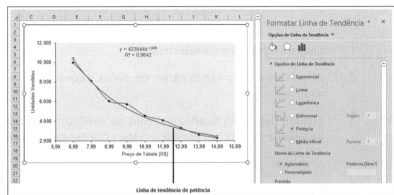

FIGURA 10-9: Gráfico com uma linha de tendência de potência.

Quando a linha de tendência de melhor ajuste é uma curva de potência, a equação de regressão tem a seguinte forma geral:

```
y = m * x^b
```

`y` é a variável dependente, `x` é a variável independente, `b` e `m` são constantes.

PAPO DE ESPECIALISTA

Não há nenhuma função de planilha disponível para calcular diretamente os valores de `b` e `m`. Mas você poderá usar a função PROJ.LIN se "endireitar" a curva de potência aplicando uma escala logarítmica nos valores dependente e independente:

```
{=PROJ.LIN(LN(val_conhecidos_y); [LN(val_conhecidos_x)];
    [constante]; [estatísticas])}
```

Plotando uma Linha de Tendência Polinomial

Em muitas situações reais, a relação entre as variáveis dependente e independente não se move em uma única direção. Seria fácil demais. Por exemplo, em vez de se elevarem constantemente (de modo uniforme como em uma tendência linear, acentuado como em uma tendência exponencial ou logarítmica, ou constante como em uma tendência de potência), os dados de vendas unitárias, lucros e custos podem subir e descer.

Para visualizar tal tendência, você pode plotar uma *linha de tendência polinomial*, que é uma linha de melhor ajuste de várias curvas derivadas usando uma equação com várias potências de x. O número das potências de x é a *ordem* da equação polinomial. Em geral, quanto maior a ordem, mais a curva se ajusta aos dados existentes, porém, mais imprevisíveis são seus valores previstos.

CAPÍTULO 10 **Controlando Tendências e Fazendo Previsões** 223

Se você já tem um gráfico, siga estas etapas para adicionar uma linha de tendência polinomial:

1. **Clique no gráfico para selecioná-lo.**

2. **Se o gráfico tiver várias séries de dados, clique na série que deseja analisar.**

3. **Escolha Design do Gráfico ⇨ Layout do Gráfico ⇨ Adicionar Elemento de Gráfico ⇨ Linha de Tendência ⇨ Mais Opções da Linha de Tendência.**

   Aparecerá o painel Formatar Linha de Tendência.

4. **Clique na guia Opções da Linha de Tendência.**

5. **Selecione o botão de opção Polinomial.**

6. **Clique nas setas do botão de rotação Ordem para definir a ordem da equação polinomial desejada.**

   O Excel irá plotar a linha de tendência polinomial.

7. **(Opcional) Marque a caixa de seleção Exibir equação no gráfico.**

   Se você só quiser ver a linha de tendência, ignore as Etapas 7 e 8.

8. **(Opcional) Marque a caixa de seleção Exibir valor de R-quadrado no gráfico.**

9. **Clique em Fechar.**

   O Excel exibirá a equação de regressão e o valor de R^2. A Figura 10-10 mostra um gráfico com a linha de tendência polinomial plotada, a equação de regressão e o valor de R^2.

Quando a linha de melhor ajuste é uma curva polinomial, a equação de regressão tem a seguinte forma:

$$y = m_n x^n + \ldots + m_2 x^2 + m_1 x + b$$

y é a variável dependente, x é a variável independente, b e m_n até m_1 são constantes.

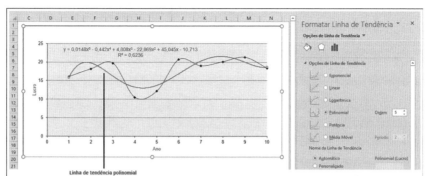

FIGURA 10-10: Gráfico com uma linha de tendência polinomial.

PAPO DE ESPECIALISTA

Para calcular os valores b e m_n até m_1, você poderá usar PROJ.LIN se elevar os valores dos *val_conhecidos_x* às potências de 1 a *n* para um polinômio de *enésima* ordem:

```
{=PROJ.LIN(val_conhecidos_y; [val_conhecidos_x^ {1,2,...,n}];
    [constante]; [estatísticas])}
```

Como alternativa, você pode usar a função TENDÊNCIA:

```
{=TENDÊNCIA(val_conhecidos_y; [val_conhecidos_x^ {1,2,...,n}];
    [novos_valores_x]; [constante])}
```

CAPÍTULO 10 **Controlando Tendências e Fazendo Previsões** 225

226   PARTE 3 **Descobrindo as Ferramentas Avançadas da Análise de Dados**

NESTE CAPÍTULO

» **Aprendendo incontáveis modos de contar coisas no Excel**

» **Calculando o valor médio, mediana, modo e outras médias**

» **Descobrindo a ordem de um valor em relação ao restante dos dados**

» **Agrupando dados em uma distribuição de frequência**

» **Lidando com a força estatística, como o desvio-padrão e a correlação**

Capítulo **11**

Analisando Dados com a Estatística

O Excel é a força estatística que ostenta mais de 100 funções estatísticas da planilha. É ótimo se a pessoa é um estatístico, mas será que é preciso toda essa musculatura estatística se você só faz uma análise básica dos dados? Com certeza ficará aliviado em ouvir um sonoro "Não" como resposta! Grande parte dos recursos estatísticos do Excel redefine a palavra *obscuro*. Acredite em mim quando digo que você pode ficar seguro sem os recursos do Excel, como a densidade da probabilidade beta cumulativa e a análise de Fourier. Eu simplesmente pulo esses recursos e muitos outros neste capítulo porque foco os métodos estatísticos mais importantes e úteis do programa, inclusive o cálculo da média, ordem, maior e menor valores, variância, desvio-padrão e correlação. É divertido? Não, não seja bobo. É útil? Pode apostar que sim.

Contando Coisas

O método estatístico mais simples que se pode aplicar nos dados é contar os itens nesse conjunto de dados. Naturalmente, só porque contar coisas é simples, o Excel, sendo Excel, torna isso complexo porque o programa oferece — pode contar — *quatro* funções relacionadas à contagem dos itens em uma planilha: CONT.NÚM, CONT.VALORES, CONTAR.VAZIO e CONT.SE. Como se não bastasse, ele também oferece duas funções extras, PERMUT e COMBIN, que lidam com as permutações e combinações, respectivamente.

Contando números

A função CONT.NÚM conta o número de células em um intervalo específico que tem valores numéricos. Ou seja, CONT.NÚM ignora as células com texto (inclusive valores de números formatados como texto), que contêm os valores lógicos VERDADEIRO ou FALSO, e estão vazias. (Vale a pena notar que CONT.NÚM inclui as células que contêm datas ou horas, pois o Excel trata esses tipos como números.) Veja a sintaxe:

```
=CONT.NÚM(valor1; [valor2]; ...)
```

Aqui, `valor1`, `valor2` etc. são referências da célula ou do intervalo. Por exemplo, para usar a função CONT.NÚM e retornar quantos valores numéricos existem no intervalo B3:B12 da planilha mostrada na Figura 11-1, use a seguinte fórmula:

```
=CONT.NÚM(B3:B12)
```

Como mostrado na célula E3, CONT.NÚM retorna 6 (cinco números mais uma data).

FIGURA 11-1: CONT.NÚM retorna a contagem dos valores numéricos em um intervalo.

	A	B	C	D	E	F
1	Dado do Servidor					
2	ID	Dados				
3	1	735		CONT.NÚM	6	=CONT.NÚM(B3:B12)
4	2	VERDADEIRO		CONT.VALORES	9	=CONT.VALORES(B3:B12)
5	3	636		CONTAR.VAZIO	1	=CONTAR.VAZIO(B3:B12)
6	4	Cinco		CONT.SE	3	=CONT.SE(B3:B12;">800")
7	5			CONT.SES	2	=CONT.SES(B3:B12; ">800"; B3:B12; "<1000")
8	6	#N/D				
9	7	995				
10	8	747				
11	9	23/08/2019				
12	10	894				

Célula E3: fx =CONT.NÚM(B3:B12)

228 PARTE 3 Descobrindo as Ferramentas Avançadas da Análise de Dados

Contando células não vazias

A função CONT.VALORES conta o número de células em um intervalo específico que não estão vazias. Não importa quais tipos de dados as células usam, podem ser números, datas, horas, valores lógicos ou texto. Contanto que uma célula contenha algo, isso será incluído no total de CONT.VALORES. Veja a sintaxe:

```
=CONT.VALORES(valor1; [valor2]; ...)
```

Aqui, valor1, valor2 etc. são as referências da célula ou do intervalo. Por exemplo, para usar CONT.VALORES e calcular quantos valores não vazios existem no intervalo B3:B12 na planilha mostrada anteriormente na Figura 11-1, use a seguinte fórmula:

```
=CONT.VALORES(B3:B12)
```

Como se pode ver na célula E4 da Figura 11-1, CONT.VALORES retorna o valor 9.

Contando células vazias

A função CONTAR.VAZIO é o oposto funcional de CONT.VALORES, no sentido de que conta o número de células em um intervalo específico que estão vazias. Veja a sintaxe de CONTAR.VAZIO:

```
=CONTAR.VAZIO(intervalo)
```

Aqui, intervalo é o intervalo no qual se deseja contar a quantidade de células vazias. Por exemplo, para usar CONTAR.VAZIO e retornar quantos valores vazios existem no intervalo B3:B12 da planilha mostrada na Figura 11-1, use a seguinte fórmula:

```
=CONTAR.VAZIO(B3:B12)
```

Como se pode ver na célula E5 da Figura 11-1, CONTAR.VAZIO retorna o valor 1.

Contando células que correspondem ao critério

As funções CONT.NÚM, CONT.VALORES e CONTAR.VAZIO contam números, células não vazias e vazias, respectivamente, portanto, têm, em certo sentido, um critério predefinido para o que contam e o que ignoram. Se você tem seu próprio critério para o que deve ser contado e o que não deve, pode fazer a função CONT.SE aplicar essa condição. Veja a sintaxe:

```
=CONT.SE(intervalo; critérios)
```

Aqui, *intervalo* é o intervalo da planilha no qual deseja contar as células e *critérios* é uma expressão lógica, entre aspas, que especifica quais células no intervalo devem ser contadas.

Por exemplo, voltando ao intervalo B3:B12 na Figura 11-1, suponha que você queira saber quantas células contêm um valor maior que 800. Veja uma fórmula que fará isso:

```
=CONT.SE(B3:B12; ">800")
```

Como se pode ver na célula E6 da Figura 11-1, a fórmula retorna o valor 3. (Há dois números maiores que 800, mais o valor de data que é igual a 43700, portanto, também corresponde ao critério.)

DICA

É possível usar qualquer operador lógico padrão ao criar sua expressão de critério: use o operador < para uma comparação menor que; o operador <= para uma comparação menor ou igual a, o operador > para maior que, o operador >= para maior ou igual a, o operador = para uma comparação igual a e o operador <> para uma comparação diferente de.

Contando células que correspondem a vários critérios

A função CONT.SE aplica uma única condição a um intervalo apenas, mas, às vezes, pode ser preciso aplicar vários critérios

» Em um único intervalo

» Em vários intervalos

Para lidar com as duas situações, apresento a função CONT.SES, que usa a seguinte sintaxe:

```
=CONT.SES(intervalo_critérios1; critérios1; [intervalo_
    critérios2; critérios2]; ...])
```

Aqui, os *critérios1* são aplicados no *intervalo_critérios1*, os *critérios2*, aplicados no *intervalo_critérios2* etc. CONT.SES inclui no cálculo apenas as células que correspondem a todos os critérios.

Por exemplo, voltando ao intervalo B3:B12 da Figura 11-1, suponha que você queira saber quantas células contêm um valor maior que 800 e menor que 1000. Veja a fórmula que fará isso:

```
=CONT.SES(B3:B12; ">800"; B3:B12; "<1000")
```

Como é possível ver na célula E7 da Figura 11-1, a fórmula retorna o valor 2.

Contando permutações

Um modo geralmente útil de contar coisas é calcular as *permutações*, que, fornecido um conjunto de dados, é como um subconjunto de dados pode ser agrupado, em qualquer ordem, sem repetições. Por exemplo, suponha que seu conjunto de dados consista nas letras A, B, C, D. Veja todos os modos possíveis de agrupar quaisquer duas letras, sem repetições:

AB, AC, AD, BA, BC, BD, CA, CB, CD, DA, DB, DC

As duas características fundamentais de uma permutação são:

> » A ordem é importante, portanto, AB e BA são considerados agrupamentos diferentes.

> » Não são permitidas repetições, portanto, os agrupamentos AA, BB, CC e DD não são incluídos.

A função PERMUT do Excel conta o número possível de permutações ao selecionar um subconjunto em um conjunto de dados (ou uma amostra de uma população). Veja a sintaxe de PERMUT:

```
=PERMUT(núm; núm_escolhido)
```

Aqui, `núm` é o número de itens no conjunto e `núm_escolhido` é o número de itens em cada subconjunto. Dada uma população de quatro itens e dois itens em cada subconjunto, por exemplo, você calcula o número de permutações usando a fórmula

```
=PERMUT(4; 2)
```

A função retornará o valor 12, indicando que há 12 modos diferentes em que quatro itens podem ser selecionados em um conjuntos de dois.

Uma variação sobre o tema permutação é quando você permite repetições no subconjunto (como AA, BB, CC e DD a partir do conjunto ABCD). Nesse caso, é preciso usar a função PERMUTAS do Excel, com a mesma sintaxe de PERMUT:

```
=PERMUTAS(núm; núm_escolhido)
```

Por exemplo, para calcular o número de permutações em conjuntos de dois, em uma população de quatro itens, com repetições permitidas, você usará a seguinte fórmula:

```
=PERMUTAS(4; 2)
```

O resultado será 16.

Contando combinações

Muitas vezes, é útil contar coisas calculando as *combinações* que, em certo conjunto de dados, são como um subconjunto desses dados pode ser agrupado, sem repetições, quando a ordem não é importante (ou seja, cada subconjunto é único). Por exemplo, suponha que seu conjunto de dados consista nas letras A, B, C, D. Todos são modos únicos de agrupar quaisquer duas letras sem repetições:

AB, AC, AD, BC, BD, CD

Uma combinação tem duas características principais:

>> Os subconjuntos devem ser únicos, que é outro modo de dizer que a ordem não é importante. Por exemplo, os subconjuntos AB e BA são considerados o mesmo subconjunto.

>> Não são permitidas repetições, portanto, os agrupamentos AA, BB, CC e DD não são incluídos.

A função COMBIN do Excel conta o número de combinações possíveis ao selecionar os subconjuntos únicos em um conjunto de dados (ou uma amostra da população). Veja a sintaxe de COMBIN:

```
=COMBIN(núm; núm_escolhido)
```

Aqui, *núm* é o número de itens no conjunto e *núm_escolhido* é o número de itens em cada subconjunto. Dada uma população de quatro itens e dois itens em cada subconjunto, por exemplo, você calculará o número de combinações usando a fórmula

```
=COMBIN(4; 2)
```

A função retorna o valor 6, indicando que há seis modos diferentes de quatro itens a serem agrupados unicamente em um conjuntos de dois.

Se quiser incluir as repetições (como AA, BB, CC e DD no conjunto ABCD), use a função COMBINA do Excel, que tem a mesma sintaxe de COMBIN:

```
=COMBINA(núm; núm_escolhido)
```

Por exemplo, para calcular o número de combinações únicas em que dois itens são selecionados em uma população de quatro, com repetições permitidas, use a seguinte fórmula:

```
=COMBINA(4; 2)
```

O resultado será 10.

Calculando a Média das Coisas

Uma *média* é a soma de dois ou mais valores numéricos divididos pela contagem dos valores numéricos. Se você quiser, poderá calcular a média criando uma fórmula personalizada, mas isso é prático apenas para poucos itens. Para as coleções maiores, usar as funções da planilha do Excel para o cálculo é o jeito mais rápido e eficiente.

LEMBRE-SE

Os estatísticos se referem a essa média como um *valor médio*. A *tendência central* é definida como um valor típico em uma distribuição ou que representa a maioria dos casos. As medidas mais comuns usadas de tendência central são o valor média, mediana e modo.

Calculando uma média

A função da planilha preferida para calcular a média (ou o valor médio) de um conjunto de valores é a MÉDIA, com a seguinte sintaxe:

```
MÉDIA(núm1; [núm2]; ...)
```

Você pode inserir até 255 argumentos e cada um pode ser um número, célula, intervalo, nome do intervalo ou matriz (ou seja, uma lista de valores entre chaves, como {20, 25, 25, 30}). Se uma célula contiver zero, o Excel irá incluí-la no cálculo, mas se estiver em branco, não será incluída.

Por exemplo, para determinar a média dos valores no intervalo D3:D19, use a seguinte fórmula:

```
=MÉDIA(D3:D19)
```

Calculando uma média condicional

Em sua análise de dados, pode ser necessário calcular a média dos valores em um intervalo, mas apenas daqueles que atendem a uma condição. Você pode fazer isso usando a função MÉDIASE, uma combinação de MÉDIA e SE, que calcula a média apenas das células no intervalo que atende a condição especificada. MÉDIASE tem três argumentos:

```
=MÉDIASE(intervalo; critérios; [intervalo_média])
```

O argumento *intervalo* é o intervalo de células que você deseja usar para testar a condição, o argumento *critérios* é uma expressão lógica, entre aspas duplas, que determina quais células no *intervalo* calcular e o argumento opcional *intervalo_média* é o intervalo a partir do qual você deseja obter os valores da média. Se você omitir o *intervalo_média*, o Excel usará o *intervalo* para a média.

O Excel soma apenas as células no *intervalo_média* que correspondem às células no *intervalo* e atendem aos *critérios*.

Por exemplo, considere o banco de dados de peças mostrado na Figura 11-2. Se você quiser obter a média dos valores na coluna Margem Bruta, usará a função MÉDIA:

```
=MÉDIA(H3:H10)
```

FIGURA 11-2: Banco de dados de peças.

F13	▼	✕ ✓ *fx*	=MÉDIASE(E3:E10; "<10"; H3:H10)						
	A	B	C	D	E	F	G	H	I
1	Banco de Dados de Peças								
2	Divisão	Descrição	Número	Quantidade	Custo	Custo Total	Varejo	Margem Bruta	
3	4	Alicate	D-178	57	R$ 10,47	R$ 596,79	R$ 17,95	71,4%	
4	3	Cabo de Lavadora	A-201	856	R$ 0,12	R$ 102,72	R$ 0,25	108,3%	
5	3	Roda dentada	C-098	357	R$ 1,57	R$ 560,49	R$ 2,95	87,9%	
6	2	Tubo de 6"	B-111	86	R$ 15,24	R$ 1.310,64	R$ 19,95	30,9%	
7	4	Chave inglesa 7"	D-017	75	R$ 18,69	R$ 1.401,75	R$ 27,95	49,5%	
8	3	Tomada	C-321	298	R$ 3,11	R$ 926,78	R$ 5,95	91,3%	
9	1	Junta-S	A-182	155	R$ 6,85	R$ 1.061,75	R$ 9,95	45,3%	
10	2	Válvula	B-047	482	R$ 4,01	R$ 1.932,82	R$ 6,95	73,3%	
11									
12				Total dos custos de peças da Divisão 3:		R$ 1.589,99			
13				Margem bruta média para peças abaixo de R$ 10,00:		81,2%			
14		Margem bruta média para peças acima de R$ 15,00 e menos de 100 unidades:				40,2%			
15									

Mas, se quiser a média dos valores da Margem Bruta, porém apenas para as peças com um valor Custo abaixo de R$10, estará no território da MÉDIASE:

```
=MÉDIASE(E3:E10; "<10"; H3:H10)
```

Essa função informa o Excel: "Pesquise no intervalo E3:E10 e, sempre que encontrar um valor menor que 10, obtenha o valor correspondente no intervalo H3:H10 e inclua-o na média. Atenciosamente, MÉDIASE."

Calculando uma média com base em várias condições

Se quiser calcular uma média com base em vários critérios aplicados em um ou mais intervalos, verifique a função MÉDIASES:

```
=MÉDIASES(intervalo_média; intervalo_critério1; critérios1,
    [intervalo_critério2; critérios2]; ...])
```

234   PARTE 3 **Descobrindo as Ferramentas Avançadas da Análise de Dados**

O argumento *intervalo_média* é o intervalo a partir do qual você deseja obter os valores da média. Os *critérios1* são aplicados no *intervalo_critérios1*, os *critérios2* no *intervalo_critérios2* etc. A função MÉDIASES inclui no cálculo apenas as células que correspondem a todos os critérios.

Voltando ao banco de dados de peças mostrado na Figura 11-2, suponha que você queira a média da Margem Bruta, mas apenas as peças com Quantidade (D3:D10) inferiores a 100 unidades e um Custo (E3:E10) superior a R$15. MÉDIASES fará isto:

```
=MÉDIASES(H3:H10; D3:D10; "<100"; E3:E10; ">15")
```

Essa fórmula aparece na célula F14 da Figura 11-2 e é possível ver que o resultado é 40,2%.

Calculando a mediana

Ao analisar os dados, você precisa encontrar a *mediana,* que é o ponto central em uma série de números: o ponto no qual metade dos valores é maior e a outra metade é menor quando estão em ordem numérica. E quando se tem um número igual de valores? Boa pergunta! Nesse caso, a mediana é a média dos dois valores que ficam no meio.

Para calcular a mediana, use a função MED do Excel:

```
MED(núm1; [núm2]; ...])
```

Você pode inserir até 255 argumentos e cada um pode ser um número, célula, intervalo, nome do intervalo ou matriz. O Excel inclui zeros no cálculo, mas não espaços em branco.

Na planilha Produtos com Defeito mostrada na Figura 11-3, o valor mediano da coluna Defeitos (D3:D19) é dado pela seguinte fórmula na célula I2:

```
=MED(D3:D19)
```

Calculando o modo

O *modo* é o valor mais comum em uma lista de valores. Para calcular o modo de um conjunto de números, ative a função MODO do Excel:

```
MODO(núm1; [núm2]; ...])
```

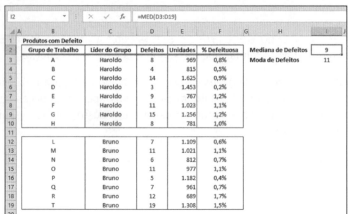

FIGURA 11-3: MED retorna o valor médio de um conjunto de valores numéricos.

Você pode especificar até 255 argumentos, cada um podendo ser um número, célula, intervalo, nome do intervalo ou matriz. O Excel inclui zeros no cálculo, mas não espaços em branco.

Na planilha Produtos com Defeito, mostrada antes na Figura 11-3, o valor do modo na coluna Defeitos (D3:D19) é dado pela seguinte fórmula na célula I3:

```
=MODO(D3:D19)
```

LEMBRE-SE

O Excel interpreta o valor lógico VERDADEIRO como 1 e FALSO como 0, portanto, é possível usar valores lógicos como argumentos ao calcular a mediana ou o modo. Contudo, se uma matriz ou um intervalo de células contiver um valor lógico, as funções MED e MODO não as incluirão no cálculo.

Descobrindo a Ordem

Descobrir como um item se classifica em relação a outros na lista muitas vezes é útil. Por exemplo, você pode querer descobrir como a nota da prova de um aluno se classifica em relação aos outros alunos. É possível fazer isso ordenando a lista, mas, em algumas situações, não é aconselhável. Por exemplo, se os dados originais mudassem constantemente, seria preciso uma reclassificação constante. Em vez isso, você pode usar a função ORDEM.EQ do Excel para determinar a ordem de um item relativa aos outros itens em uma lista:

```
ORDEM.EQ(núm; ref; [ordem])
```

ORDEM.EQ tem três argumentos: *núm* é o item que você deseja classificar, *ref* é o intervalo com a lista de itens e *ordem* é a ordem de classificação opcional que o Excel usa. O padrão é descendente, mas você pode usar qualquer valor diferente de zero para a ordem ascendente.

Por exemplo, a Figura 11-4 mostra uma planilha que contém as notas dos alunos no intervalo B3:B48. Para descobrir a classificação da nota na célula B3, use a seguinte fórmula:

```
=ORDEM.EQ(B3; $B$3:$B$48)
```

FIGURA 11-4: ORDEM.EQ retorna a classificação de um valor em um conjunto.

ID do Estudante	Nota	Classificação
64947	82	6
69630	66	28
18324	52	44
89826	94	1
63600	40	46
25089	62	39
89923	88	2
13000	75	10
16895	66	28
24918	62	39
45107	71	19
64090	53	43
94395	74	14
58749	65	34
26916	66	28
59033	67	27
15450	68	25
56415	69	22
88069	69	22
75784	68	25

Como se pode ver na célula C3, o valor retornado é 6.

DICA

Observe o uso de referências absolutas para o argumento *ref* na Figura 11-4. Usei essas referências porque depois de inserir a fórmula na célula C3, preenchi a fórmula de C4 a C48. Usando uma referência de classificação absoluta, asseguro que o argumento *ref* seja igual para todas as células preenchidas.

Você também pode usar a função ORDEM.MÉD para calcular a classificação. Com essa função, se dois ou mais números tiverem a mesma ordem, o Excel calculará a média. Por exemplo, na lista 100, 95, 90, 85, 85, 80, 70, a função ORDEM.MÉD classifica o número 85 como 4,5, que é a média de 4 e 5. Por outro lado, ORDEM.EQ daria às duas instâncias de 85 a classificação 4. Com ORDEM.EQ e ORDEM.MÉD, se dois ou mais números tiverem a mesma classificação, os números subsequentes serão afetados. Na lista anterior, o número 80 se classifica em sexto lugar. A função ORDEM.MÉD tem os mesmos três argumentos de ORDEM.EQ:

```
ORDEM.MÉD(núm; ref; [ordem])
```

Ainda neste ponto, posso também mencionar a função ORDEM.PORCENTUAL.INC, que você pode usar com o intuito de determinar a classificação de um valor como uma porcentagem de todos os valores no conjunto de dados. ORDEM.PORCENTUAL.INC tem três argumentos:

```
ORDEM.PORCENTUAL.INC(matriz; x; [significância])
```

Aqui, `matriz` é a matriz ou o intervalo que você deseja usar, `x` é o valor que quer classificar e `significância` é o número opcional de dígitos significantes que os resultados devem retornar (o padrão é três). ORDEM.PORCENTUAL.INC tem valores iguais para a mesma classificação.

O Excel também inclui ORDEM.PORCENTUAL.EXC para seguir os padrões para calcular a classificação de um valor como uma porcentagem de todos os valores em um conjunto de dados:

```
ORDEM.PORCENTUAL.EXC(matriz; x; [significância])
```

Como se pode ver, ORDEM.PORCENTUAL.EXC tem os mesmos argumentos de ORDEM.PORCENTUAL.INC, mas exclui as classificações de 0 e 100.

Determinando o Enésimo Maior ou Menor Valor

Quando é dada uma lista de valores e um item dessa lista, você pode usar ORDEM.EQ (ou ORDEM.MÉD) para determinar a classificação do item (ascendente ou descendente). Uma abordagem um pouco diferente para o problema é determinar, dada uma lista de valores, qual item na lista tem uma classificação específica, como primeiro, terceiro ou décimo.

Você pode resolver isso classificando a lista, mas, se os valores mudam constantemente, uma abordagem melhor é usar a função MAIOR ou MENOR do Excel, como descrito nas duas seções a seguir.

Calculando o enésimo maior valor

A função da planilha MAIOR do Excel retorna o *enésimo* maior valor em uma lista. Veja a sintaxe:

```
MAIOR(matriz; k)
```

MAIOR tem dois argumentos: `matriz` é a matriz ou o intervalo com o qual você quer trabalhar e `k` é a ordem de classificação do valor buscado.

Por exemplo, dada uma lista de notas de alunos mostrada no intervalo B3:B48 na Figura 11-5, qual é o menor valor das 10 primeiras notas? Isso é moleza para a função MAIOR, em que a seguinte fórmula (veja a célula D4 na Figura 11-5) retorna o valor 75:

```
=MAIOR(B3:B48; 10)
```

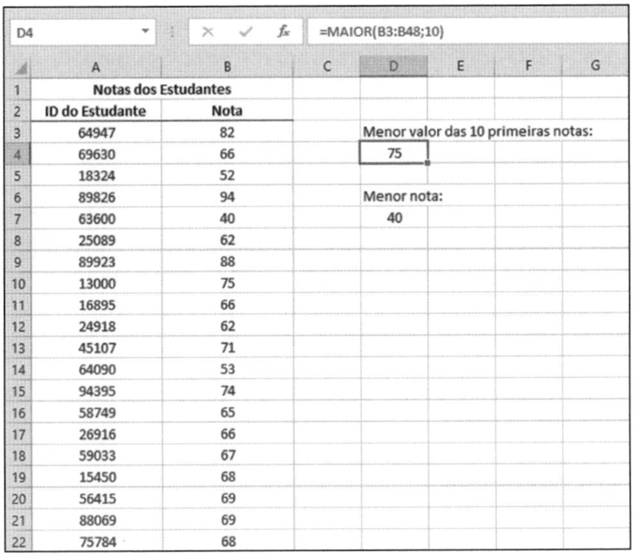

D4			f_x	=MAIOR(B3:B48;10)		
	A	**B**	**C**	**D**	**E**	**F**	**G**
1	Notas dos Estudantes						
2	ID do Estudante	Nota					
3	64947	82		Menor valor das 10 primeiras notas:			
4	69630	66		75			
5	18324	52					
6	89826	94		Menor nota:			
7	63600	40		40			
8	25089	62					
9	89923	88					
10	13000	75					
11	16895	66					
12	24918	62					
13	45107	71					
14	64090	53					
15	94395	74					
16	58749	65					
17	26916	66					
18	59033	67					
19	15450	68					
20	56415	69					
21	88069	69					
22	75784	68					

FIGURA 11-5: MAIOR retorna o *enésimo* maior valor em um intervalo ou matriz.

Calculando o *enésimo* menor valor

A função da planilha MENOR do Excel retorna o *enésimo* menor valor em uma matriz ou um intervalo. Veja a sintaxe:

```
MENOR(matriz; k)
```

MENOR tem dois argumentos: `matriz` é a matriz ou o intervalo com o qual quer trabalhar e `k` é a ordem de classificação do valor desejado.

Por exemplo, dadas as notas dos alunos mostradas no intervalo B3:B48 na Figura 11-5, qual é a menor nota? A fórmula a seguir (veja a célula D7 na Figura 11-5) retorna o valor 40:

```
=MENOR(B3:B48; 1)
```

CAPÍTULO 11 **Analisando Dados com a Estatística** 239

Criando uma Distribuição de Frequência Agrupada

Organizar uma grande quantidade de dados em uma distribuição de frequência agrupada pode ajudar a ver padrões nos dados. Com as notas de provas dos alunos, por exemplo, o primeiro grupo pode ser as notas menores ou iguais a 50, o segundo grupo pode ser de 51 a 60 etc. até as notas entre 91 e 100. Você pode usar a função FREQUÊNCIA do Excel para retornar o número de ocorrências em cada grupo:

```
FREQUÊNCIA(matriz_dados; matriz_bin)
```

FREQUÊNCIA tem dois argumentos: `matriz_dados` é a lista de valores que você quer agrupar e `matriz_bin` é a lista de agrupamentos (conhecidos como *blocos*) a usar. Você insere FREQUÊNCIA como uma fórmula de matriz nas mesmas células nas quais há grupos. Por exemplo, se tiver seis grupos, irá inserir a fórmula em seis células. Veja as etapas a seguir:

1. **Selecione as células nas quais deseja que a distribuição de frequência agrupada apareça.**

2. **Digite =frequência(.**

3. **Insira ou selecione os itens que deseja agrupar.**

4. **Digite ponto e vírgula e insira ou selecione a lista de agrupamentos.**

   Quando você criar uma distribuição de frequência, é bom manter o número de grupos razoavelmente entre cinco e dez. Se tiver poucos ou muitos grupos, poderá perder a capacidade de passar informações com facilidade. Poucos intervalos podem ocultar as tendências e muitos podem mascarar os detalhes. Você também deve manter os intervalos simples. Intervalos de 5, 10 ou 20 são bons porque são fáceis de entender. Inicie o intervalo com um valor divisível pelo tamanho dele, tornando a distribuição de frequência fácil de ler. Finalmente, todos os intervalos devem ter o mesmo número de valores. De novo, isso facilita entender a distribuição de frequência.

5. **Digite).**

6. **Pressione e segure Ctrl+Shift e depois pressione Enter.**

   O Excel irá inserir a fórmula da matriz e retornará o número de itens em cada agrupamento. A Figura 11-6 mostra uma fórmula da matriz FREQUÊNCIA inserida no intervalo E3:E8.

240 PARTE 3 **Descobrindo as Ferramentas Avançadas da Análise de Dados**

FIGURA 11-6:
A FRE-
QUÊNCIA
informa
quantos
itens em um
intervalo
aparecem
em cada
bloco.

	A	B	C	D	E	F
			E3	▼ : × ✓ ƒx {=FREQÜÊNCIA(B3:B48;D3:D8)}		

	A	B	C	D	E	F
1	Notas dos Estudantes					
2	ID do Estudante	Nota		Blocos	Frequência	
3	64947	82		50	2	
4	69630	66		60	4	
5	18324	52		70	19	
6	89826	94		80	15	
7	63600	40		90	5	
8	25089	62		100	1	
9	89923	88				
10	13000	75				
11	16895	66				
12	24918	62				
13	45107	71				
14	64090	53				
15	94395	74				
16	58749	65				
17	26916	66				
18	59033	67				
19	15450	68				
20	56415	69				
21	88069	69				
22	75784	68				

Calculando a Variância

Parte da análise envolve determinar como, em média, alguns valores se desviam do valor médio. Um método é pegar a diferença em que cada número varia da média, elevar ao quadrado essas diferenças, somar os quadrados e dividir pelo número de valores. O resultado é chamado de *variância* e no Excel, você a calcula usando VAR.A ou VAR.P:

```
VAR.A(núm1; [núm2]; ...])
VAR.P(núm1; [núm2]; ...])
```

Use VAR.A se os dados representam uma amostra de uma população maior; use VAR.P se eles representam a população inteira. Nos dois casos, você pode inserir até 255 argumentos.

Por exemplo, na planilha Produtos com Defeito, mostrada na Figura 11-7, calculo variância da coluna Defeitos (D3:D19) com a seguinte fórmula (veja a célula H3):

```
=VAR.P(D3:D19)
```

CAPÍTULO 11 **Analisando Dados com a Estatística** 241

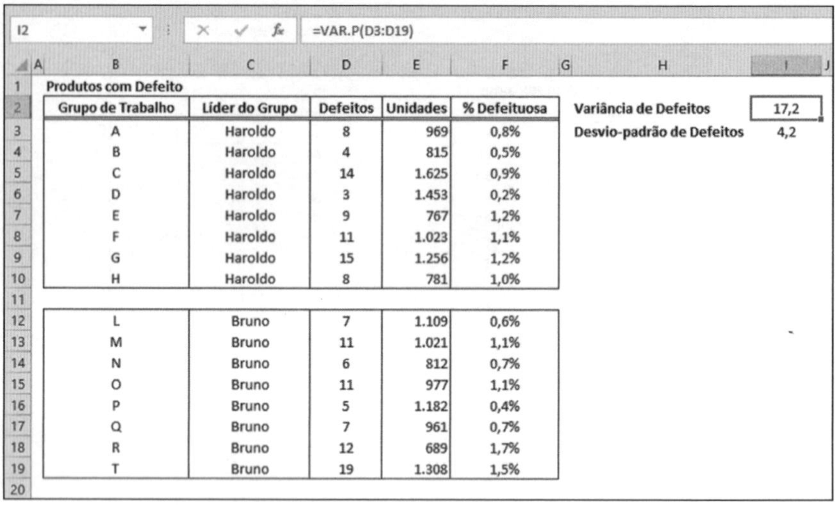

FIGURA 11-7:
VAR.P
retorna a
variância
dos dados
que repre-
sentam uma
população
inteira.

I2			× ✓ fx		=VAR.P(D3:D19)				

	A	B	C	D	E	F	G	H	I	J
1		Produtos com Defeito								
2		Grupo de Trabalho	Líder do Grupo	Defeitos	Unidades	% Defeituosa		Variância de Defeitos	17,2	
3		A	Haroldo	8	969	0,8%		Desvio-padrão de Defeitos	4,2	
4		B	Haroldo	4	815	0,5%				
5		C	Haroldo	14	1.625	0,9%				
6		D	Haroldo	3	1.453	0,2%				
7		E	Haroldo	9	767	1,2%				
8		F	Haroldo	11	1.023	1,1%				
9		G	Haroldo	15	1.256	1,2%				
10		H	Haroldo	8	781	1,0%				
11										
12		L	Bruno	7	1.109	0,6%				
13		M	Bruno	11	1.021	1,1%				
14		N	Bruno	6	812	0,7%				
15		O	Bruno	11	977	1,1%				
16		P	Bruno	5	1.182	0,4%				
17		Q	Bruno	7	961	0,7%				
18		R	Bruno	12	689	1,7%				
19		T	Bruno	19	1.308	1,5%				
20										

Calculando o Desvio-padrão

Apresentei a variância na seção anterior, mas como ela é um valor ao quadrado, é difícil interpretar em relação à média. Portanto, os estatísticos muitas vezes calculam o *desvio-padrão*, que é a raiz quadrada da variância.

Se dois conjuntos de dados tiverem uma média parecida, o conjunto com o desvio-padrão maior terá mais dados variáveis. Se os dados estiverem distribuídos normalmente, cerca de 68% deles serão encontrados em um desvio-padrão da média, cerca de 95% estarão dentro de dois desvios-padrão e cerca de 99% estarão dentro de três desvios-padrão.

Para calcular o desvio-padrão, você pode usar a função DESVPAD.A ou DESVPAD.P.

```
DESVPAD.A(núm1; [núm2]; ...])
DESVPAD.P(núm1; [núm2]; ...])
```

Use DESVPAD.A se os dados forem uma amostra de uma população e use DESVPAD.P se forem a população inteira. Em ambos os casos, você pode inserir até 255 argumentos.

Por exemplo, na planilha Produtos com Defeito mostrada antes na Figura 11-7, calculei o desvio-padrão da coluna Defeitos (D3:D19) com a seguinte fórmula (veja a célula H3):

```
=DESVPAD.P(D3:D19)
```

242   PARTE 3 **Descobrindo as Ferramentas Avançadas da Análise de Dados**

CUIDADO

A relação dos valores no conjunto de dados afeta o desvio-padrão. Por exemplo, um valor atípico pode distorcer o desvio-padrão e um conjunto de dados que consiste em valores idênticos gera um desvio-padrão zero.

Encontrando a Correlação

Correlação é uma medida da relação entre dois conjuntos de dados. Por exemplo, se você tem valores mensais para despesas com publicidade e vendas, pode achar que despesas maiores com publicidade levam a mais vendas, isto é, se os dois valores estão relacionados.

CUIDADO

Lembre-se que uma correlação não prova que uma coisa causa outra. O máximo que se pode dizer é que um número varia com o outro.

Para encontrar uma correlação no Excel, use a função CORREL:

```
CORREL(matriz1; matriz2)
```

CORREL tem dois argumentos: `matriz1` e `matriz2`, que são duas listas de números. CORREL retorna o *coeficiente de correlação,* que é um número entre –1 e 1. O sinal sugere se a relação é positiva (+) ou negativa (–). Veja a tabela a seguir para ajudar a interpretar o resultado.

Coeficiente de Correlação	Interpretação
1	Os conjuntos de dados estão correlacionados perfeitamente e são positivos. Por exemplo, um aumento de 10% em publicidade produz um aumento de 10% nas vendas.
Entre 0 e 1	Os conjuntos de dados estão correlacionados positivamente. Quanto maior o número, maior a correlação entre os dados.
0	Não há nenhuma correlação entre os dados.
Entre 0 e –1	Os conjuntos de dados estão correlacionados negativamente. Quanto menor o número, mais correlacionados negativamente estão os dados.
–1	Os conjuntos de dados têm uma correlação negativa perfeita. Por exemplo, um aumento de 10% em publicidade leva a uma diminuição de 10% nas vendas.

A Figura 11-8 mostra uma planilha que tem custos de publicidade no intervalo C3:C14 e vendas no intervalo D3:D14. A célula F3 calcula a correlação entre esses dois intervalos:

```
=CORREL(C3:C14; D3:D14)
```

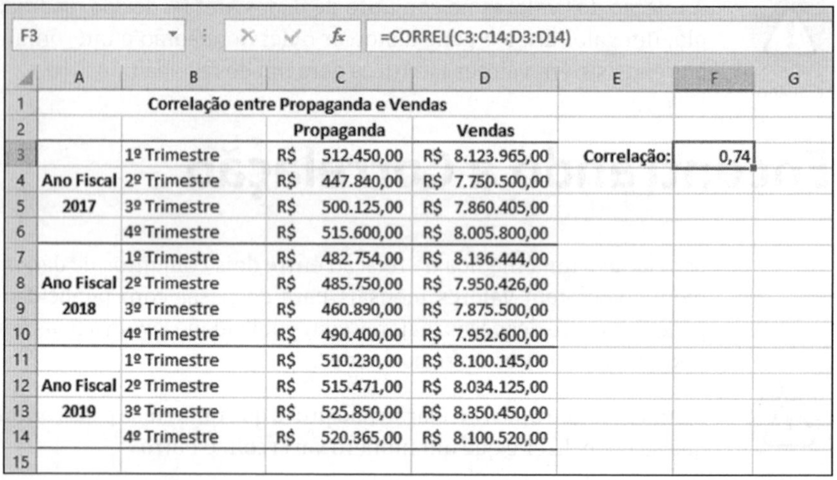

FIGURA 11-8: CORREL calcula a correlação entre dois conjuntos de valores.

F3			:	×	✓	f_x	=CORREL(C3:C14;D3:D14)	
	A	B	C	D	E	F	G
1		Correlação entre Propaganda e Vendas					
2			Propaganda	Vendas			
3		1º Trimestre	R$ 512.450,00	R$ 8.123.965,00	Correlação:	0,74	
4	Ano Fiscal	2º Trimestre	R$ 447.840,00	R$ 7.750.500,00			
5	2017	3º Trimestre	R$ 500.125,00	R$ 7.860.405,00			
6		4º Trimestre	R$ 515.600,00	R$ 8.005.800,00			
7		1º Trimestre	R$ 482.754,00	R$ 8.136.444,00			
8	Ano Fiscal	2º Trimestre	R$ 485.750,00	R$ 7.950.426,00			
9	2018	3º Trimestre	R$ 460.890,00	R$ 7.875.500,00			
10		4º Trimestre	R$ 490.400,00	R$ 7.952.600,00			
11		1º Trimestre	R$ 510.230,00	R$ 8.100.145,00			
12	Ano Fiscal	2º Trimestre	R$ 515.471,00	R$ 8.034.125,00			
13	2019	3º Trimestre	R$ 525.850,00	R$ 8.350.450,00			
14		4º Trimestre	R$ 520.365,00	R$ 8.100.520,00			
15							

> **NESTE CAPÍTULO**
>
> » **Trabalhando com as Ferramentas de Análise do Excel**
>
> » **Gerando muitas estatísticas descritivas**
>
> » **Calculando médias móveis, ordens e percentis**
>
> » **Gerando números aleatórios, por algum motivo**
>
> » **Criando distribuições de frequência e histogramas**

Capítulo **12**

Analisando Dados com Estatística Descritiva

Ao analisar os dados do Excel usando Estatística, é possível gerar resultados que descrevem algo sobre os dados ou permitem deduzir alguma coisa sobre eles.

Descrever dados, estatisticamente falando, significa medir vários aspectos deles, inclusive a soma, contagem, média, máximo, mínimo, desvio-padrão etc. Todas essas medidas recebem o nome de *estatística descritiva*.

Fazer inferências sobre os dados significa pegar um subconjunto da população total (que poderia ser pessoas, produtos ou ursos pandas) e medir vários aspectos dos dados que permitem chegar a conclusões, *inferências*, sobre a população inteira. As ferramentas e as técnicas que permitem analisar os dados assim recebem o nome de *estatística inferencial*.

Neste capítulo, você entrará no mundo útil da estatística descritiva, sobretudo a que pode gerar com apenas alguns cliques e teclas pressionadas, usando o suplemento Ferramentas de Análise do Excel. Para se divertir com a estatística inferencial, terá que esperar até o Capítulo 13.

Carregando Ferramentas de Análise

Você pode ter acesso a várias ferramentas de análise estatística avançadas carregando o suplemento Ferramentas de Análise do Excel. Ele consiste em 19 ferramentas estatísticas que calculam não apenas um conjunto básico de estatística descritiva (como soma, média e desvio-padrão), mas também resultados mais sofisticados, como média móvel, ordem e percentil. Você também pode usar as ferramentas de análise para gerar números aleatórios e distribuições de frequência, e fazer uma análise estatística inferencial, como a correlação e a regressão.

Muitas dessas ferramentas têm funções de planilha equivalentes. Por exemplo, você pode calcular a correlação usando a função CORREL, ordem e percentil com as funções ORDEM.* e PERCENTIL.* etc. Mas cada Ferramenta de Análise exibe uma caixa de diálogo que facilita configurar e selecionar as opções necessárias para sua análise.

Se tudo isso parece bom demais para ser verdade, saiba que usar as Ferramentas de Análise tem uma desvantagem: todos os resultados são valores estáticos, não fórmulas, portanto, se seus dados mudarem, será preciso executar a ferramenta de novo.

Veja as etapas para carregar as Ferramentas de Análise:

1. **Escolha Arquivo ⇨ Opções.**

   Aparecerá a caixa de diálogo Opções do Excel.

2. **Clique em Suplementos.**

3. **Na lista suspensa Gerenciar, clique em Suplementos do Excel e em Ir.**

   Aparecerá a caixa de diálogo Suplementos.

4. **Marque a caixa de seleção Ferramentas de Análise, como mostrado na Figura 12-1 e clique em OK.**

   O Excel carregará o suplemento Ferramentas de Análise.

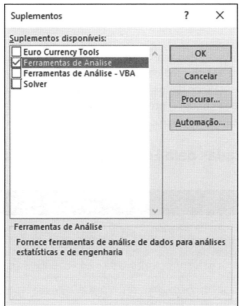

FIGURA 12-1: Carregando o suplemento Ferramentas de Análise.

As Ferramentas de Análise criam um novo grupo chamado Análise na guia Dados da Faixa de Opções. Para usar uma das ferramentas estatísticas da Análise, escolha Dados ⇨ Análise ⇨ Análise de Dados. Na caixa de diálogo Análise de dados que aparece (veja a Figura 12-2), clique na ferramenta que deseja usar e em OK. O Excel exibirá uma caixa de diálogo para a ferramenta. Use a caixa para especificar as configurações que deseja usar (os controles variam entre as ferramentas), depois, clique em OK.

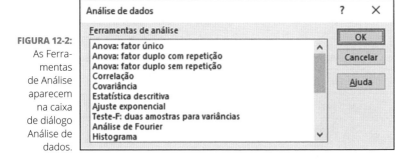

FIGURA 12-2: As Ferramentas de Análise aparecem na caixa de diálogo Análise de dados.

Se você não precisar mais das Ferramentas de Análise, poderá desativar o suplemento para diminuir a confusão na guia Dados da Faixa de Opções e economizar espaço no disco rígido do computador. Siga as Etapas de 1 a 3 para exibir a caixa de diálogo Suplementos, desmarque a caixa de seleção Ferramentas de Análise e clique em OK.

CAPÍTULO 12 **Analisando Dados com Estatística Descritiva**

Gerando Estatística Descritiva

É possível agilizar a análise de dados usando a ferramenta Estatística descritiva para gerar rapidamente até 16 medidas estatísticas diferentes. Ao usar essa ferramenta em um intervalo de dados, o Excel supõe que você trabalha com a amostra de uma população maior e produz uma tabela com cálculos estatísticos para esses dados de amostra, inclusive as medidas descritas na Tabela 12-1.

TABELA 12-1 **Medidas Geradas pela Ferramenta Estatística Descritiva**

Medida	O que Retorna
Média	A média dos dados da amostra.
Erro-padrão	O erro-padrão dos dados da amostra, que é uma medida do quanto a média dos dados da amostra se desvia da média da população.
Mediana	O valor médio nos dados da amostra (ou seja, o valor que separa a metade maior dos valores da metade menor).
Modo	O valor mais comum nos dados da amostra.
Desvio-padrão	A medida do desvio-padrão dos dados da amostra. É uma medida da dispersão relativa dos dados: um desvio-padrão maior significa que os dados estão mais dispersos e um menor significa que os dados estão mais agrupados.
Variância da Amostra	A variância dos dados da amostra. A variância é o quadrado do desvio-padrão.
Curtose	Uma medida que indica se a curva formada pelos dados da amostra (se representados em gráfico) é acentuada (curtose positiva) ou suave (curtose negativa).
Simetria	Uma medida que indica se a curva formada pelos dados da amostra em gráfico está agrupada abaixo da média (simetria positiva) ou acima (simetria negativa).
Intervalo	A diferença entre o maior e o menor valor nos dados da amostra.
Mínimo	O menor valor nos dados da amostra.
Máximo	O maior valor nos dados da amostra.
Soma	O total de todos os valores nos dados da amostra.
Contagem	A quantidade de valores nos dados da amostra.
Maior(X)	O *enésimo* maior valor nos dados da amostra.
Menor(X)	O *enésimo* menor valor nos dados da amostra.
Nível de Confiança(X%)	O intervalo de confiança da média, que é a média da amostra mais ou menos o valor retornado. Há X% de probabilidade do valor da média dos dados da população ficar dentro do intervalo de confiança.

248 PARTE 3 **Descobrindo as Ferramentas Avançadas da Análise de Dados**

O leitor atento terá notado duas coisas sobre a estatística Nível de Confiança. Primeiro, seu nome é um pouco incorreto porque, na verdade, retorna o intervalo de confiança, não o nível de confiança. Segundo, como permite inferir algo sobre a população da amostra, realmente é uma estatística inferencial, não descritiva.

Não faz mal. Veja as etapas a seguir para gerar todas as estatísticas para os dados:

1. **Escolha Dados ⇨ Análise ⇨ Análise de Dados.**

Será exibida a caixa de diálogo Análise de dados.

2. **Na lista Ferramentas de Análise, selecione Estatística descritiva e clique em OK.**

A caixa de diálogo Estatística descritiva aparecerá.

3. **Use a caixa Intervalo de Entrada para especificar o intervalo de células que você quer analisar.**

A maioria dos dados estará em colunas, mas, se os seus estiverem em linhas, selecione o botão de opção Linhas. E mais, se o intervalo de dados tiver rótulos, marque a caixa de seleção Rótulos na primeira linha (ou a caixa Rótulos na primeira coluna, se os dados estiverem em linhas).

4. **Para especificar um local para os dados de saída, selecione o botão de opção Intervalo de saída e digite ou clique no canto superior esquerdo do intervalo de saída.**

Uma alternativa é selecionar Nova planilha para colocar a estatística em uma nova planilha ou selecionar Nova pasta de trabalho a fim de criar um arquivo novinho para os resultados.

5. **Marque a caixa de seleção Resumo estatístico.**

Isso informará ao Excel para gerar a média, erro-padrão, mediana, modo, desvio-padrão, variância da amostra, curtose, simetria, intervalo, mínimo, máximo, soma e contagem.

6. **Para calcular o intervalo de confiança, marque a caixa de seleção Nível de confiança p/ média e digite o nível na caixa de texto.**

Lembre-se que o nível de confiança é a probabilidade de que a média da população fique no intervalo de confiança calculado da média da amostra. O nível padrão de 95% é bom na maioria dos casos.

7. **Para calcular o *enésimo* maior valor nos dados da amostra, marque a caixa de seleção Enésimo maior e digite um valor para *K* na caixa de texto.**

8. **Para calcular o *enésimo* menor valor nos dados da amostra, marque a caixa de seleção Enésimo menor e digite um valor para *K* na caixa de texto.**

A Figura 12-3 mostra uma versão completa da caixa de diálogo Estatística descritiva.

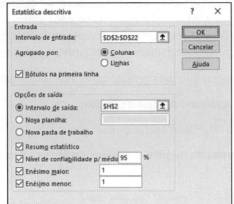

FIGURA 12-3: Caixa de diálogo Estatística descritiva pronta para usar.

9. Clique em OK.

O Excel calculará a estatística descritiva e a exibirá no local especificado na Etapa 4. A Figura 12-4 mostra um exemplo. Nesse caso, os dados da amostra são a coluna Defeitos da tabela (D3:D22).

DICA

Se você vir Geral em vez dos números gerados pela ferramenta Estatística descritiva, precisará formatar os resultados para ver os valores. Selecione o intervalo de saída, clique na guia Página Inicial e use a lista Formato do Número para selecionar o Número.

	A	B	C	D	E	F	G	H	I	J
1		Banco de Dados de Defeitos de Produtos								
2		Grupo de Trabalho	Líder do Grupo	Defeitos	Unidades	% Defeituosa		Defeitos		
3		A	Haroldo	8	969	0,8%				
4		B	Bernardo	4	816	0,5%		Média	8,90	
5		C	Rita	14	1.625	0,9%		Erro-padrão	0,99	
6		D	Ricardo	3	1.453	0,2%		Mediana	8,50	
7		E	Danilo	9	767	1,2%		Moda	8,00	
8		F	Daniel	10	1.024	1,0%		Desvio-padrão	4,41	
9		G	Válter	15	1.256	1,2%		Variância da amostra	19,46	
10		H	Gabriel	8	782	1,0%		Curtose	0,51	
11		I	Ana	13	999	1,3%		Assimetria	0,25	
12		J	Sílvio	9	1.172	0,8%		Intervalo	19,00	
13		K	Félix	0	936	0,0%		Mínimo	0,00	
14		L	Bruno	7	1.109	0,6%		Máximo	19,00	
15		M	Regina	8	1.022	0,8%		Soma	178,00	
16		N	Irineu	6	812	0,7%		Contagem	20,00	
17		O	Henrique	11	978	1,1%		Maior(5)	12,00	
18		P	Flávia	5	1.183	0,4%		Menor(5)	6,00	
19		Q	Reinaldo	7	961	0,7%		Nível de confiança(95,0%)	2,06	
20		R	Mario	12	690	1,7%				
21		S	Laura	10	1.105	0,9%				
22		T	João	19	1.309	1,5%				

FIGURA 12-4: A estatística gerada pela ferramenta Estatística descritiva.

250 PARTE 3 **Descobrindo as Ferramentas Avançadas da Análise de Dados**

Calculando uma Média Móvel

Uma *média móvel* suaviza uma série de dados calculando a média dos valores da série em um número específico de períodos anteriores. Por exemplo, uma média móvel de sete dias requer a média dos primeiros sete dias, depois, para cada dia subsequente até o final da série, calcula uma nova média com base nos sete dias anteriores. Nesse exemplo, sete é chamado de *intervalo* da média móvel.

Usar uma média móvel pode mostrar tendências que ficam mascaradas ao usar uma média simples porque essa média produz um peso igual para cada valor. Uma média móvel pesa igualmente os valores recentes e ignora os valores mais antigos, permitindo identificar tendências. Você pode usar uma média móvel para prever vendas, preços de ações ou outras tendências.

Siga estas etapas para gerar algumas médias móveis para seus dados:

1. **Escolha Dados ⇨ Análise ⇨ Análise de Dados.**

   O Excel exibirá a caixa de diálogo Análise de dados.

2. **Use a lista Ferramentas de análise para selecionar a Média móvel e clique em OK.**

   A caixa de diálogo Média móvel aparecerá.

3. **Use a caixa Intervalo de entrada para especificar o intervalo de células que deseja analisar.**

   DICA

   A referência do intervalo deve usar endereços de célula absolutos e a letra da coluna e o número da linha devem ser precedidos com $, como em $C$2:$C$121.

   Se o intervalo de dados tiver rótulos, marque a caixa de seleção Rótulos na primeira linha.

4. **Use a caixa de texto Intervalo para inserir o intervalo que deseja usar para a média móvel.**

5. **Use a caixa Intervalo de saída para inserir ou clique no canto superior esquerdo do intervalo no qual deseja que os resultados apareçam.**

   Uma alternativa é selecionar Nova planilha para colocar a estatística em uma nova planilha ou selecionar Nova pasta de trabalho para criar um arquivo novinho para os resultados.

6. **(Opcional) Marque a caixa de seleção Resultado do gráfico para exibir um gráfico que represente os resultados da média móvel.**

7. **(Opcional) Marque a caixa Erro-padrão se quiser calcular os erros-padrão para os dados.**

O Excel colocará os valores do erro-padrão ao lado dos valores da média móvel.

A Figura 12-5 mostra uma versão completa da caixa de diálogo Média móvel.

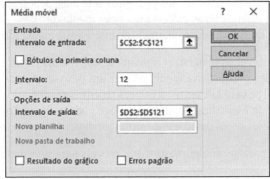

FIGURA 12-5: Caixa de diálogo Média móvel pronta para continuar.

8. **Clique em OK.**

   O Excel calculará as médias móveis e as exibirá no local especificado na Etapa 5, como mostrado na Figura 12-6. Nesse caso, os dados da amostra são a coluna `Real` da planilha (`C2:C:121`). Nesse exemplo, a célula `D13` mostra a média móvel das células `C2` até `C13`.

	A	B	C	D
1	Dados de Vendas Mensais		Real	Média Móvel de 12 Meses
2		Janeiro de 2010	90,0	#N/D
3		Fevereiro de 2010	95,0	#N/D
4		Março de 2010	110,0	#N/D
5		Abril de 2010	105,0	#N/D
6		Maio de 2010	100,0	#N/D
7	2010	Junho de 2010	100,0	#N/D
8		Julho de 2010	105,0	#N/D
9		Agosto de 2010	105,0	#N/D
10		Setembro de 2010	110,0	#N/D
11		Outubro de 2010	120,0	#N/D
12		Novembro de 2010	130,0	#N/D
13		Dezembro de 2010	140,0	109,17
14		Janeiro de 2011	90,0	109,17
15		Fevereiro de 2011	95,0	109,17
16		Março de 2011	115,0	109,58
17		Abril de 2011	110,0	110,00
18		Maio de 2011	105,0	110,42
19	2011	Junho de 2011	105,0	110,83
20		Julho de 2011	110,0	111,25
21		Agosto de 2011	115,0	112,08
22		Setembro de 2011	115,0	112,50
23		Outubro de 2011	125,0	112,92
24		Novembro de 2011	135,0	113,33
25		Dezembro de 2011	145,0	113,75

FIGURA 12-6: Médias móveis geradas pela ferramenta Média móvel.

Ao usar a ferramenta Média móvel, os primeiros valores na coluna contêm o valor #N/D (veja, por exemplo, o intervalo D2:D12 na Figura 12-6). O número de células com #N/D é um a menos que o número especificado para o valor Intervalo porque, para essas células iniciais, o Excel ainda não tem valores suficientes para calcular a média móvel.

DICA

Para usar uma fórmula e criar uma média móvel personalizada do intervalo *n* usando a função MÉDIA, insira a fórmula inicial =MÉDIA(*intervalo*), na qual *intervalo* é uma referência para os primeiros *n* valores na série. Use referências relativas nas coordenadas do intervalo. Assim, quando preencher a fórmula nas células subsequentes até o final da série, o Excel atualizará a fórmula para criar automaticamente uma média móvel. Obrigado!

Determinando a Ordem e o Percentil

Uma forma comum de análise de dados é calcular onde um item se classifica em relação aos outros em um grupo. Por exemplo, em um conjunto de dados que mostra o número de produtos com defeito por grupo de trabalho, você pode querer descobrir como o total de defeitos de um grupo se classifica em relação aos outros grupos. Também pode querer calcular o *percentil*, que é a porcentagem de itens na amostra que estão no mesmo nível ou em um nível abaixo de certo valor.

Como explico no Capítulo 11, "Analisando Dados com a Estatística", você pode calcular a ordem usando as funções ORDEM.EQ e ORDEM.MED do Excel e pode calcular o percentil usando PERCENTIL.EXC e PERCENTIL.INC. São funções da planilha muito boas, mas, se não se importar em usar resultados estáticos, poderá calcular esses valores com mais rapidez e menos esforço usando a ferramenta Ordem e Percentil das Ferramentas de Análise.

Funciona assim:

1. **Escolha Dados ⇨ Análise ⇨ Análise de Dados.**

    O Excel abrirá a caixa de diálogo Análise de dados.

2. **Use a lista Ferramentas de análise para selecionar Ordem e percentil, depois clique em OK.**

    O programa abrirá a caixa de diálogo Ordem e percentil.

3. **Use a caixa Intervalo de entrada para especificar o intervalo de células que deseja analisar.**

    Se seus dados estiverem em linhas, selecione o botão de opção Linhas. E mais, se o intervalo de dados tiver rótulos, marque a caixa de seleção Rótulos na primeira linha (ou a caixa Rótulos na primeira coluna, se estiverem em linhas).

4. **Use a caixa Intervalo de saída para inserir ou clique no canto superior esquerdo do intervalo no qual deseja que os resultados apareçam.**

Como alternativa, você pode selecionar Nova planilha para colocar a estatística em uma nova planilha ou selecionar Nova pasta de trabalho para criar um novo arquivo para manter os resultados.

A Figura 12-7 mostra uma versão completa da caixa de diálogo Ordem e percentil.

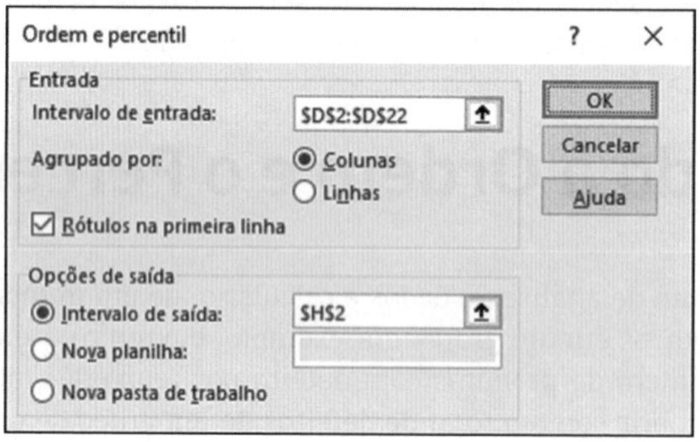

FIGURA 12-7: Uma versão completa da caixa de diálogo Ordem e percentil.

5. **Clique em OK.**

O Excel calculará os valores de ordem e percentil, mostrando-os no local especificado na Etapa 4, como na Figura 12-8. Nesse caso, os dados da amostra são a coluna Defeitos da planilha (D2:22).

FIGURA 12-8: Os produtos com defeito e suas respectivas ordens e percentis.

254   PARTE 3 **Descobrindo as Ferramentas Avançadas da Análise de Dados**

O Excel criará uma tabela com quatro colunas contendo os dados de ordem e percentil. A Tabela 12-2 explica o que cada coluna informa.

TABELA 12-2   ## Colunas de Saída da Ferramenta Ordem e Percentil

Coluna	Descrição
Ponto	O local do valor dos dados dentro do intervalo de entrada especificado. Por exemplo, se o valor era originalmente o terceiro valor numérico nos dados de entrada, o valor do ponto será 3.
Nome da Coluna	Os valores de entrada, classificados segundo sua ordem. Ele se refere ao nome da coluna dos dados de entrada original.
Ordem	A ordem de cada valor de entrada, com 1 sendo o valor mais alto na lista.
Porcentagem	O resultado em percentil de cada valor de entrada.

Gerando Números Aleatórios

Quando se cria um modelo de análise de dados no Excel, esse modelo não valerá grande coisa se não tiver dados que possam testá-lo. Se você não tiver dados para tanto, poderá inserir à mão um espaço reservado para alguns valores de teste, mas isso parece muito trabalhoso. Por sorte, é possível evitar essa tarefa chata e demorada adotando uma abordagem mais rápida e eficiente: a ferramenta Geração de número aleatório das Ferramentas de Análise, que fica feliz por gerar um conjunto de valores aleatórios para seu modelo.

É verdade que o Excel oferece funções de planilha para gerar números aleatórios, mas elas, embora úteis, têm limites. Por exemplo, a função ALEATÓRIO gera números aleatórios entre 0 e 1 e a função ALEATÓRIOENTRE gera números aleatórios entre dois valores especificados. Se uma das funções fornecer o que você precisa para seus dados, siga em frente.

Mas, em muitos casos, os números produzidos por ALEATÓRIO e ALEATÓRIO-ENTRE são inúteis porque são irreais. Por exemplo, se seu modelo de dados usa notas de provas dos alunos, números aleatórios entre, digamos, 40 e 100, são irreais porque as notas quase sempre são distribuídas como uma curva em sino, com grande parte do resultado agrupada no meio e só alguns nas extremidades alta e baixa.

Para ajudar a obter números aleatórios mais reais, a ferramenta Geração de número aleatório permite gerar valores aleatórios usando várias *distribuições* que especificam o padrão dos valores. Veja rapidamente:

CAPÍTULO 12 **Analisando Dados com Estatística Descritiva**   255

» **Uniforme:** Gera números com probabilidade igual a partir do intervalo de valores fornecido (o que torna a distribuição Uniforme parecida com a função da planilha ALEATÓRIOENTRE).

» **Normal:** Produz números em uma distribuição de curva em sino com base em uma média e um desvio-padrão.

» **Bernoulli:** Gera uma série aleatória de 1s e 0s com base na probabilidade de sucesso em uma única tentativa.

» **Binomial:** Gera números aleatórios caracterizados pela probabilidade de sucesso em várias tentativas.

» **Poisson:** Gera números aleatórios com base na probabilidade de um número designado de eventos que ocorrem em um período de tempo.

» **Padronizada:** Gera números aleatórios de acordo com um padrão dado por limites inferior e superior, valor de passos e taxa de repetição.

» **Discreta:** Gera números aleatórios a partir de uma série de valores e probabilidades desses valores.

Não se preocupe se você não entendeu todas essas distribuições ou se não sabe bem como pronunciá-las. Sinta-se à vontade para experimentar cada uma e ver os resultados que consegue.

Estas são as etapas a seguir para usar a ferramenta Geração de número aleatório:

1. **Escolha Dados ⇨ Análise ⇨ Análise de Dados.**

O Excel exibirá a caixa de diálogo Análise de dados.

2. **Use a lista Ferramentas de análise para selecionar Geração de número aleatório e clique em OK.**

Aparecerá a caixa de diálogo Geração de número aleatório.

3. **Especifique quantos números aleatórios você quer gerar.**

Use a caixa de texto Número de variáveis para inserir quantos conjuntos de números aleatórios você deseja. São as colunas que aparecerão na saída gerada.

Use a caixa de texto Número de números aleatórios para inserir quantos números aleatórios deseja em cada conjunto. São as linhas que aparecerão na saída gerada.

4. **Use a lista Distribuição para selecionar o tipo de distribuição a usar.**

256 PARTE 3 **Descobrindo as Ferramentas Avançadas da Análise de Dados**

5. **Use os controles no grupo Parâmetros para especificar os parâmetros da distribuição.**

    As opções vistas dependem da distribuição selecionada na Etapa 4. Por exemplo, a caixa de diálogo Geração de número aleatório mostrada na Figura 12-9 mostra a distribuição Normal selecionada, portanto, os parâmetros são o valor da média e um desvio-padrão.

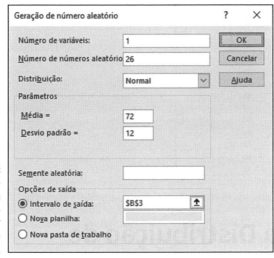

FIGURA 12-9: Os parâmetros mudam dependendo do valor da Distribuição.

6. **(Opcional) Use a caixa de texto Semente aleatória para inserir um ponto inicial para a geração do número aleatório.**

    Você tem a opção de inserir um valor que o Excel usará para iniciar sua geração de números aleatórios. A vantagem de usar um valor Semente aleatória, como chama o Excel, é que se pode produzir depois o mesmo conjunto de números aleatórios plantando a mesma "semente".

7. **Use a caixa Intervalo de saída para inserir ou clique no canto superior esquerdo do intervalo no qual deseja que os números aleatórios apareçam.**

    Uma alternativa é selecionar Nova planilha para adicionar números aleatórios a uma nova planilha ou selecionar Nova pasta de trabalho para criar um novo arquivo para a saída.

8. **Clique em OK.**

    O Excel irá gerar números aleatórios e exibi-los no local especificado na Etapa 7, como na Figura 12-10.

	A	B
1	Resultado do Teste dos Alunos	
2	Aluno	Resultado
3	A	70
4	B	86
5	C	79
6	D	76
7	E	76
8	F	71
9	G	72
10	H	73
11	I	75
12	J	87
13	K	56
14	L	57
15	M	96
16	N	82
17	O	48
18	P	83
19	Q	84
20	R	61
21	S	68
22	T	80
23	U	77

FIGURA 12-10: Notas de prova aleatórias geradas pela ferramenta Geração de número aleatório.

Criando uma Distribuição de Frequência

Ao analisar uma grande quantidade de dados, você pode precisar de uma *distribuição de frequência*, que organiza os dados em intervalos numéricos chamados *blocos*, ou *bins*, depois informa o número de observações em cada bloco. Por exemplo, ao analisar as notas dos alunos, você pode querer saber quantos receberam notas entre 90 e 100, entre 80 e 89, entre 70 e 79 etc.

Embora seja possível gerar uma distribuição de frequência com a função FREQUÊNCIA do Excel (como descrevo no Capítulo 11), o programa tem um método mais fácil e rápido: a ferramenta Histograma das Ferramentas de Análise. Ela requer dois intervalos da planilha: o *intervalo de entrada* das observações e o *intervalo do bloco*, que é um intervalo de números em que cada um define um limite do bloco. Na Figura 12-11, por exemplo, as notas na coluna (C3:C48) são o intervalo de entrada e os números na coluna E (E3:E8) são o intervalo do bloco. Nesse caso, há seis blocos: 0–50, 51–60, 61–70, 71–80, 81–90 e 91–100.

LEMBRE-SE

Por que é chamada de ferramenta Histograma e não, digamos, ferramenta Distribuição de Frequência? Não tenho ideia. Mas posso dizer que um *histograma* é um gráfico de uma distribuição de frequência e como mostro nas etapas a seguir, essa ferramenta oferece uma opção para incluir um gráfico na saída.

FIGURA 12-11: Uma planilha com as notas dos alunos e um intervalo de bloco para a distribuição.

▲	A	B	C	D	E	F
1		Notas dos Estudantes				
2		ID do Estudante	Nota		Blocos	
3		64947	82		50	
4		69630	66		60	
5		18324	52		70	
6		89826	94		80	
7		63600	40		90	
8		25089	62		100	
9		89923	88			
10		13000	75			
11		16895	67			
12		24918	62			
13		45107	71			
14		64090	53			

Veja as etapas a seguir para criar uma distribuição de frequência usando a ferramenta Histograma:

1. **Escolha Dados ⇨ Análise ⇨ Análise de Dados.**

O Excel exibirá a caixa de diálogo Análise de dados.

2. **Use a lista Ferramentas de análise para selecionar o Histograma, depois clique em OK.**

Será exibida a caixa de diálogo Histograma.

3. **Use a caixa Intervalo de entrada para especificar o intervalo de células que deseja analisar.**

4. **Use a caixa Intervalo do bloco para especificar o intervalo de células que contém os blocos.**

Se os intervalos de entrada e bloco tiverem rótulos, marque a caixa de seleção Rótulos.

5. **Use a caixa Intervalo de saída para inserir ou clique no canto superior esquerdo do intervalo no qual deseja que os resultados apareçam.**

Uma alternativa é selecionar Nova planilha para adicionar a distribuição de frequência a uma nova planilha ou selecionar Nova pasta de trabalho para criar um novo arquivo para a saída.

6. **(Opcional) Personalize o histograma.**

Marque a caixa de seleção Pareto (histograma classificado) para fazer o Excel classificar os blocos na ordem descendente.

Marque a caixa Porcentagem cumulativa para fazer o Excel adicionar uma coluna % cumulativa à saída. Essa coluna acrescenta as porcentagens do bloco conforme desce.

CAPÍTULO 12 **Analisando Dados com Estatística Descritiva** 259

Marque Resultado do gráfico para fazer o Excel incluir um gráfico de histograma com a distribuição de frequência. Se você marcou a caixa Porcentagem cumulativa, o programa também incluirá no histograma uma linha mostrando as porcentagens cumulativas.

A Figura 12-12 mostra uma versão pronta da caixa de diálogo Histograma.

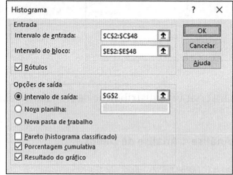

FIGURA 12-12: Caixa de diálogo Histograma pronta.

7. **Clique em OK.**

   O Excel calculará a distribuição de frequência e exibirá as frequências do bloco no local especificado na Etapa 5, como na Figura 12-13. Nesse caso, os valores do bloco são repetidos na coluna G, as frequências aparecem na coluna H e (como marquei a caixa de seleção Porcentagem cumulativa na Figura 12-12) as porcentagens cumulativas na coluna I. A Figura 12-13 também mostra um histograma de exemplo (porque marquei a caixa Resultado do gráfico na Figura 12-12).

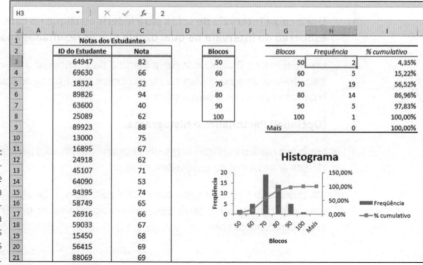

FIGURA 12-13: Uma distribuição de frequência e um histograma para algumas notas dos alunos.

NESTE CAPÍTULO

» **Amostragem dos dados**

» **Descobrindo as ferramentas de teste-t e teste-z do Excel**

» **Fazendo uma análise de regressão e determinando a correlação**

» **Implementando as ferramentas de análise de dados ANOVA**

» **Comparando variâncias com a ferramenta de teste-f**

Capítulo **13**

Analisando Dados com a Estatística Inferencial

Neste capítulo, explico as ferramentas mais sofisticadas fornecidas pelo suplemento Ferramentas de Análise do Excel, como amostragem, teste-t, teste-z, plotagem de dispersão, correlação, ANOVA e teste-f. Com essas outras ferramentas, você pode fazer uma estatística inferencial, usada primeiro para ver um conjunto de observações de amostras, feito a partir de uma população, e depois chegar a conclusões, ou seja, fazer inferências sobre as características da população. (Para ler sobre as ferramentas estatísticas descritivas mais simples que o Excel fornece com o suplemento Ferramentas de Análise, vá para o Capítulo 12. Consulte-o também para aprender a instalar o suplemento, se não fez isso ainda.)

Vale a pena destacar de imediato que, para usar essas ferramentas, é preciso já ter um bom conhecimento de Estatística. Falo sobre um bom curso básico de Estatística na faculdade ou pós-graduação, talvez um curso complementar. Munido desse conhecimento razoável sobre a disciplina e de um pouco de paciência, é possível usar todas as ferramentas e ter uma boa vantagem.

CAPÍTULO 13 **Analisando Dados com a Estatística Inferencial** 261

Amostragem dos Dados

Como a ferramenta Amostragem faz parte das Ferramentas de Análise, você pode selecionar itens em um conjunto de dados de modo aleatório ou normal, com "normal" significando selecionar todo enésimo item. Por que fazer uma coisa dessa? O motivo mais comum é que seu conjunto de dados inteiro (a população) é enorme, portanto, analisá-lo levaria tempo demais e consumiria recursos do computador. Em vez disso, você extrai uma amostra e usa as técnicas de estatística inferencial deste capítulo para chegar a conclusões sobre a população.

Por exemplo, suponha que, como parte de uma auditoria interna, você queira selecionar aleatoriamente 20 pedidos em uma tabela de faturas. É uma tarefa perfeita para a ferramenta Amostragem! Como exemplo, uso a tabela de faturas mostrada na Figura 13-1.

	L	M	N	O	P	Q	R	S	T	U
1	Data de Envio	Expedidor	ID do Produto	Nome do Produto	Preço Unitário	Quantidade	Desconto	Valor Parcial	Frete	Nome no Envio
2	16/01/2019	Federal Shipping	29	Thüringer Rostbratwurst	R$ 99,00	21	0%	R$ 2.079,00	R$ 83,93	Eastern Connection
3	16/01/2019	Federal Shipping	35	Steeleye Stout	R$ 14,40	35	0%	R$ 504,00	R$ 83,93	Eastern Connection
4	16/01/2019	Federal Shipping	49	Maxilaku	R$ 16,00	30	0%	R$ 480,00	R$ 83,93	Eastern Connection
5	10/01/2019	Speedy Express	30	Nord-Ost Matjeshering	R$ 20,70	18	0%	R$ 372,60	R$ 12,51	Rattlesnake Canyon Grocery
6	10/01/2019	Speedy Express	56	Gnocchi di nonna Alice	R$ 30,40	70	0%	R$ 2.128,00	R$ 12,51	Rattlesnake Canyon Grocery
7	10/01/2019	Speedy Express	65	Louisiana Fiery Hot Pepper Sauce	R$ 16,80	20	0%	R$ 336,00	R$ 12,51	Rattlesnake Canyon Grocery
8	10/01/2019	Speedy Express	71	Fløtemysost	R$ 17,20	60	0%	R$ 1.032,00	R$ 12,51	Rattlesnake Canyon Grocery
9	10/01/2019	United Package	23	Tunnbröd	R$ 7,20	60	0%	R$ 432,00	R$ 67,88	Ernst Handel
10	10/01/2019	United Package	63	Vegie-spread	R$ 35,10	65	0%	R$ 2.281,50	R$ 67,88	Ernst Handel
11	09/01/2019	Federal Shipping	16	Pavlova	R$ 13,90	21	15%	R$ 248,11	R$ 73,79	Ernst Handel
12	09/01/2019	Federal Shipping	48	Chocolade	R$ 10,20	70	15%	R$ 606,90	R$ 73,79	Ernst Handel
13	08/01/2019	Speedy Express	26	Gumbär Gummibärchen	R$ 24,90	30	5%	R$ 709,65	R$ 155,97	Magazzini Alimentari Riuniti
14	08/01/2019	Speedy Express	42	Singaporean Hokkien Fried Mee	R$ 11,20	40	5%	R$ 425,60	R$ 155,97	Magazzini Alimentari Riuniti
15	08/01/2019	Speedy Express	49	Maxilaku	R$ 16,00	30	5%	R$ 456,00	R$ 155,97	Magazzini Alimentari Riuniti
16	22/01/2019	Speedy Express	3	Aniseed Syrup	R$ 8,00	50	0%	R$ 400,00	R$ 34,82	LINO-Delicateses
17	13/01/2019	Speedy Express	1	Chai	R$ 14,40	10	0%	R$ 144,00	R$ 108,04	Queen Cozinha
18	13/01/2019	Speedy Express	21	Sir Rodney's Scones	R$ 8,00	30	10%	R$ 216,00	R$ 108,04	Queen Cozinha
19	13/01/2019	Speedy Express	28	Rössle Sauerkraut	R$ 36,40	42	10%	R$ 1.375,92	R$ 108,04	Queen Cozinha
20	13/01/2019	Speedy Express	36	Inlagd Sill	R$ 15,20	5	10%	R$ 68,40	R$ 108,04	Queen Cozinha
21	13/01/2019	Speedy Express	40	Boston Crab Meat	R$ 14,70	2	10%	R$ 26,46	R$ 108,04	Queen Cozinha
22	30/01/2019	United Package	11	Queso Cabrales	R$ 16,80	30	0%	R$ 504,00	R$ 91,48	Ottilies Käseladen
23	30/01/2019	United Package	69	Gudbrandsdalsost	R$ 28,80	15	0%	R$ 432,00	R$ 91,48	Ottilies Käseladen
24	30/01/2019	United Package	71	Fløtemysost	R$ 17,20	15	0%	R$ 258,00	R$ 91,48	Ottilies Käseladen
25	14/01/2019	Speedy Express	37	Gravad lax	R$ 20,80	10	0%	R$ 208,00	R$ 11,26	Folies gourmandes
26	14/01/2019	Speedy Express	54	Tourtière	R$ 5,90	6	0%	R$ 35,40	R$ 11,26	Folies gourmandes
27	14/01/2019	Speedy Express	62	Tarte au sucre	R$ 39,40	35	0%	R$ 1.379,00	R$ 11,26	Folies gourmandes

FIGURA 13-1: Uma tabela de faturas na qual você pode selecionar uma amostra.

Para ter uma amostra dos itens a partir de uma planilha, como na Figura 13-1, siga estas etapas:

1. **Escolha Dados ⇨ Análise de Dados.**

   A caixa de diálogo Análise de dados será exibida.

2. **Na lista Ferramentas de análise, selecione Amostragem e clique em OK.**

   A caixa de diálogo Amostragem aparecerá.

3. **Use a caixa Intervalo de entrada para especificar o intervalo de células do qual deseja extrair a amostra.**

   O intervalo selecionado deve ter apenas valores numéricos. Se o intervalo de dados tiver um rótulo, marque a caixa de seleção Rótulos.

4. **Escolha um método de amostragem.**

   O Excel fornece dois métodos para extrair itens no conjunto de dados:

   - **Periódico:** Extrai todo *enésimo* item do conjunto de dados, por exemplo, todo 5º ou 10º item. Para usar esse método, selecione o botão de opção Periódico e insira o período que deseja usar na caixa de texto Período.

   - **Aleatório:** Extrai os itens aleatoriamente do conjunto de dados. Para usar esse método, selecione o botão de opção Aleatório e insira o número de itens que deseja extrair na caixa de texto Número de amostras.

5. **Para especificar um local para os dados de saída, selecione o botão de opção Intervalo de saída e digite ou clique no canto superior esquerdo do intervalo.**

   Uma alternativa é selecionar Nova planilha para colocar a amostra em uma nova planilha ou selecionar Nova pasta de trabalho a fim de criar um arquivo novinho para os resultados.

   A Figura 13-2 mostra uma versão completa da caixa de diálogo Amostragem. Nesse caso, solicito uma amostra aleatória de 20 itens de Q2:Q1060, que é a coluna Quantidade na tabela Faturas.

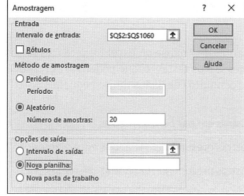

FIGURA 13-2: Caixa de diálogo Amostragem, pronta para tirar a amostra.

6. **Clique em OK.**

   O Excel extrairá a amostra e irá exibi-la no local especificado na Etapa 5. A Figura 13-3 mostra um exemplo. Nesse caso, os dados de amostra é da coluna Quantidade (Q2:Q1060) da tabela Faturas.

	A	B
1	10	
2	6	
3	10	
4	20	
5	50	
6	20	
7	10	
8	10	
9	6	
10	10	
11	30	
12	20	
13	25	
14	30	
15	20	
16	5	
17	12	
18	24	
19	40	
20	24	
21		

FIGURA 13-3: A amostra extraída pela ferramenta Amostragem.

Usando Ferramentas de Teste-t

O suplemento Ferramentas de Análise do Excel fornece três ferramentas para trabalhar com os valores-t e os testes-t, que podem ser úteis quando se quer fazer inferências sobre conjuntos de dados muito pequenos:

» Teste-t: Duas amostras em par para as médias

» Teste-t: Duas amostras presumindo variâncias equivalentes

» Teste-t: Duas amostras presumindo variâncias diferentes

Resumindo, é assim que as três ferramentas funcionam. Para ilustrar, suponha que você esteja trabalhando com os valores mostrados na Figura 13-4. O intervalo da planilha A1:A21 contém o primeiro conjunto de valores. O intervalo da planilha B1:B21 contém o segundo conjunto.

Para fazer um cálculo do teste-t, siga estas etapas:

1. Escolha Dados ⇨ Análise ⇨ Análise de Dados.

Será mostrada a caixa de diálogo Análise de dados.

⚠	A	B	C
1	**Amostra 1**	**Amostra 2**	
2	0,390638525	0,597253226	
3	0,960313656	0,247645498	
4	0,002978163	0,769190155	
5	0,073425314	0,833170372	
6	0,311795101	0,450876984	
7	0,451692643	0,087329721	
8	0,989853472	0,247163628	
9	0,946742686	0,036412614	
10	0,882570245	0,591507155	
11	0,846564561	0,475535342	
12	0,817594461	0,061119819	
13	0,933038519	0,703723715	
14	0,013688364	0,003346285	
15	0,087530451	0,887344084	
16	0,017275791	0,119979989	
17	0,642355972	0,393306729	
18	0,782695933	0,070239008	
19	0,391383281	0,837354704	
20	0,142596637	0,707125917	
21	0,24164298	0,757263843	
22			

FIGURA 13-4: Alguns dados de amostra que você pode usar para fazer cálculos do teste-t.

2. **Use a lista Ferramentas de análise para selecionar a ferramenta de teste-t que deseja usar e clique em OK.**

- **Teste-t: Duas amostras em par para médias:** Escolha essa ferramenta quando quiser fazer um teste-t de duas amostras em par.

- **Teste-t: Duas amostras presumindo variâncias equivalentes:** Escolha essa ferramenta quando quiser fazer um teste de duas amostras e tiver motivos para presumir que as variâncias de ambas as amostras são iguais.

- **Teste-t: Duas amostras presumindo variâncias diferentes:** Escolha essa ferramenta quando quiser fazer um teste de duas amostras, mas presume que as variâncias são diferentes.

O Excel exibirá a caixa de diálogo correspondente do teste-t. A Figura 13-5 mostra a caixa de diálogo Teste-T: duas amostras presumindo variâncias equivalentes. As outras caixas de teste-t são parecidas.

3. **Nas caixas de texto Intervalo da variável 1 e Intervalo da variável 2, identifique os valores de amostra informando ao programa em quais intervalos da planilha você armazenou as duas amostras.**

Você pode inserir um endereço do intervalo nessas caixas de texto ou clicar na caixa e selecionar um intervalo clicando e arrastando. Se a primeira célula no intervalo de variáveis tiver um rótulo e você incluí-lo na seleção, marque a caixa de texto Rótulos.

CAPÍTULO 13 **Analisando Dados com a Estatística Inferencial** 265

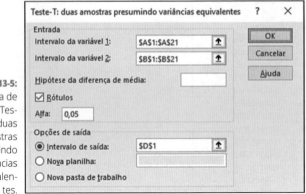

FIGURA 13-5:
Caixa de diálogo Teste-T: duas amostras presumindo variâncias equivalentes.

4. **Use a caixa de texto Hipótese da diferença de média para indicar se você faz uma hipótese de que as médias são iguais.**

Se achar que as médias das amostras são iguais, insira **0** (zero) nessa caixa ou deixe-a vazia. Se tiver a hipótese de que as médias são diferentes, insira a diferença da média.

5. **Na caixa de texto Alfa, determine o nível de confiança para o cálculo do teste-t.**

O nível de confiança fica entre 0 e 1. Por padrão, o nível é igual a 0,05, que é equivalente a um nível de 5%.

6. **Na seção Opções de saída, indique onde devem ser armazenados os resultados da ferramenta de teste-t.**

Aqui, selecione um dos botões de opção e insira a informação nas caixas de texto para especificar onde o Excel deve colocar os resultados da análise do teste-t. Por exemplo, para colocar os resultados em um intervalo na planilha existente, selecione o botão Intervalo de saída e identifique o endereço do intervalo na caixa de texto Intervalo de saída. Se quiser colocar os resultados em outro lugar, selecione um dos outros botões de opção.

7. **Clique em OK.**

O Excel calculará os resultados do teste-t. A Figura 13-6 mostra os resultados do teste-t para um teste de Duas amostras presumindo variâncias equivalentes, Os resultados do teste-t mostram a média para cada um dos conjuntos de dados, a variância, o número de observações, o valor da variância combinada e a hipótese da diferença de média, os graus de liberdade (abreviados como *gl*), o valor-t (ou Stat t) e os valores de probabilidade para os testes unicaudal e bicaudal.

⊿	A	B	C	D	E	F	G
1	**Amostra 1**	**Amostra 2**		Teste-t: duas amostras presumindo variâncias equivalentes			
2	0,390638525	0,597253226					
3	0,960313656	0,247645498			*Amostra 1*	*Amostra 2*	
4	0,002978163	0,769190155		Média	0,496318838	0,443844439	
5	0,073425314	0,833170372		Variância	0,138465162	0,097277158	
6	0,311795101	0,450876984		Observações	20	20	
7	0,451692643	0,087329721		Variância agrupada	0,11787116		
8	0,989853472	0,247163628		Hipótese da diferença de média	0		
9	0,946742686	0,036412614		gl	38		
10	0,882570245	0,591507155		Stat t	0,483329928		
11	0,846564561	0,475535342		P(T<=t) unicaudal	0,315817427		
12	0,817594461	0,061119819		t crítico unicaudal	1,68595446		
13	0,933038519	0,703723715		P(T<=t) bicaudal	0,631634854		
14	0,013688364	0,003346285		t crítico bicaudal	2,024394164		
15	0,087530451	0,887344084					
16	0,017275791	0,119979989					
17	0,642355972	0,393306729					
18	0,782695933	0,070239008					
19	0,391383281	0,837354704					
20	0,142596637	0,707125917					
21	0,24164298	0,757263843					
22							

FIGURA 13-6: Resultados de um teste-t.

Fazendo um Teste-z

Se você conhece a variância ou o desvio-padrão da população subjacente, pode calcular os valores do teste-z usando a ferramenta Teste-Z: duas amostras para médias das Ferramentas de Análise. Em geral, é possível trabalhar com os valores do teste-z para calcular os níveis e os intervalos de confiança para os dados distribuídos normalmente. Para fazer um teste-z, siga estas etapas:

1. **Escolha Dados ➪ Análise ➪ Análise de Dados.**

Será mostrada a caixa de diálogo Análise de dados.

2. **Use a lista Ferramentas de análise para selecionar a ferramenta Teste-Z: duas amostras para médias, depois clique em OK.**

O Excel exibirá a caixa de diálogo Teste-Z: duas amostras para médias.

3. **Nas caixas de texto Intervalo da variável 1 e Intervalo da variável 2, identifique os valores de amostra informando em quais intervalos da planilha você armazenou as duas amostras.**

Você pode inserir um endereço do intervalo nas caixas de texto aqui ou clicar na caixa, depois selecionar um intervalo clicando e arrastando. Se a primeira célula no intervalo de variáveis tiver um rótulo e você incluí-lo na seleção, marque a caixa de seleção Rótulos.

CAPÍTULO 13 **Analisando Dados com a Estatística Inferencial** 267

4. **Use a caixa de texto Hipótese da diferença de média para indicar se você presume que as médias são iguais.**

   Se achar que as médias das amostras são iguais, insira **0** (zero) nessa caixa ou deixe-a vazia. Se presume que as médias são diferentes, insira a diferença.

5. **Use as caixas de texto Variância da variável 1 (conhecida) e Variância da variável 2 (conhecida) para fornecer a variância da população para a primeira e segunda amostras.**

6. **Na caixa de texto Alfa, determine o nível de confiança para o cálculo do teste-z.**

   O nível de confiança fica entre 0 e 1. Por padrão, o nível é igual a 0,05 (equivalente a 5%).

7. **Na seção Opções de saída, indique onde os resultados da ferramenta de teste-z devem ser armazenados.**

   Para colocar os resultados do teste-z em um intervalo na planilha existente, selecione o botão de opção Intervalo de saída e identifique o endereço do intervalo na caixa de texto Intervalo de saída. Se quiser colocá-los em outro lugar, use as outras opções.

   A Figura 13-7 mostra uma versão completa da caixa de diálogo (usando os mesmos dados de amostra da Figura 13-4).

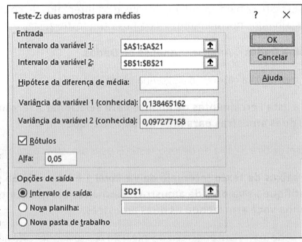

FIGURA 13-7: Caixa de diálogo Teste-Z: duas amostras para médias.

8. **Clique em OK.**

   O Excel calculará os resultados do teste-z. A Figura 13-8 mostra os resultados para um teste Duas amostras para médias. Eles mostram a média de cada conjunto de dados, a variância do número de observações, a hipótese da diferença da média, o valor-z e os valores de probabilidade para os testes unicaudal e bicaudal.

	A	B	C	D	E	F	G
1	Amostra 1	Amostra 2		Teste-z: duas amostras para médias			
2	0,390638525	0,597253226					
3	0,960313656	0,247645498			Amostra 1	Amostra 2	
4	0,002978163	0,769190155		Média	0,496318838	0,443844439	
5	0,073425314	0,833170372		Variância conhecida	0,138465162	0,097277158	
6	0,311795101	0,450876984		Observações	20	20	
7	0,451692643	0,087329721		Hipótese da diferença de média	0		
8	0,989853472	0,247163628		z	0,483329929		
9	0,946742686	0,036412614		P(Z<=z) unicaudal	0,314430746		
10	0,882570245	0,591507155		z crítico unicaudal	1,644853627		
11	0,846564561	0,475535342		P(Z<=z) bicaudal	0,628861493		
12	0,817594461	0,061119819		z crítico bicaudal	1,959963985		
13	0,933038519	0,703723715					
14	0,013688364	0,003346285					
15	0,087530451	0,887344084					
16	0,017275791	0,119979989					
17	0,642355972	0,393306729					
18	0,782695933	0,070239008					
19	0,391383281	0,837354704					
20	0,142596637	0,707125917					
21	0,24164298	0,757263843					
22							
23	Variâncias						
24	0,138465162	0,097277158					
25							

FIGURA 13-8: Resultados do cálculo do teste-z.

Determinando a Regressão

No Capítulo 10, "Controlando Tendências e Fazendo Previsões", explico como adicionar linhas de tendência aos gráficos de dispersão para ajudar a visualizar a tendência geral dos dados. Você pode ir além da análise de regressão visual que a técnica de plotagem da dispersão fornece usando a ferramenta Regressão das Ferramentas de Análise. Por exemplo, digamos que você tenha usado a técnica de plotagem da dispersão, como descrito antes, para começar a ver um conjunto de dados simples. Depois desse exame inicial, suponha que queira ver com mais detalhes os dados usando uma regressão completa e implacável. Para fazer tal análise com a ferramenta Regressão, faça o seguinte:

1. **Escolha Dados ⇨ Análise ⇨ Análise de Dados.**

A caixa de diálogo Análise de dados aparecerá.

2. **Use a lista Ferramentas de análise para selecionar a ferramenta Regressão e clique em OK.**

O Excel mostrará a caixa de diálogo Regressão.

3. Identifique os valores Y e X.

Use a caixa de texto Intervalo Y de entrada para identificar o intervalo da planilha que mantém as variáveis dependentes. Depois, use a caixa Intervalo X de entrada para as variáveis independentes.

Se os intervalos de entrada incluírem um rótulo, marque a caixa Rótulos.

4. (Opcional) Defina a constante para zero.

Se a linha de regressão precisar começar em zero, ou seja, se o valor dependente tiver que ser igual a zero quando o valor independente é zero, marque a caixa de seleção Constante é zero.

5. (Opcional) Calcule um nível de confiança na análise de regressão.

Para tanto, marque a caixa de seleção Nível de confiança e (na caixa de texto Nível de confiança) insira o nível que deseja usar.

6. Selecione um local para os resultados da análise de regressão.

Use os botões Opções de saída e as caixas de texto para especificar onde o Excel deve colocar os resultados da análise de regressão. Para colocar os resultados em um intervalo na planilha existente, por exemplo, selecione o botão Intervalo de saída e identifique o endereço do intervalo na caixa Intervalo de saída. Para colocá-los em outro lugar, selecione um dos outros botões.

7. Identifique quais dados deseja retornados.

Selecione nas caixas Resíduos para especificar quais resultados residuais deseja retornados como parte da análise de regressão.

Da mesma forma, marque a caixa de seleção Plotagem de probabilidade normal para adicionar os resíduos e as informações da probabilidade normal aos resultados da análise de regressão.

A Figura 13-9 mostra uma versão completa da caixa de diálogo.

8. Clique em OK.

A Figura 13-10 mostra uma parte dos resultados da análise de regressão incluindo três plotagens de dados visuais empilhadas a partir da análise de regressão. Há um intervalo que fornece uma estatística de regressão básica, com o valor de R-quadrado, o erro-padrão e o número de observações. Abaixo dessas informações, a ferramenta Regressão fornece os dados da *análise de variância* (ou ANOVA), incluindo informações sobre os graus de liberdade, valor da soma dos quadrados, valor do quadrado da média, valor-f e significância de F. Abaixo, das informações de ANOVA, a ferramenta Regressão dá informações sobre a linha de regressão calculada a partir dos dados, inclusive o coeficiente, erro-padrão, t-stat e valores de probabilidade para o intercepto, assim como as mesmas informações para a variável independente, que é o número de anúncios no exemplo analisado aqui. O Excel também plota alguns dados de regressão usando gráficos de dispersão simples. Na Figura 13-10, por exemplo, o programa plota os resíduos, valores dependentes previstos e probabilidades.

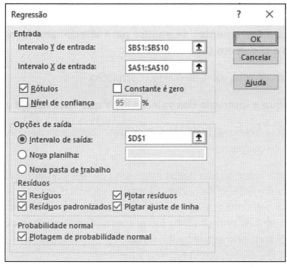

FIGURA 13-9: Caixa de diálogo Regressão completa.

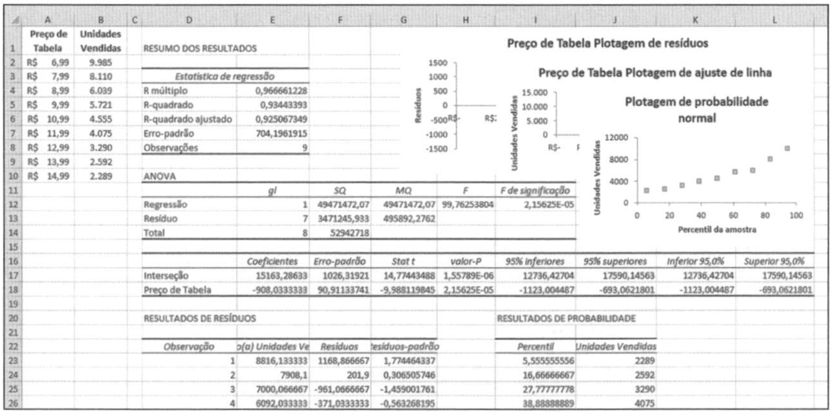

FIGURA 13-10: Os resultados da análise de regressão.

CAPÍTULO 13 **Analisando Dados com a Estatística Inferencial** 271

Calculando a Correlação

A ferramenta de análise Correlação (também disponível nas Ferramentas de análise) quantifica a relação entre dois conjuntos de dados. Você pode usá-la para explorar coisas como o efeito da publicidade em vendas, por exemplo. Para usar a ferramenta, siga estas etapas:

1. **Escolha Dados ⇨ Análise ⇨ Análise de Dados.**

   Aparecerá a caixa de diálogo Análise de dados.

2. **Use a lista Ferramentas de análise para selecionar a ferramenta Correlação e clique em OK.**

   O Excel mostrará a caixa de diálogo Correlação.

3. **Identifique o intervalo dos valores X e Y que você deseja analisar.**

   Use a caixa Intervalo de entrada para identificar o intervalo da planilha que mantém os dados.

   O Excel irá supor que os dados estão em colunas, portanto, seleciona automaticamente o botão de opção Colunas na seção Agrupado por. Se os dados estiverem em linhas, selecione o botão Linhas. Se o intervalo de entrada incluir rótulos na primeira linha (ou primeira coluna), marque a caixa de seleção Rótulos na primeira linha (ou Rótulos na primeira coluna).

4. **Selecione um local de saída.**

   Use os botões Opções de saída e caixas de texto para especificar onde o Excel deve colocar os resultados da análise de correlação. Para colocar os resultados em um intervalo na planilha existente, selecione o botão Intervalo de saída e identifique o endereço do intervalo na caixa Intervalo de saída. Se quiser colocá-los em outro lugar, selecione um dos outros botões de opções.

   A Figura 13-11 mostra uma versão completa da caixa de diálogo.

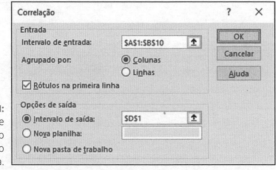

FIGURA 13-11: Caixa de diálogo Correlação completa.

5. **Clique em OK.**

O Excel calculará o coeficiente de correlação para os dados identificados e irá colocá-los no local especificado. A Figura 13-12 mostra os resultados para o preço de tabela versus unidades vendidas. O valor-chave é mostrado na célula E3. O valor –0,96666 sugere que existe uma forte correlação negativa entre o preço de tabela e as unidades vendidas, ou seja, quando o preço sobe, as vendas unitárias caem.

FIGURA 13-12: Planilha mostrando os resultados da correção para os dados do preço de tabela e das unidades vendidas.

	A	B	C	D	E	F	G
1	Preço de Tabela	Unidades Vendidas			Preço de Tabela	Unidades Vendidas	
2	R$ 6,99	9.985		Preço de Tabela	1		
3	R$ 7,99	8.110		Unidades Vendidas	-0,96666	1	
4	R$ 8,99	6.039					
5	R$ 9,99	5.721					
6	R$ 10,99	4.555					
7	R$ 11,99	4.075					
8	R$ 12,99	3.290					
9	R$ 13,99	2.592					
10	R$ 14,99	2.289					
11							

Calculando a Covariância

A ferramenta Covariância, também disponível no suplemento Ferramentas de Análise, quantifica a relação entre dois conjuntos de valores. A ferramenta calcula a média do produto dos desvios dos valores a partir das médias dos conjuntos de dados.

Para usar a ferramenta, siga estas etapas:

1. **Escolha Dados ⇨ Análise ⇨ Análise de Dados.**

Será mostrada a caixa de diálogo Análise de dados.

2. **Use a lista Ferramentas de análise para selecionar a ferramenta Covariância e clique em OK.**

O Excel exibirá a caixa de diálogo Covariância.

3. **Identifique o intervalo dos valores X e Y que você quer analisar.**

Use a caixa Intervalo de entrada para identificar o intervalo da planilha com os dados.

O Excel irá supor que os dados estão em colunas, portanto, seleciona automaticamente o botão de rádio Colunas na seção Agrupado por. Se os dados

CAPÍTULO 13 **Analisando Dados com a Estatística Inferencial** 273

estiverem em linhas, selecione o botão Linhas. Se o intervalo de entrada incluir rótulos na primeira linha (ou primeira coluna), marque a caixa Rótulos na primeira linha (ou Rótulos na primeira coluna).

4. **Selecione um local de saída.**

Use os botões Opções de saída e as caixas de texto para especificar onde o Excel deve colocar os resultados da análise de covariância. Para colocá-los em um intervalo na planilha existente, selecione o botão Intervalo de saída e identifique o endereço do intervalo na caixa de texto Intervalo de saída. Se quiser colocá-los em outro lugar, selecione um dos outros botões Opções de saída.

A Figura 13-13 mostra uma versão completa da caixa de diálogo.

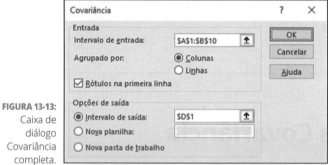

FIGURA 13-13: Caixa de diálogo Covariância completa.

5. **Clique em OK depois de selecionar as opções de saída.**

O Excel calculará as informações de covariância dos dados identificados e colocará no local especificado. A Figura 13-14 mostra os resultados para os dados do preço de tabela e das unidades vendidas.

FIGURA 13-14: Planilha mostrando os resultados da covariância para os dados do preço de tabela e das unidades vendidas.

	A	B	C	D	E	F	G
1	Preço de Tabela	Unidades Vendidas			Preço de Tabela	Unidades Vendidas	
2	R$ 6,99	9.985		Preço de Tabela	6,66667		
3	R$ 7,99	8.110		Unidades Vendidas	-6053,56	5882524	
4	R$ 8,99	6.039					
5	R$ 9,99	5.721					
6	R$ 10,99	4.555					
7	R$ 11,99	4.075					
8	R$ 12,99	3.290					
9	R$ 13,99	2.592					
10	R$ 14,99	2.289					
11							

Usando as Ferramentas Anova

O suplemento Ferramentas de Análise também fornece três ferramentas Anova (análise de variância): Anova: fator único, Anova: fator duplo com repetição e Anova: fator duplo sem repetição. Com as ferramentas Anova, é possível comparar os conjuntos de dados vendo a variância dos valores em cada conjunto.

Veja as etapas a seguir para usar a ferramenta Anova:

1. **Escolha Dados ⇨ Análise ⇨ Análise de Dados.**

A caixa de diálogo Análise de dados aparecerá.

2. **Use a lista Ferramentas de análise para selecionar a ferramenta Anova com a qual deseja trabalhar e clique em OK.**

O Excel mostrará a caixa de diálogo Anova correspondente.

3. **Descreva os dados a analisar.**

Use a caixa Intervalo de entrada para identificar o intervalo da planilha com os dados.

O Excel supõe que os dados estão em colunas, portanto, seleciona automaticamente a botão de opção colunas na seção Agrupado por. Se os dados estiverem em linhas, selecione Linhas. Se o intervalo de entrada incluir rótulos na primeira linha (ou primeira coluna), marque a caixa Rótulos na primeira linha (ou Rótulos na primeira coluna).

4. **Descreva o local dos resultados de Anova.**

Use os botões Opções de saída e as caixas para especificar onde o Excel deve colocar os resultados da análise de Anova. Se quiser colocá-los em um intervalo na planilha existente, por exemplo, selecione o botão de opção Intervalo de saída e identifique o endereço do intervalo na caixa de texto Intervalo de saída. Para colocar os resultados em outro lugar, selecione um dos outros botões Opções de saída.

A Figura 13-15 mostra uma versão completa da caixa de diálogo Anova: fator único.

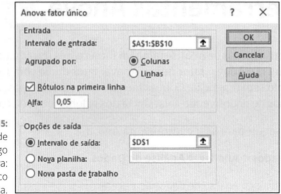

FIGURA 13-15:
Caixa de diálogo Anova: fator único completa.

5. **Clique em OK.**

   O programa retornará os resultados do cálculo de Anova, como na Figura 13-16.

FIGURA 13-16: Planilha mostrando os resultados de Anova para os dados do preço de tabela e das unidades vendidas.

	A	B	C	D	E	F	G	H	I	J
1	Preço de Tabela	Unidades Vendidas		Anova: fator único						
2	R$ 6,99	9.985								
3	R$ 7,99	8.110		RESUMO						
4	R$ 8,99	6.039		Grupo	Contagem	Soma	Média	Variância		
5	R$ 9,99	5.721		Preço de Tabela	9	98,91	10,99	7,5		
6	R$ 10,99	4.555		Unidades Vendidas	9	46656	5184	6617839,75		
7	R$ 11,99	4.075								
8	R$ 12,99	3.290								
9	R$ 13,99	2.592		ANOVA						
10	R$ 14,99	2.289		Fonte da variação	SQ	gl	MQ	F	valor-P	F crítico
11				Entre grupos	120420146,1	1	120420146,1	36,39254323	1,74159E-05	4,493998478
12				Dentro dos grupos	52942778	16	3308923,625			
13										
14				Total	173362924,1	17				
15										

Fazendo um teste-f

O suplemento Ferramentas de Análise também tem uma ferramenta para fazer os cálculos do teste-f de duas amostras. Essa análise permite comparar as variâncias de duas populações.

Veja as etapas a seguir para usar a ferramentas de teste-f:

1. **Escolha Dados ⇨ Análise ⇨ Análise de Dados.**

   A caixa de diálogo Análise de dados aparecerá.

2. **Use a lista Ferramentas de análise para selecionar a ferramenta Teste-F: duas amostras para variâncias e clique em OK.**

O Excel exibirá a caixa de diálogo Teste-F: duas amostras para variâncias.

3. **Nas caixas de texto Intervalo da variável 1 e Intervalo da variável 2, identifique os valores de amostra informando em quais intervalos da planilha você armazenou as duas amostras.**

Você pode inserir um endereço do intervalo nessas caixas ou pode clicar na caixa e selecionar um intervalo clicando e arrastando. Se a primeira célula no intervalo de variáveis tiver um rótulo e você incluir o rótulo na seleção, marque a caixa de seleção Rótulos.

4. **Na caixa de texto Alfa, determine o nível de confiança para o cálculo do teste-f.**

O nível de confiança fica entre 0 e 1. Por padrão, o nível é igual a 0,05, que equivale a 5%.

5. **Descreva o local dos resultados do teste-f.**

Use os botões Opções de saída e as caixas para especificar onde o Excel deve colocar os resultados da análise do teste-f. Se quiser colocar os resultados em um intervalo na planilha existente, por exemplo, selecione o botão Intervalo de saída e identifique o endereço na caixa Intervalo de saída. Para colocar os resultados em outro lugar, selecione um dos outros botões Opções de saída.

A Figura 13-17 mostra uma versão completa da caixa de diálogo Teste-F: duas amostras para variâncias.

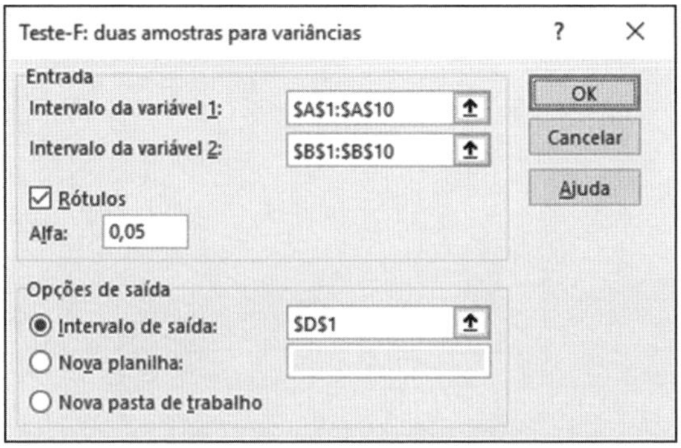

FIGURA 13-17: Caixa de diálogo Teste-F: duas amostras para variâncias completas.

CAPÍTULO 13 **Analisando Dados com a Estatística Inferencial** 277

6. Clique em OK.

O Excel retornará os resultados do teste-f, como na Figura 13-18.

FIGURA 13-18: Planilha mostrando os resultados do Teste-F: duas amostras para variâncias, para os dados do preço de tabela e das unidades vendidas.

	A	B	C	D	E	F	G
1	Preço de Tabela	Unidades Vendidas		Teste-F: duas amostras para variâncias			
2	R$ 6,99	9.985					
3	R$ 7,99	8.110			Preço de Tabela	Unidades Vendidas	
4	R$ 8,99	6.039		Média	10,99	5184	
5	R$ 9,99	5.721		Variância	7,5	6617839,75	
6	R$ 10,99	4.555		Observações	9	9	
7	R$ 11,99	4.075		gl	8	8	
8	R$ 12,99	3.290		F	1,1333E-06		
9	R$ 13,99	2.592		P(F<=f) unicaudal	0		
10	R$ 14,99	2.289		F crítico unicaudal	0,290858219		
11							

Uma análise do teste-f testa se duas variâncias da população são iguais entre si. Basicamente, a análise compara a razão de duas variâncias. A suposição é: se as variâncias forem iguais, a razão deverá ser igual a 1.

278 PARTE 3 Descobrindo as Ferramentas Avançadas da Análise de Dados

4

A Parte dos Dez

NESTA PARTE...

Melhore suas habilidades estatísticas básicas para fazer uma análise de dados com o Excel de modo mais fácil e confortável.

Saiba como analisar dados financeiros a mais, a menos, laterais e fora de operação.

Conheça os segredos para criar Tabelas Dinâmicas melhores e mais eficientes.

> **NESTE CAPÍTULO**
>
> » **Uma descrição da estatística descritiva**
>
> » **Por que as médias não são tão simples quanto parecem**
>
> » **Observações sobre as observações**
>
> » **Entendendo (até certo ponto) a estatística inferencial**
>
> » **Análises rápidas e boas das distribuições de probabilidade e intervalos de confiança**

Capítulo **14**

Dez Coisas que Você Deve Saber sobre Estatística

Grande parte da "análise" em "análise de dados" envolve coisas como contar, calcular a média, adicionar e fazer o desvio-padrão dos dados. Resumindo, a maioria da análise de dados envolve *Estatística*. Uma observação: depois de passar do básico, é um assunto que rapidamente fica complicado. Felizmente, você pode pular, como uma gazela, muitos dos obstáculos iniciais da Estatística aprendendo parte dos fundamentos, e este capítulo tem essa finalidade.

E quando digo "básico", quero dizer o *básico*. Nos próximos parágrafos, você não verá nenhuma estatística obscura, como distribuições qui-quadradas e análise de Fourier. Não há letras gregas neste capítulo.

Se nunca viu Estatística na faculdade ou já se passaram décadas desde que viu, você deverá encontrar um embasamento útil aqui para ajudá-lo a usar algumas ferramentas estatísticas que o Excel fornece.

A Estatística Descritiva É Fácil

A primeira coisa que você deve saber sobre Estatística é que uma análise estatística e medidas estatísticas são bem fáceis. A estatística descritiva, que inclui coisas como tabulações cruzadas de tabelas dinâmicas (apresentadas nos Capítulos 7 ao 9), assim como funções estatísticas, fazem sentido até para alguém que não gosta de quantificar.

Por exemplo, se você soma um conjunto de valores, obtém uma soma. Bem fácil, certo? E descobrir o maior ou o menor valor em um conjunto de números é muito fácil também.

Menciono esse ponto sobre estatística descritiva porque normalmente as pessoas entram em pânico quando ouvem a palavra *estatística*. É bem ruim porque muitas das ferramentas estatísticas mais úteis são uma estatística descritiva simples e fácil de entender.

Às Vezes, as Médias Não São Tão Simples

Aqui está algo estranho que você pode lembrar se já teve aula sobre Estatística. Quando alguém usa o termo *média*, a pessoa geralmente se refere à medida média mais comum, que é um *valor médio*. Mas você deve saber que existem várias outras medidas de médias comumente aceitas, inclusive modo, mediana e medidas da média especiais, como média geométrica e média harmônica.

Desejo cobrir rapidamente algumas médias... Não porque você precisa saber tudo, mas entender que o termo *média* é impreciso torna mais compreensíveis algumas análises neste livro e grande parte da funcionalidade estatística do Excel.

Para que a análise seja mais concreta, suponha que você tenha um pequeno conjunto de valores: 1, 2, 3, 4, 5. A média nesse pequeno conjunto é 3, que você calcula somando todos os números no conjunto (1+2+3+4+5), depois dividindo a soma (15) pelo número total de valores (5).

As outras duas medidas da média comuns são o modo e a mediana. Começo vendo a medida da mediana porque é entendida rapidamente usando o conjunto de dados apresentado no parágrafo anterior. A *mediana* é o valor médio no sentido de que há o mesmo número de valores maiores e menores que a mediana. No conjunto de dados 1, 2, 3, 4, 5, a mediana é 3. Por quê? Esse conjunto tem dois valores maiores (4 e 5) e dois menores (1 e 2).

DICA

Quando se tem um número par de valores no conjunto de dados, você calcula a mediana fazendo a média dos dois valores do meio. Por exemplo, o conjunto de dados 1, 2, 3 e 4 não tem valor médio. Some os dois valores do meio, 2 e 3, depois divida por 2. Esse cálculo produz o valor mediano 2,5. Com tal valor, metade dos valores no conjunto de dados fica acima do valor mediano e metade fica abaixo.

A medida do modo é uma terceira média comum. O *modo* é o valor mais comum no conjunto de dados. Por exemplo, considere o conjunto de dados 1, 2, 2, 2, 3, 5, 5. Os valores 1 e 3 ocorrem apenas uma vez, o valor 5 ocorre duas vezes, mas o valor 2 ocorre três vezes. Isso torna 2 o valor mais comum, portanto, o modo do conjunto é 2.

LEMBRE-SE

Como mencionado antes, existem outras medidas estatísticas comuns da média. A medida da média referida antes nessa análise é, na verdade, uma média aritmética porque os valores no conjunto de dados são somados aritmeticamente como parte do cálculo. Porém, é possível combinar os valores de outras formas. Às vezes, os analistas financeiros e cientistas usam uma média geométrica. Também há algo chamado média harmônica.

Você não precisa saber (muito menos entender) essas outras medidas da média, mas deve lembrar que, como há muitas formas diferentes de calcular uma média, usar o termo *média* por si só é impreciso. Verifique se as pessoas sabem qual tipo de média você usa. E se outra pessoa usar o termo *média* sem especificar o tipo? Provavelmente ela está se referindo ao *valor médio*, mas não é possível ter certeza, e falta de certeza é perigoso quando se fala em Estatística.

Os Desvios-padrão Descrevem a Dispersão

Normalmente, os relatórios estatísticos incluem uma referência vaga ou assustadora para o desvio-padrão ou seu parente próximo, a variância. Embora a fórmula do desvio-padrão seja assustadora só de ver — pelo menos se você não se sente confortável com o alfabeto grego — por intuição, a fórmula e a lógica são bem fáceis de entender.

Um *desvio-padrão* descreve como os valores são dispersos em torno da média em um conjunto de dados. Em geral, se um conjunto tem um desvio-padrão baixo, significa que os valores ficam agrupados perto da média; se tem um desvio-padrão alto, os valores ficam espalhados longe da média.

Por exemplo, um pouco mais adiante neste capítulo, explico a distribuição normal, que é uma organização dos itens em um conjunto de dados que, se representado em gráfico, produziria uma curva em sino clássica: baixa no início dos menores valores, curvando para cima até um pico no valor da média, descendo em curva a partir da média até baixar de novo nos valores maiores. Isso tudo é muito vago, mas você pode usar o desvio-padrão para tornar as coisas muito mais precisas. É por isso que o desvio-padrão informa algo sobre como os itens são agrupados na distribuição normal:

» 68% dos valores no conjunto de dados ficam dentro de mais ou menos um desvio-padrão da média. Por exemplo, se a média for 50 e o desvio-padrão for 10, então 68% dos valores ficarão entre 40 e 60.

» 95% dos valores no conjunto de dados ficam dentro de mais ou menos dois desvios-padrão da média. Para uma média 50 e um desvio-padrão 10, então 95% dos valores ficam entre 30 e 70.

» 99,7% dos valores no conjunto de dados ficam dentro de mais ou menos três desvios-padrão da média. Para uma média 50 e um desvio-padrão 10, então 99,7% dos valores ficam entre 20 e 80.

Uma Observação É uma Observação

Observação é um dos termos que você encontrará se ler algo sobre Estatística neste livro ou na Ajuda online do Excel. Uma observação é apenas isso. Parece girar em círculos, mas seja paciente. Suponha que você esteja criando um conjunto de dados que mostra as altas temperaturas diárias em seu bairro. Quando você sai e observa que a temperatura em uma tarde de janeiro é de 30,5 °C, essa medida é a primeira observação. Se sai e observa que a alta temperatura no dia seguinte é de 31,1 °C, essa medida é a segunda observação.

Outro modo de definir o termo *observação* é assim: sempre que você realmente atribui um valor a uma das variáveis aleatórias, cria uma observação. Por exemplo, se você cria um conjunto de dados das altas temperaturas diárias no bairro, sempre que sai e atribui um novo valor da temperatura (30,5 °C um dia, 31,1 °C no outro etc.), está criando uma observação.

Uma Amostra É um Subconjunto de Valores

Uma *amostra* é uma coleção de observações a partir de uma população. Por exemplo, se você cria um conjunto de dados que registra a alta temperatura diária no bairro, sua pequena coleção de observações é uma amostra.

Em comparação, uma amostra não é uma população. Uma *população* inclui todas as observações possíveis. No caso de coletar as altas temperaturas do bairro, a população inclui todas as altas temperaturas diárias, desde o início da existência do bairro.

As Estatísticas Inferenciais São Legais, mas Complicadas

Como mencionei antes neste capítulo, algumas estatísticas são compreendidas de imediato. Por exemplo, calcular o maior valor em um conjunto de números definitivamente é uma medida estatística, mas não há mistérios por trás do que é feito. Determinar o maior valor em um conjunto de dados é um exemplo de estatística descritiva e, geralmente, nós, meros mortais matemáticos, podemos entrar de cabeça nessa estatística.

O mesmo não pode ser dito para o segundo ramo principal da Estatística: a *estatística inferencial*. Ela é baseada em uma ideia muito útil, mas não tão óbvia. Se você tiver uma amostra de valores a partir de uma população e a amostra for representativa e grande o suficiente, será possível chegar a conclusões sobre a população inteira com base nas características da amostra.

Por exemplo, em toda eleição presidencial nos EUA, as maiores redes de televisão (em geral, contrárias às primeiras promessas) preveem o vencedor após apenas um número relativamente pequeno de votos calculados ou contados. Como eles fazem isso? Bem, eles tiram uma amostra da população. Especificamente, ficam do lado de fora dos locais de votação e perguntam como as pessoas votaram. Se uma grande amostra de pessoas for perguntada se votaram em um candidato ou outro, você poderá fazer uma inferência sobre como elas votaram. Depois, é possível prever quem venceu a eleição.

A estatística inferencial, embora muito poderosa, tem duas qualidades que preciso mencionar:

» **Problemas de precisão:** Quando se faz uma inferência estatística, nunca é possível estar 100% certo de que a inferência está correta. Sempre há uma possibilidade de que a amostra não seja representativa ou que ela não retorne uma precisão suficiente para estimar o valor da população.

De certa forma, isso aconteceu com a eleição presidencial de 2000 nos EUA. Inicialmente, algumas das maiores redes de notícias previram que Al Gore tinha vencido com base nas bocas de urna. Depois, fundamentados em outras bocas de urna, previram que George W. Bush tinha vencido. Finalmente, percebendo que, talvez, suas estatísticas não eram boas o

> bastante, dada a proximidade da disputa ou apenas por vergonha de errar, eles pararam de prever. Analisando agora, o problema deles em prever a eleição não foi nenhuma surpresa, porque o número de votos para os dois candidatos foi *extremamente* próximo.
>
> » **Curva de aprendizagem íngreme:** A estatística inferencial fica muito complicada bem rápido. Quando você trabalha com estatística inferencial, imediatamente começa a encontrar itens como *funções de distribuição de probabilidade,* todos os tipos de parâmetros malucos (em alguns casos) e muitos símbolos gregos.

CUIDADO

Por uma questão prática, se você não teve pelo menos uma aula de Estatística (e provavelmente mais de uma), achará muito difícil ingressar na estatística inferencial em grande estilo. É provável que poderá trabalhar com a estatística inferencial com base nas distribuições normais e uniformes, tendo uma aula sobre Estatística e, talvez, as informações neste livro. Contudo, trabalhar com tal estatística e aplicá-la em outras distribuições de probabilidade será muito complicado. Pelo menos, na minha opinião.

As Distribuições de Probabilidade Não São Sempre Confusas

Um dos termos estatísticos que você encontrará um pouco neste livro, e muito se ler o arquivo Ajuda do Excel, é *distribuição de probabilidade*. Parece muito complicado e, em alguns casos, talvez seja. Mas você pode entender intuitivamente o que é distribuição de probabilidade vendo alguns exemplos úteis.

Uma distribuição comum que você ouve nas aulas de Estatística, por exemplo, é a distribuição T. Uma *distribuição T* é basicamente uma distribuição normal, exceto com caudas mais pesadas e grossas. Há também distribuições que são inclinadas (têm a curva inclinada) de um modo ou de outro. Cada uma dessas distribuições de probabilidade tem uma função que descreve o gráfico da distribuição de probabilidade.

Nas duas seções a seguir, veremos duas distribuições de probabilidade: distribuição uniforme e distribuição normal.

Distribuição uniforme

Uma função da distribuição de probabilidade comum é a distribuição uniforme. Em tal *distribuição*, todo evento tem a mesma probabilidade de ocorrência. Como um exemplo simples, imagine que você jogue um dado com seis lados. Supondo que o dado não seja viciado, há uma chance igual de tirar qualquer valor: 1, 2, 3, 4, 5 ou 6. Se jogar o dado 60.000 vezes, o que esperaria ver (dado o grande número de observações) é que provavelmente irá tirar 1 em cerca de 10.000 vezes. Do mesmo modo, é provável que também tire 2, 3, 4, 5 ou 6 cerca de 10.000 vezes cada. Com certeza, você pode contar com alguma variação entre o que espera (10.000 ocorrências de cada lado do dado) e o que realmente tem. Mas suas observações reais correlacionariam muito bem às suas expectativas.

O interessante nessa distribuição é que tudo é bem equilibrado. Você poderia dizer que a probabilidade ou a chance de tirar qualquer um dos seis lados do dado é igual ou *uniforme*. O nome dessa distribuição vem daí. Todo evento tem a mesma possibilidade de ocorrência. A Figura 14-1 mostra uma distribuição normal que gerei simulando 60.000 jogadas de dados. (Como simulei as jogadas? Inserindo a fórmula =ALEATORIOENTRE(1,6), depois preenchendo a fórmula em 60.000 células.) Como se pode ver, a distribuição uniforme é basicamente uma linha horizontal.

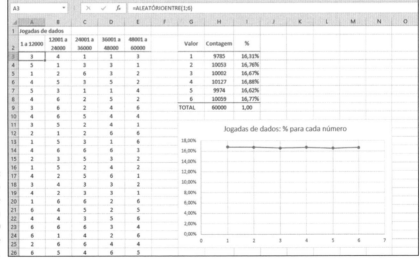

FIGURA 14-1: Distribuição uniforme gerada por 60.000 jogadas de dados.

CAPÍTULO 14 **Dez Coisas que Você Deve Saber sobre Estatística** 287

Distribuição normal

Outro tipo comum de distribuição de probabilidade é a *distribuição normal*, também conhecida como *curva em sino* ou *distribuição gaussiana*.

Uma distribuição normal ocorre naturalmente em muitas situações. Por exemplo, os quocientes de inteligência (QIs) são distribuídos normalmente. Se você pegar um grande conjunto de pessoas, testar seus QIs e plotá-los em um gráfico, terá uma distribuição normal. Uma característica da distribuição normal é que grande parte dos valores na população fica centralizada em torno do valor médio. Outra característica é que a média, o modo e a mediana são todos iguais entre si. A Figura 14-2 mostra uma distribuição normal.

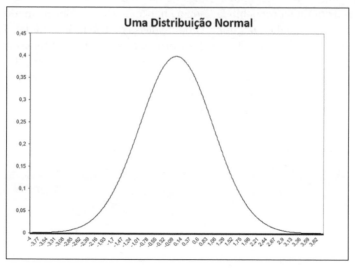

FIGURA 14-2: Distribuição normal.

Você consegue ver agora o que é distribuição da probabilidade? Ela apenas descreve um gráfico que, em essência, plota as probabilidades.

LEMBRE-SE

Uma função de distribuição de probabilidade é apenas uma função, ou equação, que descreve a linha da distribuição. Como se pode adivinhar, nem toda distribuição de probabilidade se parece com uma distribuição normal ou uma distribuição uniforme.

Os Parâmetros Não São Tão Complicados

Depois de compreender o conceito de que uma distribuição de probabilidade é basicamente uma equação ou fórmula que descreve a linha em um gráfico de distribuição de probabilidade, você está pronto para entender que um *parâmetro* é uma entrada para a distribuição de probabilidade. Em outras palavras, a fórmula, função ou equação que descreve uma curva da distribuição de probabilidade precisa de entradas e elas são chamadas de parâmetros.

Algumas funções de distribuição de probabilidade precisam apenas de um parâmetro. Por exemplo, para trabalhar com uma distribuição uniforme, tudo o que realmente é necessário é o número de valores no conjunto de dados. Um dado com seis lados, por exemplo, tem apenas seis possibilidades. Como você sabe que há apenas seis possibilidades, pode calcular que qualquer possibilidade tem 1 chance em 6 de ocorrer.

LEMBRE-SE

Uma distribuição normal usa dois parâmetros: a média e o desvio-padrão. Outras funções de distribuição de probabilidade usam outros parâmetros.

Simetria e Curtose Descrevem a Forma de uma Distribuição de Probabilidade

Outros termos estatísticos úteis a saber são simetria e curtose. A *simetria* quantifica a falta de semelhança em uma distribuição de probabilidade. Em uma distribuição perfeitamente simétrica, como a distribuição normal (consulte a Figura 14-2), a simetria é igual a zero. Mas, se uma distribuição de probabilidade se inclina para a direita ou a esquerda, a simetria é igual a algum valor diferente de zero e o valor quantifica essa falta de semelhança.

A *curtose* quantifica o peso das caudas em uma distribuição. Em uma distribuição normal, a curtose é igual a zero. Em outras palavras, zero é a medida para uma cauda que lembra uma extremidade em uma distribuição normal. A *cauda* é aquilo que se estende para a esquerda ou a direita. Porém, se uma cauda na distribuição for mais pesada que em uma distribuição normal, a curtose será um número positivo. Se a cauda na distribuição for mais fina que na distribuição normal, ela será um número negativo.

CAPÍTULO 14 **Dez Coisas que Você Deve Saber sobre Estatística**

Os Intervalos de Confiança Parecem Complicados no Início, Mas São Úteis

As probabilidades normalmente confundem as pessoas e talvez isso aconteça mais durante as eleições presidenciais. Os estudiosos conversam de formas confusas sobre as chances de um candidato vencer (geralmente confusas até para eles mesmos).

Digamos, por exemplo, que algum apresentador na televisão diga: "Os resultados de uma pesquisa recente mostram que o candidato 'A' receberia 51% dos votos, caso a eleição fosse hoje; a margem de erro foi de ± 3% com um nível de confiança de 95%."

Tudo bem, parece difícil de dizer, mas divida em partes e as coisas ficam um pouco mais claras. É isto que a análise realmente significa: Os pesquisadores pegaram uma amostra da população do país e perguntaram em quem ela votaria hoje e 51% disseram que votariam no candidato "A".

Agora veja onde isso fica interessante. Em grande parte por causa do tamanho da amostra, os pesquisadores podem fazer cálculos sofisticados e inferir que há uma chance de 95% (veremos mais adiante) de que a porcentagem real das pessoas que votariam no candidato "A" na população inteira fique entre 48% e 54%. Note que a "margem de erro" é basicamente apenas outra maneira de descrever o intervalo de confiança.

Algo importante a entender sobre os níveis de confiança é que eles estão vinculados à margem de erro. Se os pesquisadores no exemplo anterior quisessem um intervalo de valores com um nível de confiança de 99%, a margem de erro calculada seria maior.

Em outras palavras, talvez uma chance de 95% (mais ou menos) exista de que a porcentagem real de pessoas na população inteira que votariam em "Winder" fique entre 48% e 54%, mas uma chance de 99% (mais ou menos de novo) existe para que a porcentagem real das pessoas com essa resposta fique entre 45% e 57%. Quanto maior o intervalo de possíveis valores, mais confiança você tem de que o ponto de dados real fica dentro do intervalo. De modo inverso, quanto mais confiança você deseja ter de que o ponto de dados real seja incluído no intervalo, maior deve ser o intervalo.

É por isso que fico um pouco aborrecido com as agências de notícias que informam as pesquisas e geralmente apresentam a margem de erro, mas não o nível de confiança da pesquisa. Sem saber o nível que o pesquisador usou para calcular a margem de erro, as informações sobre ela não fazem muito sentido.

Outra coisa importante a entender sobre os níveis de confiança é que, quanto maior o tamanho da amostra, menor será a margem de erro que usa o mesmo nível de confiança. Se você consegue a amostra de dois pedestres perguntando em quem eles planejam votar e um diz "no desafiante" e o outro diz "no candidato à reeleição", não é possível afirmar com muita confiança que, quando o país inteiro votar, será uma divisão perfeita de 50-50. Os dados dessa amostra teriam uma grande margem de erro, a menos que você use um nível de confiança incrivelmente baixo para os cálculos.

Porém, se você sair e conseguir uma amostra aleatória de 5.000 pessoas perguntando em quem elas votarão, terá uma base bem sólida para fazer uma previsão sobre quem provavelmente vencerá a disputa presidencial, ou seja, uma amostra de 5.000 pessoas leva a uma margem de erro muito menor do que uma amostra com duas, supondo que, para ambas as amostras, você deseja o mesmo nível de confiança para o intervalo.

Nesse ponto, preciso fazer uma pequena correção: Quando informo que o intervalo de confiança significa que há uma chance de 95% de que o número real fique dentro desse intervalo, isso não é muito preciso, embora seja mais fácil de usar como uma explicação ao descrever pela primeira vez o conceito básico de um intervalo de confiança. O que realmente significa um intervalo com 95% de confiança, *tecnicamente*, é que se, em hipótese, você sempre pegasse de novo diferentes amostras da mesma população, depois calculasse o intervalo de confiança dessas amostras do mesmo modo exato para cada nova amostra, cerca de 95% das vezes os intervalos de confiança calculados a partir das amostras incluiriam o número real (porque os dados de cada amostra serão um pouco diferentes sempre e, portanto, o intervalo calculado será um pouco diferente também). Assim, quando escrevo frases como "chance de 95%" ou "chance de 99%", é isso que realmente significa. (Preciso esclarecer para que meus antigos professores de Estatística não comecem a balançar suas cabeças com vergonha ao lerem este livro.)

Minha consideração final: Prever os resultados das eleições está longe de ser a única coisa útil que se pode fazer com os intervalos de confiança. Apenas como exemplo, digamos que você tivesse alguns dados do Google Analytics sobre dois anúncios diferentes da web feitos para promover seu pequeno negócio, e quisesse saber qual anúncio é mais eficiente. É possível usar a fórmula do intervalo de confiança para descobrir quanto tempo seus anúncios precisam durar antes do Google coletar dados suficientes para você saber qual é realmente melhor. (Ou seja, a fórmula informa o tamanho que a amostra precisa ter para superar a margem de erro.)

292   PARTE 4 **A Parte dos Dez**

NESTE CAPÍTULO

» **Calculando o valor futuro e o valor presente de um investimento**

» **Determinando os pagamentos, montante e juros de um empréstimo**

» **Calculando a taxa de juros exigidas para um empréstimo**

» **Descobrindo a taxa interna de retorno de um investimento**

» **Aprendendo vários modos de calcular a depreciação**

Capítulo **15**

Dez Formas de Analisar os Dados Financeiros

Vários tipos de pessoas usam o Excel, inclusive cientistas, engenheiros, matemáticos, estatísticos e pesquisadores. Mas, se você pudesse analisar de algum modo todos os usuários do Excel no mundo, aposto que o usuário típico teria alguma relação com o setor financeiro. Se são contadores ou avaliadores, banqueiros ou mutuários, gerentes financeiros ou agiotas; essas pessoas contam com o Excel todos os dias para analisar orçamentos, empréstimos, investimentos e outras minúcias monetárias.

Mas não são apenas os profissionais financeiros que contam com o Excel (algumas vezes, literalmente). Os amadores também podem usá-lo para analisar finaciamentos, pagamentos de carro, fundos para a faculdade, poupanças e outras finanças rotineiras.

Se você trabalha com dinheiro ou por dinheiro, este capítulo mostra dez técnicas úteis para analisar dados financeiros com o Excel.

Calculando o Valor Futuro

Se você tem R$1.000 e pretende investi-los com juros de 5%, compostos anualmente por 10 anos, a quantia que receberá no final desses 10 anos é chamada de *valor futuro* dos R$1.000. Você pode usar a função VF do Excel para calcular a quantia que receberá.

Veja a sintaxe da função VF:

```
VF(taxa; nper; pgto; [vp]; [tipo])
```

O argumento `taxa` é a taxa de juros do investimento, `nper` é o prazo do investimento, `pgto` é a quantia de cada depósito regular para o investimento, o argumento opcional `vp` é o investimento inicial e o argumento opcional `tipo` é um número indicando o vencimento dos depósitos (0 ou em branco para o fim do período; 1 para o começo).

Por exemplo, para calcular o valor futuro de R$1.000,00 quando investidos com um juro anual de 5% por 10 anos, você usa a seguinte fórmula:

```
=VF(0,05; 10; 0; -1000)
```

LEMBRE-SE

Quando se trabalha com VF, as saídas de dinheiro são consideradas quantias negativas, portanto, é preciso inserir os argumentos `pgto` e `vp` como números negativos.

Se pretende depositar R$100 extras por ano nesse mesmo investimento, a fórmula mudará:

```
=VF(0,05; 10; 100; -1000)
```

Ao calcular um valor futuro, tenha cuidado com os valores usados para os argumentos `taxa` e `nper`. Se não fizer depósitos regulares ou um único depósito anualmente, poderá usar a taxa de juros anual para o argumento `taxa` e o número de anos no investimento para o argumento `nper`.

Para os depósitos mais frequentes, é preciso ajustar os valores `taxa` e `nper` de acordo. Como regra geral, divida a taxa de juros anual pelo número de depósitos por ano e multiplique o prazo do investimento pelo número de depósitos por ano. Por exemplo, com os depósitos mensais, divida a taxa de juros anual por 12 e multiplique o prazo por 12.

Suponha que no investimento anterior, você queira depositar R$15 por mês. Veja a fórmula revista para lidar com os depósitos mensais:

```
=VF(0,05/12; 10*12; -15; -1000)
```

Calculando o Valor Presente

Os investidores usam o conceito de *valor presente* para reconhecer o valor temporal do dinheiro. Como um investidor pode receber juros, R$1.000 hoje valem menos que R$1.000 daqui a 10 anos. Por exemplo, R$1.000 investidos hoje com juros de 10% por ano, compostos anualmente, retornariam R$2.593,74. Portanto, o valor presente de R$2.593,74 a 10%, compostos anualmente, por 10 anos é de R$1.000. Ou, visto de modo diferente, R$1.000 hoje valem R$2.593,74 daqui a 10 anos.

Para encontrar o valor presente, pode-se usar a função VP do Excel, que tem cinco argumentos:

```
VP(taxa; per; pgto; [vf]; [tipo])
```

O argumento *taxa* é a taxa de juros, *per* é o número de períodos no prazo, *pgto* é a quantidade de cada pagamento, o argumento opcional *vf* é o valor futuro que você adota para encontrar o valor presente e o argumento opcional *tipo* é o número indicando quando os pagamentos são feitos (0 ou em branco para o fim do período; 1 para o começo).

Por exemplo, a seguinte fórmula calcula o valor presente de R$2.593,74, o valor final de um investimento que retorna juros de 10%, compostos anualmente, por 10 anos:

```
=VP(0,1; 10; 0; 2593,74)
```

LEMBRE-SE

Ao trabalhar com a função VP, os números negativos são saídas de dinheiro e os positivos são entradas. Insira um número negativo quando fizer um pagamento e um número positivo quando receber.

O valor presente também se aplica a empréstimos e financiamentos. O dinheiro recebido quando você faz um empréstimo é o valor presente. Ao calcular o valor presente, tenha cuidado com o que insere nos argumentos *taxa* e *per*. Você deve dividir a taxa de juros anual pelo número de pagamentos por ano. Por exemplo, se os pagamentos forem mensais, deve dividir a taxa de juros anual por 12. Também deve multiplicar o prazo pelo número de pagamentos. Por exemplo, se os pagamentos forem mensais, multiplique o prazo por 12.

Por exemplo, se fizer depósitos mensais de R$15 para o investimento anterior, veja a fórmula para calcular o valor presente revisto do investimento:

```
=VP(0,1/12; 10*12; 15; 2593,74)
```

Determinando os Pagamentos do Empréstimo

Ao pedir dinheiro emprestado para um financiamento de imóvel, financiamento de carro, empréstimo estudantil ou outra coisa, a análise mais básica é calcular o pagamento regular que deve ser feito para quitar o empréstimo. Você usa a função PGTO para determinar o pagamento.

A função PGTO tem três argumentos obrigatórios e dois opcionais:

```
PGTO(taxa; nper; vp; [vf]; [tipo])
```

Os argumentos obrigatórios são `taxa`, a taxa de juros fixa durante o prazo do empréstimo, `nper`, o número de pagamentos no prazo do empréstimo e `vp`, o montante do empréstimo. Os dois argumentos opcionais são `vf`, o valor futuro do empréstimo, que geralmente é o pagamento total no final do empréstimo e `tipo`, o tipo de pagamento: 0 (padrão) para pagamentos no final do período ou 1 para pagamentos no começo do período.

LEMBRE-SE

Um pagamento total cobre qualquer montante não pago que resta no final de um empréstimo.

O exemplo a seguir calcula o pagamento mensal em um financiamento de R$200.000 com 3% de juros por 25 anos:

```
=PGTO(0,03/12; 25*12; 200000)
```

Note que o resultado dessa fórmula é –948,42. Por que o sinal de menos? A função PGTO retorna um valor negativo porque o pagamento do empréstimo é o dinheiro que você desembolsa.

Como mostrado na fórmula anterior, se a taxa de juros for anual, você poderá dividi-la por 12 para obter a taxa mensal; se o prazo for em anos, poderá multiplicar por 12 e obter o número de meses no prazo.

Em muitos empréstimos, os pagamentos cuidam apenas de uma parte do montante, com o restante devido como um pagamento total no final do empréstimo. Esse pagamento é o valor futuro, portanto, você o insere na função PGTO como o argumento `vf`. Você pode achar que o argumento `vp` deve ser, portanto, o montante parcial, ou seja, o montante original menos a quantia total, porque o prazo do empréstimo é para pagar apenas o montante parcial. Não. Em um empréstimo total, você também paga juros na parte total do montante. Assim, o argumento `vp` da função PGTO deve ser o montante inteiro, com a parte total como o argumento `vf` (negativo).

Calculando o Montante e os Juros do Pagamento do Empréstimo

É bom saber a quantia total para um pagamento de empréstimo normal, mas normalmente é útil dividir um pagamento nos componentes montante e juros. A parte do montante é a quantia do pagamento do empréstimo que vai para pagar a quantia original, ao passo que o resto do pagamento são os juros que você paga à financeira.

Para calcular o montante e os juros do pagamento do empréstimo, você pode usar as funções PPGTO e IPGTO, respectivamente. Conforme o empréstimo avança, o valor de PPGTO aumenta enquanto o valor de IPGTO diminui, mas a soma dos dois é constante em cada período e igual ao pagamento do empréstimo.

As duas funções têm os mesmos seis argumentos:

```
PPGTO(taxa; período; nper; vp; [vf]; [tipo])
IPGTO(taxa; período; nper; vp; [vf]; [tipo])
```

Os quatro argumentos obrigatórios são `taxa`, a taxa de juros fixa no prazo do empréstimo, `período`, o período do pagamento, `nper`, o número de pagamentos no prazo do empréstimo e `vp`, o montante. Os dois argumentos opcionais são `vf`, o valor futuro do empréstimo e `tipo`, o tipo de pagamento: 0 para o final do período ou 1 para o começo.

Por exemplo, as duas fórmulas a seguir calculam as partes do montante e dos juros do primeiro pagamento mensal em um financiamento de R$200.000 com 3%, durante 25 anos:

```
=PPGTO(0,03/12; 1; 25*12; 200000)
=IPGTO(0,03/12; 1; 25*12; 200000)
```

Calculando o Montante e os Juros do Empréstimo Cumulativo

Para calcular o quanto o montante ou os juros acumularam entre dois períodos de um empréstimo, use a função PGTOCAPACUM ou PGTOJURACUM, respectivamente. As duas funções têm os mesmos seis argumentos:

```
PGTOCAPACUM(taxa; nper; vp; início_período; final_período;
  tipo_pgto)
```

```
PGTOJURACUM(taxa; nper; vp; início_período; final_período;
   tipo_pgto)
```

Aqui, `taxa` é a taxa de juros fixa no prazo do empréstimo, `nper` é o número de pagamentos no prazo do empréstimo, `vp` é o montante, `início_período` é o primeiro período a incluir no cálculo, `final_período` é o último período a incluir e `tipo_pgto` é o tipo de pagamento: 0 para o final do período ou 1 para o começo.

Por exemplo, para encontrar o montante cumulativo ou os juros no primeiro ano de um empréstimo, defina `início_período` para 1 e `final_período` para 12, como mostrado aqui:

```
PGTOCAPACUM(0,03/12; 25*12; 200000; 1; 12; 0)
PGTOJURACUM(0,03/12; 25*12; 200000; 1; 12; 0)
```

Para o segundo ano, você definiria `início_período` para 13 e `final_período` para 24 etc.

Encontrando a Taxa de Juros Requerida

Se você sabe quanto deseja pedir emprestado, a duração do prazo e os pagamentos que consegue fazer, pode calcular qual taxa de juros atenderá esses parâmetros usando a função TAXA do Excel. Por exemplo, pode usar esse cálculo para adiar o empréstimo se as taxas de juros atuais são mais altas do que o valor calculado.

A função TAXA tem os seguintes argumentos:

```
TAXA(nper; pgto; vp; [vf]; [tipo]; [estimativa])
```

Os três argumentos obrigatórios são `nper`, o número de pagamentos no prazo do empréstimo, `pgto`, o pagamento periódico e `vp`, o montante. TAXA pode também ter três argumentos opcionais: `vf`, o valor futuro do empréstimo (o pagamento total no fim do empréstimo), `tipo`, o tipo de pagamento (0 para o final do período ou 1 para o começo) e `estimativa`, uma porcentagem do valor que o Excel usa como um ponto de partida para calcular a taxa de juros.

DICA

Se você quiser uma taxa de juros anual, deverá dividir o prazo por 12 se ele for expresso atualmente em meses. Ao contrário, se tiver um pagamento mensal e quiser uma taxa de juros anual, deverá multiplicar o pagamento por 12.

TAXA usa um processo iterativo no qual o Excel começa com um valor estimado inicial e tenta aprimorar cada resultado subsequente para obter a resposta. Se você omitir `estimativa`, o programa usará o valor padrão de 10%. Se após 20 tentativas o Excel não conseguir chegar a um valor, retornará o erro #NUM!. Se isso acontecer, insira um valor `estimativa` e tente de novo.

Falando nisso, se você souber o montante, a taxa de juros e o pagamento, poderá calcular a duração do empréstimo usando a função NPER:

```
NPER(taxa; pgto; vp; [vf]; [tipo])
```

Os três argumentos obrigatórios da função NPER são `taxa`, a taxa de juros fixa, `pgto`, o pagamento do empréstimo e `vp`, o montante. Os dois argumentos opcionais são `vf`, o valor futuro do empréstimo e `tipo`, o tipo de pagamento (0 ou 1).

Determinando a Taxa Interna de Retorno

A *taxa interna de retorno* está relacionada ao valor líquido presente, que é a soma de uma série de fluxos de caixa líquidos, cada um sendo descontado do presente com uma taxa de desconto fixa. A taxa interna de retorno pode ser definida como a taxa de desconto requerida para obter o valor líquido presente de R$0.

Você pode usar a função TIR para calcular a taxa interna de retorno sobre um investimento. Os fluxos de caixa do investimento não precisam ser iguais, mas devem ocorrer em intervalos regulares. TIR informa a taxa de juros recebida no investimento. Veja a sintaxe:

```
TIR(valores; [estimativa])
```

O argumento `valores` é obrigatório e representa o intervalo de fluxos de caixa no prazo do investimento. Deve conter pelo menos um valor positivo e um negativo. O argumento `estimativa` é opcional e especifica uma estimativa inicial para o cálculo iterativo do Excel da taxa interna de retorno (o padrão é 0,1). Se após 20 tentativas o programa não conseguir calcular um valor, retornará o erro #NUM!. Se você tiver esse erro, insira um valor para o argumento `estimativa` e tente de novo.

Por exemplo, dada uma série de fluxos de caixa no intervalo B3:G3, veja uma fórmula que apresenta a taxa interna de retorno usando uma estimativa inicial de 0,11:

```
=TIR(B3:G3; 0,11)
```

DICA

Você pode usar a função VPL para calcular o valor líquido presente dos futuros fluxos de caixa. Se todos os fluxos forem iguais, poderá usar a função VP para calcular o valor presente. Mas, quando tiver uma série de fluxos de caixa variáveis, use VPL, que requer dois argumentos: `taxa`, a taxa de desconto no prazo do ativo ou do investimento e `valores`, o intervalo dos fluxos de caixa.

Calculando a Depreciação Linear

O método de depreciação *linear* aloca a depreciação igualmente durante a vida útil de um ativo. Valor residual é o valor de um ativo após sua vida útil ter expirado. Para calcular a depreciação em linha reta, pegue o custo do ativo, subtraia qualquer valor residual e divida pela vida útil dele. O resultado é a quantidade de depreciação alocada para cada período.

Para calcular a depreciação em linha reta, você pode usar a função DPD do Excel:

```
DPD(custo; recuperação; vida_útil)
```

DPD tem três argumentos: `custo`, o custo inicial do ativo, `recuperação`, o valor residual do ativo e `vida_útil`, a duração do ativo em períodos. Se você comprar um ativo no meio do ano, poderá calcular a depreciação em meses, em vez de anos.

Por exemplo, se uma compra de equipamento foi de R$8.500, o valor residual dele é de R$500 e a vida útil é de quatro anos, a seguinte fórmula retornará a depreciação linear anual:

```
=PDP(8500; 500; 4)
```

Valor contabilístico é o custo de um ativo menos a depreciação total até o momento. Por exemplo, a depreciação de um ativo com um custo de R$8.500,00 valor residual de R$500,00 e vida útil de quatro anos seria alocada como a seguir:

Ano	Despesa Anual da Depreciação	Depreciação Acumulada	Valor Contabilístico
Início do Ano 1			R$8.500
Fim do Ano 1	R$2.000	R$2.000	R$6.500
Fim do Ano 2	R$2.000	R$4.000	R$4.500
Fim do Ano 3	R$2.000	R$6.000	R$2.500
Fim do Ano 4	R$2.000	R$8.000	R$500

Retornando a Depreciação do Balanço de Declínio Fixo

Ao calcular a depreciação, os contadores tentam combinar o custo de um ativo com a receita por ele produzida. Alguns ativos produzem mais nos primeiros anos do que nos últimos. Para esses ativos, os contadores usam métodos acelerados de depreciação, que têm mais depreciação nos anos iniciais do que nos posteriores. O *balanço de declínio fixo* é um método acelerado de depreciação.

Para calcular a depreciação do balanço de declínio fixo, você pode usar a função BD do Excel:

```
BD(custo; recuperação; vida_útil; período; [mês])
```

A função BD tem cinco argumentos: `custo`, o custo do ativo, `recuperação`, o valor residual, `vida_útil`, o ciclo de vida; `período`, para o qual você calcula a depreciação e o `mês` opcional, o número de meses no primeiro ano. Se você deixar `mês` em branco, o Excel usará o valor padrão 12.

Por exemplo, se uma compra de equipamento foi de R$8.500, o valor residual do equipamento é de R$500 e a vida útil dele é de quatro anos, a seguinte fórmula retornará a quantidade de depreciação para o primeiro ano:

```
=BD(8500; 500; 4; 1)
```

O método do balanço de declínio fixo da depreciação diminui um ativo com um custo de R$8.500, valor residual de R$500 e vida útil de quatro anos como a seguir:

Ano	Despesa Anual da Depreciação	Depreciação Acumulada	Valor Contabilístico
Início do Ano 1			R$8.500
Fim do Ano 1	R$4.318	R$4.318	R$4.182
Fim do Ano 2	R$2.124	R$6.442	R$2.058
Fim do Ano 3	R$1.045	R$7.488	R$1.012
Fim do Ano 4	R$512*	R$8.000	R$500

Valor ajustado para o erro de arredondamento.

Determinando a Depreciação do Balanço de Declínio Duplo

Balanço de declínio duplo é um método de depreciação acelerada que pega a taxa que você aplicaria usando a depreciação linear, dobra-a e aplica a taxa dobrada no valor contabilístico do ativo.

Para determinar a depreciação do balanço de declínio duplo, você pode usar a função BDD:

```
BDD(custo; recuperação; vida_útil; período; [fator])
```

A função BDD tem cinco argumentos: `custo`, o custo do ativo, `recuperação`, o valor residual, `vida_útil`, o ciclo de vida, `período`, para o qual você calcula a depreciação e o `fator` opcional, a taxa na qual o balanço se desvaloriza. O valor padrão para `fator` é 2, mas para usar um valor diferente de duas vezes a taxa em linha reta, você pode inserir o valor que deseja usar, como 15 para uma taxa de 150%.

Por exemplo, se uma compra de equipamento foi de R$8.500, o valor residual é de R$500 e a vida útil é de quatro anos, a seguinte fórmula retornará a quantidade de depreciação para o primeiro ano:

```
=BDD(8500; 500; 4; 1; 2)
```

O método do balanço de declínio duplo da depreciação diminui um ativo com um custo de R$8.500, valor residual de R$1.500 e vida útil de quatro anos, como a seguir:

Ano	Despesa Anual da Depreciação	Depreciação Acumulada	Valor Contabilístico
Início do ano			R$8.500
Fim do Ano 1	R$4.250	R$4.250	R$4.250
Fim do Ano 2	R$2.125	R$6.375	R$2.125
Fim do Ano 3	R$625	R$7.000	R$1.500
Fim do Ano 4	R$0*	R$7.500	R$1.500

*A função BDD não deprecia o ativo abaixo do valor residual.

NESTE CAPÍTULO

» **Mudando a exibição da Tabela Dinâmica**

» **Divertindo-se com os estilos de Tabelas Dinâmicas**

» **Modificando as opções de Tabelas Dinâmicas**

» **Extraindo valores da Tabela Dinâmica para suas fórmulas**

Capítulo **16**

Dez Formas de Melhorar o Nível da Tabela Dinâmica

O Excel tem tantas ferramentas de análise de dados poderosas e recursos que você deve estar pensando por que aprender mais outra: a Tabela Dinâmica. A resposta rápida é que ela é uma arma útil para adicionar ao seu arsenal de análise de dados. A resposta completa é que vale a pena aprender as Tabelas Dinâmicas porque elas têm não apenas um ou dois benefícios, mas uma longa lista deles.

Vamos contar: as Tabelas Dinâmicas são fáceis de criar e manter; fazem cálculos grandes e complexos com uma rapidez surpreendente; você pode atualizá-las fácil e rapidamente para receber novos dados; as Tabelas Dinâmicas se modificam, portanto, os componentes podem ser movidos, filtrados e adicionados com facilidade; e, finalmente, elas podem usar a maioria das opções de formatação aplicáveis nos intervalos e células normais do Excel.

Ah, espere, tem mais: elas são totalmente personalizáveis, assim, você pode criar cada relatório como deseja. Essa personalização é vista por completo neste capítulo, que cobre dez técnicas que o transformarão em um profissional das Tabelas Dinâmicas.

Ative e Desative o Painel de Tarefas Campos da Tabela Dinâmica

Por padrão, quando você clica dentro da Tabela Dinâmica, o Excel exibe seu painel de tarefas Campos e oculta quando clica fora do relatório da Tabela.

Não há nada errado com isso. Contudo, se você quiser trabalhar com os comandos da guia contextual Ferramentas da Tabela Dinâmica na Faixa de Opções, precisará ter, pelo menos, uma célula selecionada no relatório da Tabela. Mas selecionar qualquer célula significa que você também tem o painel de tarefas Campos ocupando um precioso espaço na tela.

Por sorte, o Excel também permite ativar e desativar o painel de tarefas Campos da Tabela Dinâmica manualmente, dando mais espaço para exibir o relatório da Tabela. Você poderá ativar de novo o painel quando precisar adicionar, mover ou excluir os campos.

Para ativar e desativar o painel de tarefas Campos, siga estas etapas (todas as duas!):

1. **Clique dentro da Tabela Dinâmica.**
2. **Escolha Analisar ⇨ Mostrar ⇨ Lista de Campos.**

DICA

Um modo rápido de ocultar o painel de tarefas Campos é clicar no botão Fechar no canto superior direito dele.

Mude o Layout do Painel de Tarefas Campos da Tabela Dinâmica

Por padrão, o painel de tarefas Campos é dividido em duas seções: a seção Campos lista os campos disponíveis da origem dos dados e fica no topo, e a seção Áreas contém as áreas da Tabela Dinâmica: Filtros, Colunas, Linhas e Valores.

Ela fica no painel inferior. Você pode personalizar o layout para adequar ao seu trabalho. Veja as possibilidades:

> » **Seções Campos e Áreas Empilhadas:** É o layout padrão.
>
> » **Seções Campos e Áreas Lado a Lado:** Coloca a seção Campos à esquerda e Áreas à direita. Use esse layout se os dados de origem vierem com muitos campos.
>
> » **Seção Campos Somente:** Oculta a seção Áreas. Use esse layout quando adicionar campos à Tabela Dinâmica clicando com o botão direito no nome do campo e clicando na área onde deseja o campo adicionado (em vez de arrastar os campos para a seção Áreas). Ocultando a seção Áreas, você tem mais espaço para exibir os campos.
>
> » **Seção Áreas Somente (2 por 2):** Oculta a seção Campos e organiza as áreas em duas linhas e duas colunas. Use esse layout se tiver terminado de adicionar campos à Tabela Dinâmica e deseja apenas mover os campos entre as áreas e filtrá-los.
>
> » **Seção Áreas Somente (1 por 4):** Oculta a seção Campos e mostra as áreas em uma coluna. Use esse layout se não precisar mais da seção Campos. E mais, esse layout fornece uma exibição maior a cada área, o que será útil se alguns campos tiverem nomes muito longos.

Veja as etapas a seguir para mudar layout do painel de tarefas Campos da Tabela Dinâmica:

1. Clique em qualquer célula dentro da Tabela Dinâmica.

2. Clique em Ferramentas.

O botão Ferramentas é o ícone de engrenagem, como indicado na Figura 16-1.

O Excel exibirá as ferramentas do painel Campos.

3. Clique no layout que deseja usar.

O Excel mudará o layout do painel de tarefas Campos com base em sua seleção.

DICA

Ainda com as ferramentas do painel de tarefas Campos exibidas, note que você também pode classificar a lista de campos. O padrão é Classificar na Ordem da Fonte de Dados, o que significa que o Excel exibe os campos na mesma ordem em que aparecem na fonte. Se preferir classificar os campos por ordem alfabética, clique em Classificar de A a Z.

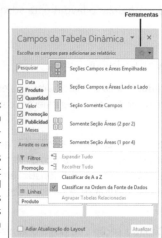

FIGURA 16-1: Clique em Ferramentas para ver as opções de layout do painel de tarefas Campos da Tabela Dinâmica.

Exiba os Detalhes por Trás dos Dados da Tabela Dinâmica

A principal vantagem de usar Tabelas Dinâmicas é que elas oferecem um método fácil de resumir grandes quantidades de dados em um relatório sucinto para a análise de dados. Resumindo, as Tabelas mostram a visão geral, não as partes. Contudo, às vezes, é preciso ver essas partes. Por exemplo, se você estiver estudando os resultados de uma campanha de marketing, a Tabela poderá mostrar o número total de fones de ouvido vendidos como resultado de uma promoção Leve 10 Pague 9 (veja a Figura 16-2). Mas e se quiser ver os detalhes por trás desse número? Se os dados de origem contiverem centenas ou milhares de registros, será preciso filtrar os dados de algum modo para ver apenas os registros desejados.

FIGURA 16-2: Você vendeu 792 fones de ouvido, mas quais são os detalhes por trás desse número?

Publicidade	(Tudo)			
Soma de Quantidade	Rótulos de Coluna			
Rótulos de Linha	Desconto Extra	Leve 10 pague 9	Total Geral	
Cabo HDMI	894	814	1708	
Capa para smartphone	706	638	1344	
Carregador de carro USB	1655	1705	3360	
Fones de ouvido	647	792	1439	
Total Geral	3902	3949	7851	

Felizmente, o Excel tem um modo mais fácil de ver os registros que você quer permitindo exibir diretamente os detalhes em um valor de dados específico. Isso é chamado de *extrair* os detalhes. Quando você extrai um valor de dado específico na Tabela Dinâmica, o Excel retorna os dados de origem, extrai os registros que compõem o valor de dados, depois exibe-os em uma nova planilha. Para uma Tabela baseada em um intervalo ou tabela, essa extração leva apenas um ou dois segundos, dependendo de quantos registros têm os dados de origem.

Para extrair os detalhes em um ponto de dados da Tabela, use um dos métodos a seguir:

» Clique com o botão direito no valor do dado para o qual deseja exibir os detalhes subjacentes, depois clique em Mostrar Detalhes.

» Clique duas vezes no valor do dado.

O programa exibirá os dados subjacentes em uma nova planilha. Por exemplo, a Figura 16-3 mostra os detalhes dos 792 fones de ouvido vendidos em uma promoção 1 Gratuito em 10, mostrada antes na Figura 16-2.

	A	B	C	D	E	F	G
1	Data	Produto	Quantidade	Valor	Promoção	Publicidade	
2	21/08/2019	Fones de ouvido	44	341,88	Leve 10 pague 9	Busca	
3	20/08/2019	Fones de ouvido	33	256,41	Leve 10 pague 9	Mídias sociais	
4	19/08/2019	Fones de ouvido	77	598,29	Leve 10 pague 9	Rede de blogs	
5	21/07/2019	Fones de ouvido	132	1025,64	Leve 10 pague 9	Busca	
6	20/07/2019	Fones de ouvido	55	427,35	Leve 10 pague 9	Mídias sociais	
7	19/07/2019	Fones de ouvido	99	769,23	Leve 10 pague 9	Rede de blogs	
8	23/06/2019	Fones de ouvido	121	940,17	Leve 10 pague 9	Busca	
9	22/06/2019	Fones de ouvido	66	512,82	Leve 10 pague 9	Mídias sociais	
10	21/06/2019	Fones de ouvido	22	170,94	Leve 10 pague 9	Rede de blogs	
11	16/06/2019	Fones de ouvido	33	256,41	Leve 10 pague 9	Rede de blogs	
12	15/06/2019	Fones de ouvido	22	170,94	Leve 10 pague 9	Rede de blogs	
13	14/06/2019	Fones de ouvido	22	170,94	Leve 10 pague 9	Rede de blogs	
14	05/06/2019	Fones de ouvido	55	388,5	Leve 10 pague 9	Rede de blogs	
15	13/06/2019	Fones de ouvido	11	85,47	Leve 10 pague 9	Rede de blogs	
16							

FIGURA 16-3: Os detalhes das vendas dos fones de ouvido mostrados na Figura 16-2.

Quando você tenta extrair os detalhes de um valor de dado, o Excel pode exibir a mensagem de erro Não é possível mudar esta parte do relatório de uma Tabela Dinâmica. Esse erro significa que o recurso que normalmente permite extrair foi desativado. Para ativá-lo de novo, clique em qualquer célula dentro da Tabela, depois clique em Analisar ⇨ Tabela Dinâmica ⇨ Opções para exibir a caixa de diálogo Opções da Tabela Dinâmica. Clique na guia Dados, marque a caixa de seleção Permitir Exibição de Detalhes, depois clique em OK.

O oposto ocorre quando você distribui a pasta de trabalho que contém a Tabela Dinâmica e não quer que outros usuários extraiam nem bagunçem a pasta com planilhas detalhadas. Nesse caso, clique em Analisar ⇨ Tabela Dinâmica ⇨ Opções, clique na guia Dados, cancele a seleção de Permitir Exibição de Detalhes, depois clique em OK.

CAPÍTULO 16 **Dez Formas de Melhorar o Nível da Tabela Dinâmica** 307

Às vezes, você pode querer ver os dados de origem de uma Tabela Dinâmica. Se esses dados forem um intervalo ou uma tabela em outra planilha, será possível ver os dados subjacentes exibindo a planilha. Se os dados não estiverem disponíveis de imediato, o Excel tem um modo rápido de exibi-los. Clique com o botão direito na célula Total Geral da Tabela Dinâmica (ou seja, a célula no canto inferior direito da Tabela), depois clique em Mostrar Detalhes. (Também é possível clicar duas vezes nesse célula.) O Excel mostrará todos os dados subjacentes da Tabela Dinâmica em uma nova planilha.

Aplique um Estilo de Tabela Dinâmica

Uma coisa ótima na Tabela Dinâmica é que ela reside em uma planilha normal do Excel, significando que você pode aplicar opções de formatação, como alinhamentos e fontes. Isso funciona bem, sobretudo se você tem exigências de formatação pessoais. Por exemplo, é possível ter diretrizes de estilo internas que você precisa seguir. Infelizmente, aplicar a formatação pode levar tempo, em particular se você aplica muitas opções diferentes. E o tempo total de formatação poderá ser oneroso se você precisar aplicar diferentes opções de formatação em diferentes partes da Tabela. Será possível reduzir muito o tempo gasto formatando as Tabelas aplicando um estilo.

Estilo é uma coleção de opções de formatação, como fontes, bordas e cores de fundo, que o Excel define para diferentes áreas de uma Tabela Dinâmica. Por exemplo, um estilo pode ser negrito, texto branco em um fundo preto para rótulos e totais gerais, e texto branco em um fundo azul-escuro para itens e dados. Definir todos esses formatos manualmente pode levar de 30 minutos a 1 hora. Mas com o recurso estilo, você escolhe o que deseja usar para a Tabela inteira e o Excel aplica as opções de formatação individuais automaticamente.

O Excel define mais de 80 estilos, divididos em três categorias: Clara, Média e Escura. A categoria Clara inclui o Estilo de Tabela Dinâmica Clara 16, a formatação padrão aplicada nos relatórios da Tabela criados; e Nenhum, que remove toda a formatação da Tabela. Você também pode criar seus próprios formatos de estilo, como descrito na seção "Crie um Estilo de Tabela Dinâmica Personalizado".

Veja as etapas a seguir para aplicar um estilo na Tabela Dinâmica:

1. **Clique em qualquer célula na Tabela Dinâmica que deseja formatar.**

2. **Clique na guia Design.**

3. **No grupo Estilos de Tabela Dinâmica, clique no botão Mais.**

   Aparecerá a galeria de estilos.

4. **Clique no estilo que deseja aplicar.**

   O Excel aplicará o estilo.

Crie um Estilo de Tabela Dinâmica Personalizado

Você pode achar que nenhum estilo predefinido da Tabela fornece a aparência exata desejada. Nesse caso, é possível definir a aparência criando a partir do zero um estilo de Tabela Dinâmica personalizado.

O Excel permite uma grande flexibilidade ao criar estilos personalizados da Tabela. Você pode formatar 25 elementos separados, que incluem a tabela inteira, os rótulos e valores de campo da página, a primeira coluna, linha do cabeçalho, linha Total Geral e coluna Total Geral. Também pode definir *listras,* que são formatos separados aplicados para alternar linhas ou colunas. Por exemplo, a Listra da Primeira Linha aplica a formatação nas linhas 1, 3, 5 etc.; a Listra da Segunda Linha aplica a formatação nas linhas 2, 4, 6 etc. As listras podem tornar um relatório longo ou largo mais fácil de ler.

Ter controle sobre tantos elementos permite criar um estilo personalizado para adequar às suas necessidades. Por exemplo, você pode precisar que a Tabela combine com as cores da empresa. Do mesmo modo, se a Tabela aparecer como parte de um relatório maior, poderá precisar que sua formatação combine com o tema usado nesse relatório.

A única desvantagem de criar um estilo de Tabela Dinâmica personalizado é que você deve fazer isso do zero porque o Excel não permite personalizar um estilo existente. Buu, Excel! Então, se precisar definir a formatação para todos os 25 elementos da Tabela, criar um estilo personalizado poderá ser demorado.

Se ainda tiver disposição, veja as etapas a seguir para criar seu próprio estilo de Tabela Dinâmica:

1. **Clique na guia Design.**

2. **No grupo Estilos de Tabela Dinâmica, clique em Mais.**

   A galeria de estilos será exibida.

3. **Clique em Novo Estilo de Tabela Dinâmica.**

   A caixa de diálogo Novo Estilo de Tabela Dinâmica aparecerá, como mostrado na Figura 16-4.

4. **Digite um nome para o estilo personalizado.**

5. **Use a lista Elemento da Tabela para selecionar o recurso da Tabela que você quer formatar.**

6. **Clique em Formatar.**

   A caixa de diálogo Formatar Células aparecerá.

CAPÍTULO 16 **Dez Formas de Melhorar o Nível da Tabela Dinâmica** 309

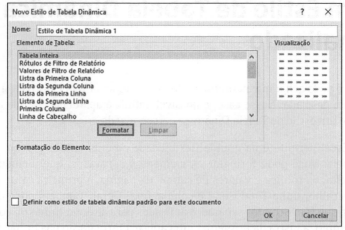

FIGURA 16-4: Caixa de diálogo Novo Estilo de Tabela Dinâmica.

7. **Use as opções na guia Fonte para formatar o texto do elemento.**

   Você pode escolher uma fonte, um estilo de fonte (como negrito ou itálico) e um tamanho de fonte. Também pode escolher um sublinhado, cor e efeito tachado.

8. **Use as opções na guia Borda para formatar a borda do elemento.**

   Pode escolher um estilo de borda, cor e local (como borda esquerda, borda superior ou ambas).

9. **Use as opções na guia Preenchimento para formatar a cor de fundo do elemento.**

   Escolha uma cor sólida ou um padrão. Também é possível clicar nos botões Efeitos de Preenchimento para especificar uma graduação que muda de uma cor para outra.

10. **Clique em OK.**

    O Excel voltará para a caixa de diálogo Novo Estilo de Tabela Dinâmica.

11. **Repita as Etapas de 5 a 10 para formatar outros elementos da tabela.**

    Por conveniência, a caixa de diálogo Novo Estilo de Tabela Dinâmica inclui uma seção Visualização que mostra como o estilo ficará quando aplicado na Tabela. Se você ficar orgulhoso de seu novo estilo, poderá querer usá-lo em todas as Tabelas Dinâmicas. Por que não? Para pedir ao Excel para usar seu novo estilo como o padrão para qualquer Tabela no futuro criada, marque a caixa de seleção Definir como Estilo Padrão da Tabela Dinâmica para Este Documento.

12. **Quando finalmente terminar, clique em OK.**

    O Excel salvará o estilo de Tabela personalizado.

Por mais estranho que pareça, depois de fechar a caixa de diálogo Novo Estilo de Tabela Dinâmica, o Excel não aplica o novo estilo na Tabela atual. Lerdo! Para você mesmo aplicar o estilo, selecione qualquer célula na Tabela, clique em Design, no botão Mais no grupo Estilos de Tabela Dinâmica para abrir a galeria de estilos, depois, clique no estilo na seção Personalizar que agora aparece no topo da galeria.

Se precisar fazer alterações no estilo personalizado, abra a galeria de estilos, clique com o botão direito no estilo personalizado, depois em Modificar. Use a caixa de diálogo Modificar Estilo de Tabela Dinâmica para fazer as alterações e clique em OK.

Se achar que precisa criar outro estilo personalizado parecido com o estilo personalizado existente, não se preocupe em criar do zero um novo estilo. Em vez disso, abra a galeria de estilos, clique com o botão direito no estilo personalizado existente, clique em Duplicar. Na caixa de diálogo Modificar Estilo de Tabela Dinâmica, ajuste o nome do estilo e formatação, então clique em OK.

Se não precisar mais do estilo, deve excluí-lo para reduzir a confusão na galeria de estilos. Clique na guia Design, abra a galeria Estilos de Tabela Dinâmica, clique com o botão direito no estilo personalizado que não precisa mais, depois clique em Excluir. Quando o Excel pedir para confirmar, clique em OK.

Preserve a Formatação da Tabela Dinâmica

Às vezes, o Excel tem o hábito irritante de não preservar sua formatação personalizada quando você atualiza ou recria a Tabela Dinâmica. Por exemplo, se você aplicou uma fonte em negrito em alguns rótulos, esses rótulos podem voltar para o texto normal depois de uma atualização. O programa tem um recurso chamado Preservar Formatação que permite preservá-la durante uma atualização: é possível manter a formatação personalizada ativando-a.

Esse recurso está sempre ativado nas Tabelas Dinâmicas padrão. Mas outro usuário pode ter desativado. Por exemplo, você pode trabalhar com uma Tabela Dinâmica criada por outra pessoa e ela pode ter desativado o recurso Preservar Formatação.

Porém, observe que ao atualizar ou recriar uma Tabela Dinâmica, o Excel reaplica a formatação do estilo atual do relatório. Se você não especificou um estilo, o programa reaplicará o estilo padrão da Tabela (chamado Estilo de Tabela Dinâmica Clara 16); se especificou um estilo, como descrito na seção anterior "Aplique um Estilo de Tabela Dinâmica", o Excel irá reaplicá-lo.

Veja as etapas a seguir para configurar uma Tabela Dinâmica e preservar a formatação:

1. **Clique em qualquer célula na Tabela Dinâmica com a qual deseja trabalhar.**

2. **Escolha Analisar ⇨ Tabela Dinâmica ⇨ Opções.**

   A caixa de diálogo Opções da Tabela Dinâmica aparecerá com a guia Layout e Formatar exibida.

3. **Desmarque a caixa de seleção Autoajustar Larguras da Coluna na Atualização.**

   Desmarcar essa opção impede o Excel de formatar automaticamente as coisas, como as larguras da coluna quando você transpõe os campos.

4. **Marque a caixa de seleção Preservar Formatação da Célula na Atualização.**

5. **Clique em OK.**

   O Excel preservará a formatação personalizada sempre que você atualizar a Tabela Dinâmica.

Renomeie a Tabela Dinâmica

Quando você cria a primeira Tabela Dinâmica em uma pasta de trabalho, o Excel lhe dá um nome pouco inspirador, Tabela Dinâmica1. As Tabelas Dinâmicas são nomeadas em sequência (o que não é nenhuma surpresa): Tabela Dinâmica2, Tabela Dinâmica3 etc. Mas, o programa repete esses nomes quando você cria novas Tabelas com base em diferentes fontes de dados. Se sua pasta de trabalho tiver várias Tabelas Dinâmicas, você poderá facilitar sua distinção dando a cada uma um nome único e descritivo. Veja como:

1. **Clique em qualquer célula na Tabela Dinâmica com a qual quer trabalhar.**

2. **Clique em Analisar ⇨ Tabela Dinâmica.**

3. **Use a caixa de texto Nome da Tabela Dinâmica para digitar o novo nome dela.**

   O comprimento máximo de um nome da Tabela é de 255 caracteres.

4. **Clique fora da caixa de texto.**

   O Excel renomeará a Tabela.

312   PARTE 4 **A Parte dos Dez**

Desative os Totais Gerais

Uma Tabela Dinâmica padrão tem, pelo menos, um campo de linha contendo uma linha extra na parte inferior. Essa linha é rotulada como Total Geral e inclui o total dos valores associados aos itens no campo de linha. Porém, o valor na linha Total Geral pode não ser, de fato, uma soma. Por exemplo, se o cálculo de resumo for a Média, a linha Total Geral incluirá a média dos valores associados aos itens no campo de linha.

Do mesmo modo, uma Tabela Dinâmica tem, pelo menos, um campo de coluna contendo uma coluna extra mais à direita. Essa coluna também é rotulada como "Total Geral" e inclui o total dos valores associados aos itens no campo de coluna. Se a Tabela tiver um campo de linha e um de coluna, a linha Total Geral terá as somas de cada item da coluna e a coluna Total Geral também terá as somas de cada item da linha.

Além de ocupar espaço na Tabela, esses totais gerais geralmente não são necessários para a análise de dados. Por exemplo, suponha que você queira examinar as vendas trimestrais dos vendedores para saber quais quantidades estão acima de determinado valor para dar bônus. Como sua única preocupação são os valores de resumo individuais de cada funcionário, os totais gerais são inúteis. Nesse caso, você pode pedir ao Excel para não exibir esses totais assim:

1. **Clique em qualquer célula dentro da Tabela Dinâmica com a qual deseja trabalhar.**

2. **Clique em Design ⇨ Layout ⇨ Totais Gerais.**

O Excel exibirá um menu de opções para exibir os totais gerais.

3. **Clique na opção preferida.**

O menu contém quatro itens:

- **Desativado para Linhas e Colunas:** Desativa os totais gerais para linhas e colunas.

- **Ativado para Linhas e Colunas:** Ativa os totais gerais para linhas e colunas.

- **Ativado Somente para Linhas:** Desativa os totais gerais apenas para as colunas.

- **Ativado Somente para Colunas:** Desativa os totais gerais apenas para as linhas.

O Excel colocará em vigor a opção de total geral selecionada.

CAPÍTULO 16 **Dez Formas de Melhorar o Nível da Tabela Dinâmica** 313

Os cabeçalhos do campo que aparecem no relatório são outro recurso bem chato da Tabela Dinâmica. Eles incluem os botões Classificar e Filtrar, mas se você não os utiliza, apenas tumultuam a Tabela. Para desativar os cabeçalhos do campo, clique dentro da Tabela Dinâmica e escolha Analisar ⇨ Mostrar ⇨ Cabeçalhos do Campo.

Reduza o Tamanho das Pastas de Trabalho da Tabela Dinâmica

As Tabelas Dinâmicas geralmente resultam em grandes pastas de trabalho porque o Excel deve controlar muitas informações extras para manter aceitável o desempenho da Tabela. Por exemplo, para assegurar que o novo cálculo envolvido na transposição aconteça com rapidez e eficiência, o programa mantém uma cópia dos dados de origem em uma área de memória especial chamada *cache dinâmico*.

Se você criar uma Tabela Dinâmica com dados que residem em uma pasta de trabalho diferente ou fonte de dados externa, o Excel armazenará os dados de origem no cache dinâmico. Isso reduz muito o tempo que o programa leva para atualizar e recalcular a Tabela Dinâmica. A desvantagem é que isso pode aumentar o tamanho da pasta de trabalho e o tempo que o Excel leva para salvá-la. Se sua pasta ficar grande demais ou levar muito tempo para ser salva, siga estas etapas para pedir ao Excel para não salvar os dados de origem no cache dinâmico:

1. **Clique em qualquer célula na Tabela Dinâmica.**

2. **Clique em Analisar ⇨ Tabela Dinâmica ⇨ Opções.**

    A caixa de diálogo Opções da Tabela Dinâmica aparecerá.

3. **Clique na guia Dados.**

4. **Desmarque a caixa de seleção Salvar Dados de Origem com Arquivo.**

5. **Clique em OK.**

    O Excel não salvará mais os dados de origem externos no cache dinâmico.

Use um Valor da Tabela Dinâmica em uma Fórmula

Você pode precisar usar um valor da Tabela Dinâmica em uma fórmula da planilha. Normalmente, você referencia uma célula na fórmula usando o endereço dela. Mas isso não funcionará com as Tabelas Dinâmicas porque os endereços dos valores do relatório mudam quando você transpõe, filtra, agrupa e atualiza a Tabela.

Para assegurar referências precisas da Tabela Dinâmica, use a função INFODADOSTABELADINÂMICA. Ela usa o campo de dados, local da Tabela e um ou mais pares de campo/item (linha ou coluna) que especificam o valor exato que se quer usar. Assim, não importa o layout da Tabela, contanto que o valor permaneça visível no relatório, a referência da fórmula continuará precisa.

Veja a sintaxe da função INFODADOSTABELADINÂMICA:

```
INFODADOSTABELADINÂMICA(campo_dados; tab_din; [campo1, item1];
    [campo2; item2]; ...]
```

Os dois campos obrigatórios são `campo_dados`, que é o nome do campo usado na área Valores da Tabela Dinâmica, e `tab_din`, que especifica o endereço da célula do canto superior esquerdo da Tabela. O resto dos argumentos vem em pares: um nome do campo e um item nesse campo.

Por exemplo, veja uma fórmula INFODADOSTABELADINÂMICA que retorna o valor da Tabela Dinâmica, onde o item do campo `Produto` é `Fones de ouvido` e o item do campo `Promoção` é `Leve 10 Pague 9`:

```
=INFODADOSTABELADINÂMICA("Quantidade"; $A$3; "Produto"; "Fones
    de ouvido"; "Promoção"; "Leve 10 Pague 9")
```

A Figura 16-5 mostra a fórmula em ação.

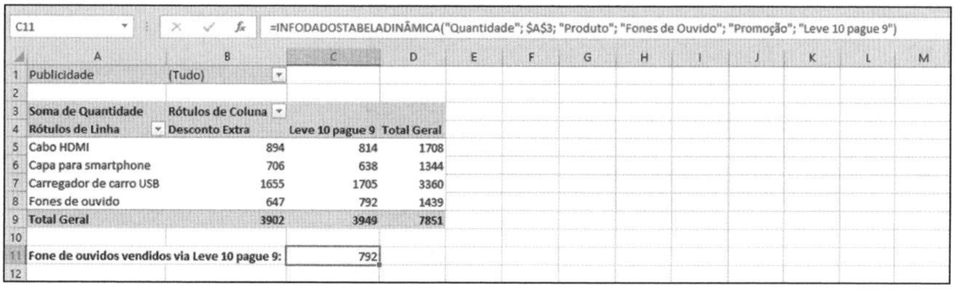

FIGURA 16-5: A função INFODADOSTABELADINÂMICA em ação.

CAPÍTULO 16 **Dez Formas de Melhorar o Nível da Tabela Dinâmica** 315

INFODADOSTABELADINÂMICA é um pouco complicada, então me deixe tranquilizá-lo agora informando que você quase nunca terá que lidar manualmente com essa função e todos os seus argumentos. Pelo contrário, o Excel lida com tudo para você quando clica no valor da Tabela que deseja usar na fórmula. Ufa!

Apêndice
Glossário dos Termos da Análise de Dados e do Excel

Access: Um programa de banco de dados desenvolvido e vendido pela Microsoft. Use o Access para criar e trabalhar com bancos de dados relacionais grandes e sofisticados: você pode exportar facilmente as informações dos bancos de dados Access para o Excel. Basta escolher o comando Exportar no menu Microsoft Office do Access.

Amostra: Coleção de observações de uma população.

Análise de dados: A aplicação de ferramentas e técnicas para organizar, estudar, chegar a conclusões e, às vezes, também fazer previsões sobre uma coleção específica de informações.

Análise de equilíbrio: Um modelo de planilha que calcula o número de unidades que um produto ou negócio deve vender para receber de volta todos os custos (ou seja, atingir um lucro de R$0).

Análise de hipótese: Um modelo de dados da planilha para ajudá-lo a analisar cenários hipotéticos.

Análise de regressão: Plotar pares de variáveis independentes e dependentes em um gráfico XY, depois encontrar uma equação linear ou exponencial que descreva melhor os dados plotados.

Análise de tendência: A análise dos dados que identifica a direção geral com o tempo dos valores em um conjunto de dados.

Argumentos da função: Necessários na maioria das funções; também chamados de *entradas*. Todas as funções do banco de dados precisam de argumentos, que você inclui entre parênteses. Se uma função precisa de mais de um argumento, você os separa usando pontos e vírgulas. ***Veja também*** *funções do banco de dados.*

Arquivo de texto: Um arquivo só de texto. Muitos programas exportam arquivos de texto porque outros programas (inclusive o Excel) normalmente os importam com facilidade.

Arquivo de texto ASCII: Um tipo de arquivo de texto que basicamente é apenas um texto sem formatação, nada mais. *Veja também arquivo de texto delimitado; importação.*

Arquivo de texto delimitado: Um tipo de arquivo de texto. Os arquivos de texto delimitados usam caracteres especiais, chamados *delimitadores,* para separar os campos de informações no relatório. Por exemplo, esses arquivos normalmente usam o caractere Tab para delimitar. *Veja também arquivo de texto ASCII; importação.*

Assistente de consulta: Uma ferramenta que vem com o Excel e permite consultar um banco de dados, depois colocar os resultados em uma pasta de trabalho do Excel.

Atualização dos dados dinâmicos: Atualizar as informações mostradas em uma Tabela Dinâmica ou gráfico dinâmico para refletir as alterações nos dados subjacentes. Você pode clicar na ferramenta Atualizar dados fornecida pelo botão da barra de ferramentas da Tabela Dinâmica para atualizar.

AutoFiltro: Uma ferramenta do Excel (disponível no comando Filtro da guia Dados) que ajuda a produzir uma nova tabela que é um subconjunto de sua tabela original. Por exemplo, no caso de uma tabela com lista de compras, você poderia usar o AutoFiltro para criar um subconjunto que mostra apenas os itens que serão comprados em certo mercado, em quantidades específicas ou que excederam certo preço.

Banco de dados relacional: Basicamente uma coleção de tabelas ou listas. *Veja também tabela; lista.*

Cache dinâmico: Uma área da memória que o Excel usa para armazenar os dados de origem de uma Tabela Dinâmica.

Cálculo do resumo: O cálculo que o Excel usa para preencher a área de dados da Tabela Dinâmica.

Cálculo personalizado: Uma fórmula que você mesmo define para produzir valores da Tabela Dinâmica que não apareceriam no relatório se usasse apenas os dados de origem e os cálculos de resumo predefinidos do Excel.

Campo: Em uma tabela ou banco de dados, uma categoria ou um tipo de informação. Em uma tabela do Excel, cada coluna representa um campo.

Campo calculado: Usado para inserir uma nova linha ou coluna em uma Tabela Dinâmica, e depois para preencher a nova linha ou coluna com uma fórmula.

Campo externo: Em uma Tabela Dinâmica, o campo "mais distante" da área de valor: o campo mais à esquerda se você tem dois campos na área de linha;

o campo mais acima se tem dois campos na área de coluna. O outro campo é chamado de *campo interno* porque é o "mais próximo" da área de valor.

Célula objetiva: Em um processo de otimização, a célula que contém a fórmula que você quer otimizar. Também chamada de *célula de destino*. ***Veja também*** *célula variável; restrição.*

Célula variável: Uma célula da planilha que o Excel modifica em uma tentativa de encontrar uma solução para um problema. Também chamada de *célula inconstante.*

Cenário: Uma técnica de análise de dados que armazena diversos valores de entrada para um modelo de planilha e permite aplicar esses valores com rapidez.

Chave primária: Na classificação, o primeiro campo usado para classificar os registros. ***Veja também*** *chave secundária; classificação;* e se estiver muito interessado, *chave terciária.*

Chave secundária: Na classificação, o segundo campo usado para classificar os registros. A chave secundária entra em cena apenas quando as chaves primárias dos registros têm o mesmo valor. ***Veja também*** *chave primária; classificação.*

Chave terciária: Na classificação, o terceiro campo usado para classificar os registros. A chave terciária entra em cena apenas quando as chaves primárias e secundária dos registros têm o mesmo valor. ***Veja também*** *chave primária; chave secundária; classificação.*

Classificação: Para organizar os registros da lista em uma ordem em particular, como a ordem alfabética pelo último nome. O Excel inclui ferramentas fáceis de usar para fazer isso.

Coeficiente de determinação: Uma medida do bom ajuste de uma linha de tendência aos dados.

Combinações: Fornecido um conjunto de dados, as formas como um subconjunto desses dados pode ser agrupado, sem repetições, em que a ordem não é importante (ou seja, cada subconjunto é único). ***Veja também*** *permutações.*

Configurações do campo: Determina o que o Excel faz com um campo quando tem tabelas cruzadas na Tabela Dinâmica. ***Veja também*** *tabulação cruzada; Tabela Dinâmica.*

Conjunto de ícones: Um recurso de visualização de dados que adiciona certo ícone a cada célula no intervalo, com tal ícone informando algo sobre o valor da célula relativo ao resto do intervalo.

Consolidação: Combinar dados de várias planilhas, chamados de *intervalos de origem*, em um único relatório de resumo, o *intervalo de destino*.

Consulta: Um recurso do banco de dados que especifica como você quer extrair, classificar e filtrar os dados para usar em uma planilha.

Consulta da web: Obter dados em uma tabela armazenada em uma página da web. O Excel fornece uma ferramenta muito esperta para fazer isso.

Consulta do banco de dados: *Veja* consulta.

Conectividade Aberta de Banco de Dados (ODBC): Um padrão do banco de dados que permite a um programa conectar e manipular uma fonte de dados.

Contagem: Usada para funções estatísticas úteis para contar as células em uma planilha ou lista. O Excel fornece quatro funções de contagem: CONT.NÚM, CONT.VALORES, CONTAR.VAZIO e CONT.SE. Ele também fornece duas funções úteis para contar permutações e combinações: PERMUT e COMBIN.

Correlação: Uma medida da relação entre dois conjuntos de dados.

Critérios: As condições que especificam qual subconjunto de dados você deseja extrair de uma tabela ou banco de dados.

CSV: *Veja* valores separados por vírgula.

Curtose: Uma medida das caudas em uma distribuição de valores. *Veja também* simetria.

Dados brutos: Os dados que não foram manipulados nem analisados de modo algum.

Dados externos: Os dados que residem fora da pasta de trabalho ativa do Excel em outra pasta de trabalho, arquivo, banco de dados, servidor ou site.

Desvio-padrão: Descreve a dispersão sobre a média do conjunto de dados. Você pode considerar um desvio-padrão como um desvio médio da média. *Veja também* média; variância.

Distribuições binomiais: Usadas para calcular as probabilidades em situações nas quais você tem um número limitado de tentativas independentes, ou testes, que podem ter êxito ou falhar. O sucesso ou a falha de qualquer tentativa independe das outras.

Distribuição de frequência: Organiza os valores no conjunto de dados em intervalos numéricos chamados *blocos* ou *bins*, depois informa o número de observações que ficam dentro de cada bloco.

Distribuição de probabilidade: Um gráfico que plota as possibilidades. *Veja também* distribuição normal; distribuição uniforme.

Distribuição normal: A famosa curva em sino. Também conhecida como *distribuição gaussiana*.

Distribuição uniforme: Ter a mesma probabilidade de ocorrência em cada evento. Uma função de distribuição de probabilidade comum é a distribuição uniforme.

Equação de regressão: Uma equação matemática que especifica a relação exata entre as variáveis dependente e independente.

Escalas de cor: Um recurso de visualização de dados que compara os valores relativos em um intervalo aplicando tons em cada célula, nas quais a cor reflete o valor de cada uma.

Estatística descritiva: Descreve os valores em um conjunto. Por exemplo, se você soma um conjunto de valores, essa soma é uma estatística descritiva. Se encontra o maior valor ou o menor em um conjunto de números, isso também é estatística descritiva.

Estatística inferencial: Baseada em uma ideia óbvia, intuitiva e muito útil de que, se você tiver uma amostra de valores de uma população e se a amostra for representativa e grande o bastante, será possível chegar a conclusões sobre a população com base nas características da amostra.

Exportação: No contexto dos bancos de dados, mover informações para outro aplicativo. Se você pede ao sistema de contabilidade para exportar uma lista de vendedores que o Excel poderá ler depois, por exemplo, está exportando. A propósito, muitos aplicativos comerciais exportam dados facilmente para o Excel. *Veja também* importação.

Expressão booleana: *Veja* expressão lógica.

Expressão lógica: Descreve uma comparação que se quer fazer. Para criar uma expressão lógica, você usa um operador de comparação, depois um valor para a comparação.

Extração: Em uma Tabela Dinâmica, exibir os detalhes da fonte de dados por trás de um valor calculado.

Ferramentas de Análise: Um suplemento do Excel com o qual você faz análise estatística.

Filtro: Uma condição que o Excel aplica em uma tabela que define um subconjunto de registros da tabela.

Formatação condicional: Um formato especial que o Excel aplica apenas nas células que atendem a um ou mais critérios.

Fórmulas: As instruções de cálculo inseridas nas células da planilha. Basicamente, as fórmulas que entram nas células da pasta de trabalho são o coração do Excel. Mesmo que uma pasta de trabalho do Excel não fizesse nada, ainda seria uma ferramenta extremamente valiosa. Na verdade, os primeiros programas de planilha pouco faziam além de calcular as fórmulas da célula. *Veja também* rótulos de texto; valor.

Função: Uma fórmula predefinida que você pode usar para simplesmente calcular mais uma quantia, como uma média ou desvio-padrão.

Função de distribuição de probabilidade: Uma equação que descreve a linha da distribuição de probabilidade. *Veja também* distribuição de probabilidade.

Funções de texto: Usadas para manipular cadeias de texto de modos que permitem reorganizar e manipular facilmente os dados importados para uma pasta de trabalho do Excel. Em geral, essas criaturinhas são ferramentas muito úteis para depurar ou limpar os dados que você quer analisar mais tarde.

Funções do banco de dados: Um conjunto especial de funções para uma análise estatística rápida das informações armazenadas nas tabelas do Excel.

Gráfico de dispersão: Um gráfico XY que compara visualmente pares de valores. Um gráfico de dispersão geralmente é um bom primeiro passo quando se quer fazer uma análise de regressão. *Veja também análise de regressão.*

Gráfico Dinâmico: Uma tabulação cruzada que aparece em um gráfico. *Veja também tabulação cruzada.*

Histograma: Um gráfico que mostra uma distribuição de frequência.

Importação: No contexto dos bancos de dados, obter informações de algum outro aplicativo. O Excel importa muito facilmente as informações de bancos de dados populares (como o Microsoft Access), outras planilhas (como Lotus 1-2-3), e arquivos de texto. *Veja também exportação.*

Intercepto-y: Em uma linha de tendência, o valor de *y* no ponto onde a linha de tendência cruza o eixo y.

Intervalo de critérios: Um intervalo da planilha que contém cópias do cabeçalho de uma tabela, assim como uma ou mais expressões lógicas que definem um filtro para a tabela.

Item calculado: Uma quantidade mostrada em uma Tabela Dinâmica que você cria calculando uma fórmula. Na verdade, adicionar um item calculado geralmente não faz sentido. Mas, oi, coisas estranhas acontecem sempre, certo?

Iteração: Uma técnica de otimização da fórmula que experimenta várias soluções intermediárias em uma tentativa de chegar a uma verdadeira solução.

Largura fixa: Um tipo de arquivo de texto no qual cada item usa uma quantidade definida de espaço.

Legenda do gráfico: Identifica a série de dados que você plota no gráfico.

Linha do cabeçalho: A linha superior dos nomes do campo no intervalo da tabela.

Linha de tendência: Uma linha que passa pelos pontos de dados de um gráfico e visualiza a tendência geral dos dados.

Lista: *veja tabela.*

Média: Em geral, a média aritmética para um conjunto de valores. O Excel fornece várias funções para a média. *Veja também mediana; modo.*

Média móvel: Suaviza uma série de dados fazendo a média dos valores da série em um número específico de períodos anteriores.

Média ponderada: Uma versão do cálculo da média que leva em conta a importância relativa de cada valor em um conjunto de dados.

Mediana: O valor médio em um conjunto de valores. Metade dos valores fica abaixo da mediana e a outra metade fica acima. *Veja também média; modo.*

Microsoft Access: *Veja Access.*

Microsoft Query: *Veja Query.*

Modelagem de otimização: Uma técnica de solução de problemas na qual você procura o valor ideal de uma função objetiva enquanto reconhece explicitamente as restrições.

Modo: O valor mais comum em um conjunto. *Veja também média; mediana.*

Observação: Um item de um conjunto de dados. Suponha que você esteja criando um conjunto de dados que mostra as altas temperaturas diárias no bairro. Quando você sai e *observa* que a temperatura em uma tarde agradável de janeiro está em 30,5 ºC, essa medida é sua observação.

Operador de comparação: Um operador matemático usado em uma expressão lógica. Por exemplo, o operador de comparação > faz comparações *maior que* e o operador = faz comparações *igual a*. *Veja também expressões lógicas.*

Operadores aritméticos: Os operadores padrão que você usa nas fórmulas do Excel. Para somar números, use o operador de adição (+). Para subtrair números, use o operador de subtração (–). Para multiplicar, use o operador de multiplicação (*). Para dividir, use o operador de divisão (/). Você também pode fazer operações exponenciais usando o operador exponencial (^). *Veja precedência do operador.*

Ordem: A posição de um item em um conjunto de dados em relação aos outros itens. *Veja também percentil.*

Ordem ascendente: Uma opção de classificação que coloca rótulos em ordem alfabética e organiza os valores na ordem do menor para o maior. *Veja também ordem cronológica; ordem descendente.*

Ordem cronológica: Uma opção de classificação que organiza os rótulos ou os valores em ordem cronológica, como segunda-feira, terça-feira, quarta-feira etc. *Veja também ordem ascendente; ordem descendente.*

Ordem descendente: Uma ordem de classificação que organiza os rótulos na ordem alfabética inversa e os valores na ordem do maior para o menor. *Veja também ordem ascendente; ordem cronológica.*

Ordem de solução: A ordem na qual as fórmulas dos itens calculados devem ser resolvidas. *Veja também item calculado.*

Parâmetro: Uma entrada para uma função de distribuição de probabilidade.

Percentil: A porcentagem dos itens em uma amostra que estão no mesmo nível ou um nível abaixo de um valor dado. *Veja também ordem.*

Permutações: Fornecido um conjunto de dados, são as formas como um subconjunto desses dados pode ser agrupado, em qualquer ordem, sem repetições. *Veja também combinações.*

População: O conjunto completo de observações para algum fenômeno. *Veja também amostra.*

Precedência do operador: As regras padrão que determinam a ordem das operações aritméticas em uma fórmula. Por exemplo, as operações exponenciais são feitas primeiro. As operações de multiplicação e divisão são feitas em segundo lugar. A adição e a subtração são feitas por último. Para anular essas regras padrão, use parênteses. *Veja também fórmulas.*

R^2: *Veja coeficiente de determinação.*

Referência absoluta: Um endereço de célula usado em uma fórmula que o Excel não ajusta se você copia a fórmula para um novo local. Para criar uma referência de célula absoluta, preceda a letra da coluna e o número da linha com um cifrão ($).

Referência relativa: Uma referência da célula usada em uma fórmula que o Excel ajusta se você copia a fórmula para um novo local. *Veja também referência absoluta.*

Registro: Uma coleção de campos afins em uma tabela. No Excel, cada registro fica em uma linha separada.

Regra de primeiros/últimos: Uma regra de formatação condicional em que o Excel aplica um formato condicional nos itens que estão no início ou no final de um intervalo de valores.

Regressão linear: A análise de regressão na qual a linha de tendência de melhor ajuste é uma linha reta.

Regressão não linear: Uma análise de regressão na qual a linha de tendência de melhor ajuste é uma curva.

Restrição: Uma condição que uma célula em um modelo de dados deve atender antes de o Solver aceitar uma solução.

Rótulos de texto: Inclui letras e números que você insere nas células da planilha, mas não quer usar nos cálculos. Por exemplo, seu nome, descrição de despesa do orçamento e número de telefone são exemplos de rótulos de texto. Nenhuma parte dessa informação é usada nos cálculos.

Simetria: Uma medida da semelhança de uma distribuição de valores. *Veja também curtose.*

Solver: Um suplemento do Excel com o qual você faz a modelagem de otimização. *Veja também modelagem de otimização.*

Subtotais automáticos: As fórmulas que o Excel adiciona automaticamente a uma planilha. O programa configura os subtotais automáticos com base nos grupos de dados em um campo selecionado.

Sujo: Descreve os dados que são desorganizados, inconsistentes ou incorretos.

Suplemento: Um software que adiciona um ou mais recursos ao Excel. *Veja também Ferramentas de Análise; Solver.*

Valores separados por ponto e vírgula: Um tipo de arquivo de texto delimitado no qual cada registro aparece em uma linha de texto e cada campo é separado por ponto e vírgula.

Variável dependente: Na análise de regressão, a variável que muda em relação à variável independente.

Variável independente: Na análise de regressão, a variável com base na qual a variável dependente muda.

Tabela: Uma coleção de dados afins armazenados em um formato de linhas e colunas, em que cada linha representa um item de dados e cada coluna representa um tipo ou categoria de dados.

Tabela de dados com duas entradas: Uma tabela de dados que varia duas das células de entrada da fórmula.

Tabela de dados com uma entrada: Uma tabela de dados que varia apenas uma das células de entrada da fórmula.

Tabela Dinâmica: Talvez a ferramenta analítica mais poderosa que o Excel fornece. Use o comando Tabela Dinâmica para criar tabelas cruzadas para os dados armazenados em listas do Excel. *Veja também tabulação cruzada.*

Tabulação cruzada: Uma técnica de análise que resume os dados de duas ou mais maneiras. Por exemplo, se você administra um negócio e resume as informações das vendas por cliente e por produto, isso é uma tabulação cruzada porque coloca em tabelas as informações de duas formas. *Veja também Tabela Dinâmica.*

Tendência de melhor ajuste: Uma linha reta que passa pelos pontos de dados de um gráfico, nos quais as diferenças entre os pontos que residem acima e abaixo da linha se cancelam. *Veja também análise de tendência.*

Tendência exponencial: Uma tendência que sobe ou desce em uma taxa crescente.

Tendência linear: Uma tendência na qual a variável dependente está relacionada à variável independente por alguma quantidade constante.

Tendência logarítmica: Uma tendência na qual os dados sobem ou descem muito rapidamente no início, mas diminuem de velocidade e estabilizam com o tempo.

APÊNDICE **Glossário dos Termos da Análise de Dados e do Excel**

Tendência polinomial: Uma tendência com uma linha de melhor ajuste de várias curvas derivadas usando uma equação com diversas potências de x.

Tendência de potência: Uma tendência na qual os dados aumentam ou diminuem de forma constante.

Tipo de gráfico: Inclui coluna, barra, linha, pizza, XY, superfície etc.

Total acumulado: A soma acumulada dos valores que aparecem em certo conjunto de dados.

Transposição: Mover o campo de uma área para outra em uma Tabela Dinâmica.

Valor: Uma parte dos dados que você insere em uma célula da pasta de trabalho e pode querer usar mais tarde em um cálculo. Por exemplo, a quantidade real do orçamento para uma despesa sempre seria um número ou um valor. *Veja também fórmulas; rótulos de texto; pasta de trabalho.*

Valor atípico: Um valor que é muito mais alto ou baixo que os outros valores no mesmo conjunto de dados.

Valor futuro: A quantia que o dinheiro investido agora valerá em um momento específico no futuro, dados uma taxa de juros e depósitos regulares.

Valor médio: *Veja média.*

Valor presente: A quantidade que um valor futuro vale agora, dados a taxa de juros e os depósitos regulares de um investimento.

Valores separados por ponto e vírgula: Um tipo de arquivo de texto delimitado no qual cada registro aparece em uma linha de texto e cada campo é separado por ponto e vírgula.

Valores x: Os valores independentes em uma análise de regressão.

Variável dependente: Na análise de regressão, a variável que muda em relação à variável independente.

Variável independente: Na análise de regressão, a variável com base na qual a variável dependente muda.

Variáveis do Solver: As variáveis em um problema de modelagem de otimização. *Veja modelagem de otimização.*

Valores y: Os valores dependentes em uma análise de regressão.

Valor z: Em Estatística, descreve a distância entre um valor e a média em termos de desvios-padrão. *Veja também média; desvio-padrão.*

Variância: Descreve a dispersão sobre a média do conjunto de dados. A variância é o quadrado do desvio-padrão. *Veja também média; desvio-padrão.*

XML: Linguagem de Marcação Extensiva, um padrão que permite gerenciar e compartilhar dados estruturados usando arquivos de texto simples.

Índice

SÍMBOLOS

=, operador de comparação, 321
>, operador de comparação, 321
$, média móvel, 249
#N/D, valor, 251
#NUM!, erro, 297

A

ajustes na tabela, 58
alça de preenchimento, 212
amostra, 282
amostragem, métodos, 261
análise
   de dados
      definição, 8
   de regressão, 206
   de rentabilidade, 44
   de tendência, 205
   de variância
      ou ANOVA, 268
   hipotética, 9, 32
área de plotagem, 197
argumentos
   banco de dados, 122
autofiltro, comando, 65
   remover, 66

B

balanço
   de declínio duplo, 300
   de declínio fixo, 299
barras
   de dados, 14
      tipos de, 15
   de nível, 25
bolha, 185

C

cache dinâmico, 312
cálculo
   da diferença, 160
   de porcentagem, 162
   de resumo, 158

personalizado, 170
   tipos, 171
campo
   base, 160, 165
   externo, 160
   interno, 160
campos, painel de tarefas, 302
cauda, 287
célula
   de limite, 44
   objetiva, 44
   variável, 37, 39, 51
cenário, 39
classificação
   dos dados, 62
   nível secundário, 64
coeficiente
   de correlação, 241
   de determinação, 208
combinação
   características principais, 230
comparação, expressões, 70
conjuntos de ícones, 16
   categorias, 17
consolidar dados, 26
consulta do banco de dados, 89–90
correlação, 241
CSV (valores separados por vírgula), 78
curtose, 287
curva em sino ou distribuição gaussiana
   ver distribuição normal, 286

D

dados
   brutos
      definição, 8
   definição, 8
   externos, 76
delimitador de texto, 78, 81
depreciação linear, 298
desvio-padrão, 130, 240, 281
   alto, 130
   baixo, 130

distribuição
    de frequência agrupada, 238
    normal, 286
    T, 284
    tipos, 253
    uniforme, 285
duplicatas, 12

E
equação de regressão, 207
erro, mensagem, 305
escalas de cor, 16
estatística, 59
    inferencial, 243, 283
estilo, tabela dinâmica, 306
estoque, 185

F
ferramenta
    amostragem, 260
    anova, 273
    correlação, 270
    covariância, 271
    estatística descritiva, 246
    geração de número aleatório, 253
    histograma, 256
    média móvel, 249
    ordem e percentil, 251
    regressão, 267
    teste-f: duas amostras para variâncias, 275
    Teste-z: duas amostras para médias, 265
ferramentas de Análise, suplemento, 244
filtro
    avançado, 70
    complexo, 67
    de linha ou coluna, 152
    de rótulo, 152
    de valor, 152
    do relatório, 152
formatação condicional, 10
fórmula lógica, 19
função
    ARRUMAR, 115
    BD, 299
    BDCONTAR e BDCONTARA, 125
    BDD, 300
    BDEST e BDDESVPA, 130
    BDEXTRAIR, 123

BDMÁX e BDMÍN, 128
BDMÉDIA, 127
BDMULTIPL, 129
BDSOMA, 124
BDVAREST e BDVARP, 131
COMBIN, 230
COMBINA, 230
CONCAT, 106
CONTAR.VAZIO, 227
CONT.NÚM, 226
CONT.SE, 227
CONT.SES, 228
CONT.VALORES, 227
CORREL, 241
CRESCIMENTO, 218
DESVPAD.A ou DESVPAD.P, 240
DIREITA, 112
DPD, 298
ESQUERDA, 108
EXATO, 107
EXT.TEXTO, 109
FREQUÊNCIA, 238
INFODADOSTABELADINÂMICA, 313
LN, 219
LOCALIZAR, 113
MAIOR ou MENOR, 236
MAIÚSCULA, 115
MED, 233
MÉDIA, 231
MÉDIASE, 231
MÉDIASES, 232
MINÚSCULA, 109
MUDAR, 111
NPER, 297
NÚM.CARACT, 109
ORDEM.EQ, 234
ORDEM.MÉD, 235
ORDEM.PORCENTUAL.EXC, 236
ORDEM.PORCENTUAL.INC, 236
PERMUT, 229
PERMUTAS, 229
PGTO, 294
PGTOCAPACUM ou PGTOJURACUM, 295
PPGTO e IPGTO, 295
PREVISÃO.LINEAR, 216
PRI.MAIÚSCULA, 111
PROCURAR, 107
PROJ.LIN, 210

PROJ.LOG, 219
SUBSTITUIR, 113
TAXA, 296
TENDÊNCIA, 208
TEXTO, 114
TIR, 297
TIRAR, 105
UNIRTEXTO, 114
VALOR, 115
VALORNUMÉRICO, 110
VAR.A ou VAR.P, 239
VF, 292
VP, 293
VPL, 297

G
gráficos dinâmicos
    diferenças, 182
    filtrar, 191
    limites, 185
    terminologia, 183
    título, 197

H
histograma, definição, 256

I
incorporar gráfico, 186
intercepto-y, 208
intervalo
    da média móvel, 249
    de critérios, 72
    de destino, 26
    de origem, 26
    em tabela, converter, 57
item base, 160
iteração, 37
    Solver, 43

L
largura fixa, arquivo de texto, 83
layout, personalizar, 303
linha
    de quebra de coluna, 83
    de tendência de melhor ajuste, 206
    de tendência polinomial, 223

M
margem de erro
    ver intervalo de confiança, 288
média, 231
mediana, 233
média ponderada, 167
métodos de solução, 48
Microsoft Query, 96
modelo de dados, 9
modo, 233

N
nível de confiança, estatística, 247
números do nível, 25

O
observação, 282
ODBC (Conectividade Aberta de Banco de Dados), 89
operadores, 171
    de filtro, 67
operandos, 171
ordem
    de classificação, 95
    equação polinomial, 223

P
pagamento total, 294
parâmetro, 287
permutações, 229
população, 283

R
RDBMS, 141
recolher/expandir, 24
redimensionar
    colunas, 101
    linhas, 101
referências do campo, 172
regra
    condição, 10
    de formatação condicional
        editar, 20
        remover, 22
    de primeiros/últimos, 13
regressão linear, 207
remover campo, 141
restrições
    Solver, 49

S

segmentação de dados, 153
série, comando, 213
simetria, 287
Solver, 43–51
  limites, 43
  vantagens, 43
SQL Server, 91
subtotal
  automático, 23
  na tabela, 61
sujeira
  planilha, 104
sujos, dados, 99
suplemento, 45

T

tabela
  definição, 54
  Microsoft Word, 80
  terminologia, 55
  web, 84
tabela de dados, 32
  com duas entradas, 34
  com uma entrada, 32
tabela dinâmica
  adicionar campo, 146
  agrupar valores de texto, 149
  agrupar valores numéricos, 148
  atalhos, 140
  atualizar, 144
  filtro de relatório, 151
  recursos, 137
  transpor dados, 147
  três operações, 136
taxa interna de retorno, 297

tendência
  central, 231
  de potência, 221
  exponencial, 216
  linear, 212
  logarítmica, 220
teste-f, 274
teste-t, 262
teste-z, 265
total acumulado, 164
total geral
  tabela dinâmica, 311

V

valor
  atípico, 16, 62, 128
  contabilístico, 298
  de R2, 207
  futuro, 292
    cálculo, 37
  médio, 231
  presente, 293
  residual, 298
variância, 131, 239
variável
  dependente, 206
  independente, 206

X

XML (Linguagem de Marcação Extensiva), 87
XY (Dispersão), 185

CONHEÇA OUTROS LIVROS DA PARA LEIGOS

Todas as imagens são meramente ilustrativas.

+ CATEGORIAS
Negócios - Nacionais - Comunicação - Guias de Viagem - Interesse Geral - Informática - Idiomas

---

SEJA AUTOR DA ALTA BOOKS!

Envie a sua proposta para: autoria@altabooks.com.br

Visite também nosso site e nossas redes sociais para conhecer lançamentos e futuras publicações!

www.altabooks.com.br

ALTA BOOKS
EDITORA

⊙ /altabooks ▪ f /altabooks ▪ 🐦 /alta_books

ROTAPLAN
GRÁFICA E EDITORA LTDA

Rua Álvaro Seixas, 165
Engenho Novo - Rio de Janeiro
Tels.: (21) 2201-2089 / 8898
E-mail: rotaplanrio@gmail.com